47都道府県・
地名由来百科

谷川 彰英 著

丸善出版

まえがき

　日本は地名王国だと言われる。それは古い歴史と多様な地形によって今の日本列島が形成されてきたからである。本書は北海道から沖縄県に至るまで、日本列島を縦断するように、それぞれの地域の特色ある地名の由来を探る試みである。

　書名に「47都道府県」とうたっているため、読者の中には自分の生まれた都道府県、あるいは今住んでいる都道府県の個所のみで読み終えてしまう方もいらっしゃるかもしれないが、本書の場合は、それにとどまることなく、幅広い地域に関心をもっていただくことを期待したい。

　もちろん本書は「辞典」的な機能も持っている。知りたい地名を索引等で調べることも重要な役割だと認識しているが、それ以上に「読み物」として読み通していただきたいと願っている。おそらく、旅好きの皆さんは全国を歩いているので、ご存知の地名が多く登場する。それらを通して読み上げていただけるのが、著者の願いである。

　私の地名研究の特徴は、全国の特徴ある地名をピックアップして、その一つひとつについて文献で由来を調べた上で、必ず現地に行って確かめるという手法である。これは私自身が編み出したオリジナルな手法だとの若干の自負はある。その延長として都道府県別の地名の本を多数書いてきたが、文献とともに現地調査をするという手法は一貫して変わっていない。

　それに対して本書は、文献で書き上げるしかなかったのだが、ご覧いただけるとわかるように、取り上げている地名の多くは現地に赴いたことがあるところである。その意味では単に文献のみで書いたものではないと言える。

本書では、都道府県ごとに①「都道府県の概略」②「とっておきの地名」③「難読地名の由来」の３部構成になっている。①の「都道府県の概略」はそれぞれ特色ある「キャッチコピー」で書いてあるが、②「とっておきの地名」③「難読地名の由来」は同じ表現で統一されている。
　①は私自身のかなり個人的な印象も入っているので、読み物としてさっと読んでいただきたいが、都道府県名の由来についてはぜひ読み込んでご理解いただきたい。
　②の「とっておきの地名」のコーナーは、私が選んだ７個以上の地名についてその由来を説いたものだが、現在の地名研究のレベルで最適と思える説を披露している。地名の由来に関しては俗説と呼ばれるものも含めて多数あり、判断が難しいものが多いが、その中でも「これぞ」という私の見解を示している。
　③の「難読地名の由来」は本書の大きな特色になっている。これまで難読地名というと、その多くがクイズ形式で読み方を紹介するといったレベルのものだったが、本書では都道府県別に10個の難読地名を選び、その読み方とともに由来をも簡単に記した。
　もとより、難読地名の由来ははっきりしないものも多いが、本書では比較的由来がはっきりしているものを選んで解説を加えた。
　ということで、本書は都道府県ごとに読んでもよいし、あるいは「とっておきの地名」「難読地名の由来」を横に通して読んでもよいという構成になっている。
　本書で日本列島の地名についての理解をさらに深めていただければ、この上の喜びはない。

　　2014年10月

　　　　　　　　　　　　　　　　　　　　　　　　　谷　川　彰　英

目　　次

まえがき

第Ⅰ部　日本地名列島を読み解く

1　地名から解く ………………………………… 2
2　「日本地名列島」の面白さ …………………… 3
3　明治以降の地名改変の歴史 ………………… 4
4　難読地名の世界 ……………………………… 7

第Ⅱ部　都道府県別 地名の由来とその特色

【北海道地方】北海道　12 ／【東北地方】青森県　19 ／岩手県　25 ／宮城県　31 ／秋田県　37 ／山形県　42 ／福島県　47 ／【関東地方】茨城県　53 ／栃木県　58 ／群馬県　63 ／埼玉県　69 ／千葉県　75 ／東京都　80 ／神奈川県　86 ／【北陸地方】新潟県　91 ／富山県　97 ／石川県　104 ／福井県　109／【甲信地方】山梨県　114 ／長野県　119 ／【東海地方】岐阜県　124 ／静岡県　129 ／愛知県　133 ／【近畿地方】三重県　139 ／滋賀県　144 ／京都府　149 ／大阪府　156 ／兵庫県　162 ／奈良県　168 ／和歌山県　174／【中国地方】島根県　179 ／鳥取県　184 ／岡山県　189 ／広島県　194／山口県　199 ／【四国地方】愛媛県　204 ／香川県　209 ／徳島県　214 ／高知県　219 ／【九州地方】福岡県　224 ／佐賀県　229 ／長崎県　234 ／熊本県　240 ／大分県　245 ／宮崎県　251 ／鹿児島県　256 ／【沖縄地方】沖縄県　262

【付録】　平成11年度以降の合併市町村一覧（都道府県順）　267

参考文献　303
索　引　305

第Ⅰ部

日本地名列島を読み解く

1 ▶ 地名から解く

　柳田国男は『地名の研究』（1936年）で、「地名とはそもそも何であるかというと、要するに二人以上の人の間に共同に使用せらるる符号である」と記し、その本質を説いている。不可能なことだが、仮に一人で住んでいたならば、地名は不要である。特定の場所を勝手にイメージしていればすむからである。ところが、他人にある場所を伝えようとしたら、それを言語で表現しなければならなくなる。それが地名である。だから、地名は人類発祥とともに誕生しており、それが今日まで営々と継続しているのである。

　柳田はさらにこう言う。

　「最初の出発点は、地名が我々の生活上の必要に基いてできたものであるからには、必ず一つの意味をもち、それが当該土地の事情性質を、少なくともできた当座には、言い表わしていただろうという推測である。官吏や領主の個人的決定によって、通用を強いられた場合は別だが、普通にはたとえ誰から言い始めても、他の多数者が同意をしてくれなければ地名にはならない。親がわが子に名を付けるのとはちがって、自然に発生した地名は始めから社会の暗黙の議決を経ている。従って、よほど適切に他と区別し得るだけの、特徴が捉えられているはずである。ところが、現在の実際はどの地方に往っても、半分以上の地名は住民にも意味が判らなくなっている。世が改まり時の情勢が変化して、語音だけは記憶しても内容は忘却せられたのである」（『柳田國男全集』20、ちくま文庫）

　これは今から80年近くも前に書かれた文章で、いわば現代の地名研究のバイブル的存在である。どんな地名にもその発生時には明確な意味があったのだが、それは時代を経ることによってわからなくなってきた。余りに日常的過ぎるために、本来の意味を問うことなぞ不要になっていき、次第に忘れられてしまったのである。

　しかし、この経緯があるからこそ、地名の由来を探っていく必要も生まれる。戦後、柳田国男の地名研究を発展させ、日本地名研究所を創設した谷川健一は端的にこう言う。

「地名は大地の表面に描かれたあぶり出しの暗号である。とおい時代の有機物の化石のように、太古の時間の結晶である。地名を掘り出すことで、人は失われた過去にさかのぼる。そしてそこで自分の関心に応じて、地名から興味のある事項を引き出すことができる。地名は大地に刻まれた人間の過去の索引である」(『伝統と現代』第53号)

本書はこのような地名観のもとに執筆されたものである。

2 「日本地名列島」の面白さ

「日本地名列島」というのは私の造語である。北は北海道から南は沖縄まで、日本列島はどこに行っても面白い地名満載である。どの都道府県にも豊かな歴史と風土をつつんだ地名が多数存在し、不思議なことに優劣の差は存在しない。

日本列島の地名の面白さは、以下のような特色に裏づけられている。

◆地形の多様さ

日本列島の美しさはその地形の多様さによっている。ほとんどの都道府県が海に面しており、磯や浜など変化に富んだ地形を成している。海のない地域では豊かな山々に恵まれ、これも多様な地形を成している。この地形の豊かさが日本地名列島の第1の特色である。

◆農業の発達

この列島に住みついた人々は古くから農業に従事し、とりわけ弥生時代になって稲作が始まると、田の領有をめぐって土地を明確に識別することが求められた。遊牧民などが住む平原や砂漠などでは領有地という観念が乏しいが、日本列島では先祖代々の土地という観念が長く支配してきた。かつては田んぼ1枚1枚に名前がついていたと言われるように、土地の領有権は重要な意味を持っていた。

◆信仰の多様さ

日本列島には古来多くの信仰が広がっていた。仏教が入ってくる以前からネイティブな宗教がすでに存在し、それが多くの神社に発展し、その神社を通じて地名も伝承されてきた。また、仏教と混淆した山岳宗教なども多くの地名を生んできた。

◆多様な氏族・民族
　日本列島の豊かさを生んでいる1つの要因は、多様な民族の足跡が今も残っていることである。かつて大和朝廷が治めた時代の日本においても多様な氏族が勢力を競い、多くのドラマを生んでいった。それに加えて琉球との関係、さらにアイヌ民族との関連など、多様な人々がこの列島に住み着いたことが地名の豊かさを生んでいる。

◆地名伝説の豊かさ
　日本列島の地名の豊かさを生んでいる背景には、各地に残る地名伝説がある。時には後世に創作された陳腐な伝説もあるが、1つ1つ点検していくと、背後にいかにも訳ありと思える歴史が潜んでいることがわかる。本書では、そのような訳ありと考えられる地名伝説をむしろ積極的に取り上げている。

◆漢字の使用
　最後に「漢字」の問題を挙げておこう。むしろ、この漢字問題こそ日本地名列島の最大の特色と言ってよいだろう。日本列島で漢字の使用が始まったのは6世紀のことだと言われる。それまでは文字で表記できないので、すべて音で伝承されてきた。その音に漢字を当てはめたことにより、地名の多様性が生まれた。漢字は表意文字だからである。
　1つの音を表したに過ぎない漢字がいくつもの意味を持っていたことから、多様な解釈ができるようになったと言える。

3 明治以降の地名改変の歴史

　本書で取り上げている地名は、そのほとんどがルーツは古代にまでさかのぼるものだが、それが明治以降の行政によって改変を余儀なくされてきた。その歴史的経緯を簡単にまとめておく。

◇都道府県の設置
　明治政府が最初に断行しようとしたのは、律令時代から1,000年以上も続いてきた旧国名を廃止し、新たに都道府県を設置したことである。この

経緯については、各都道府県の項目の最初に述べてある。都道府県ごとに状況は大きく異なっており、それについてはそれぞれの項を読んでいただく他はない。

ここでは、全国共通に実施された政策を簡潔に紹介しておきたい。

① 「府藩県三治制」慶応4年（1868）4月

政府は「政体書」（この冒頭に掲げられたのが「五箇条の御誓文」である）を出して、地方制度として「府藩県三治制」を決定した。これによって、全国を「府」「藩」「県」の3つに分け、そのうちまず「府」と「県」を掌握しようとした。

「府」とは、旧幕領の主要地で、次の10府が置かれた。

　　江戸府・京都府・大坂府・度会府（わたらい）（三重県）・甲斐府・越後府・
　　箱舘府・長崎府・神奈川府・奈良府

当時の重要な地点に置かれたもので、「藩」以外に押さえるべき拠点を「府」と言い、それに準ずる地域を「県」とした。

② 「版籍奉還」明治2年（1869）

土地（版）・人民（籍）を朝廷（天皇）へ返還する政策のことで、藩主が返還を願い出て朝廷が聴許するという形が取られた。最終的には274すべての藩主が奉還した。

③ 「廃藩置県」明治4年（1871）7月

誤解される向きがあるが、これは単にそれまであった「藩」を「県」に変えただけなので、今の県ができたわけではない。廃藩によって、3府302県ができたが、余りに多いということで、同年11月までに統廃合を繰り返し、3府72県にまで整理された。

これ以降の状況は都道府県によってまったく異なるので、それを本書で読んでほしい。

◇明治22年（1889）「市制町村制」による町村合併

明治21年（1888）4月25日、「市制町村制」が制定され、この法律によって主に明治22年に全国的な大規模の町村合併が施行された。これは明治23年（1890）に国会開設を実施することを視野にして、地方制度を整

備するという時代的背景に基づいて挙行された政策であった。その本質は「町村ノ力貧弱ニシテ其負担ニ堪ヘス自ラ独立シテ其本分ヲ尽スコト能ハサルモノアリ、是其町村自己ノ不利タルノミナラス、国ノ公益ニ非ザルナリ」（「市制町村制理由」書）とあるように、国の諸政策を遂行できる財政力を持った地方自治体を編成しようというところにあった。

300戸から500戸を目途に統合し、従来からの習慣とか民情、地形などを考慮して合併するよう指示を出している。この大合併によって、明治21年（1888）12月末に71,314個あった町村数が、翌年12月には15,820個に激減した。

問題は、合併後の新しい町村名をつける際には、大きな町村と合併する時は大町村名とし、小町村が合併する時は「各町村ノ旧名称ヲ参互折衷スル等適宜斟酌シ勉メテ民情ニ背カサルコトヲ要ス」（「内務省訓令」第三五二号）としていることである。

要は、互いの利害を折衷して住民の反発が起こらないようにせよ、と言っているのである。

◇戦後２度にわたる町村合併

戦後になってからも、2度にわたる町村合併が行われた。1回目は昭和28年（1953）の「町村合併促進法」に基づくもので、町村の経費を節減して行政能力を高めるために人口8,000人以下の町村を合併させるものだった。私は長野県東筑摩郡入山辺村というところに生まれたのだが、昭和29年になっていきなり松本市に合併され、何も変わらないのになぜ松本市なのかと、不思議に思った記憶がある。

2回目は昭和40年（1965）の「市町村合併の特例に関する法律」によるもので、広域行政を推進することを目的とした。交通事情の近代化など、経済の高度成長に地方行政を対応させるものであった。

この2度にわたる合併で、市は昭和20年（1945）10月段階の205市から昭和53年（1978）の646市に、さらに町は1,797から1,983に増えたものの、村の数は8,516から626に減ってしまった。この段階で古来続いてきた「郡」がほぼ消えてしまったという県も少なくない。

◇「住居表示に関する法律」(昭和37年)

　これは特に都市部において顕著に実施され、従来あった住所を「○○三丁目3番7号」といった形に変更した政策である。例えば私の故郷の松本市では、松本駅前からまっすぐ伸びていた「国府町(こくぶちょう)」という由緒ある町名を、「中央一丁目」「深志一丁目」などに変えてしまった。「国府町」は、この地に信濃国の国府があったことを示す貴重なもの。それを「中央一丁目」なぞと変えてしまったのだから話にならない。同じく、国宝松本城に向かう街筋はかつて「大名町(だいみょうちょう)」と呼んでいたものを「大手三丁目」と変えてしまった。私の地名改変へのスタンスは、この時点から生まれている。

◇平成の大合併

　いよいよ最後に平成の大合併である。これは平成11年(1999)から政府主導で行われた市町村合併で、平成17年(2005)前後に最も多く実施され、「市町村合併特例新法」が期限切れになる平成22年(2010)3月末に終了した。
　目的は自治体を広域化して行財政基盤を強化しようとすることにあったが、実態は逆で、合併された弱小町村がさらに疲弊していくという結果を招いている。市町村数を合併開始時と終了時で示すと、以下のようになる※。
・平成11年(1999)4月：総数3,229(市671、町1,990、村568)
・平成22年(2010)3月：総数1,730(市786、町757、村187)
※総務省報道資料「『平成の合併』について」(平成22年3月5日)による
　平成の大合併については、別の機会にその検証を行いたいと考えているので、ここではこれ以上触れないが、本書の中でもその影響について多く触れていることを申し添えておきたい。

4 難読地名の世界

　これまで難読地名というと、その読み方をクイズ的に紹介するというのが一般的で、それ以上その世界に立ち入った本は皆無であった。本書は、

その難読地名の世界の扉を開け、その世界を紹介する最初の本である。

本書には、47都道府県ごとに10個ずつ、計470個の難読地名を紹介してある。その1つ1つを丹念に調べ、その意味が比較的はっきりしているものを選んだ。ある意味で、本書執筆で最も時間を取られたのは、この難読地名の選択であった。

いわば、この作業は、地名のミクロコスモスを探る旅のようなものであった。今まで読み方くらいは知っていたものの、その意味を探るというようなことは実は誰も行ってこなかった。しかも、全国で470個である。この世界を読み解く中で、地名の世界がまだまだ健全であることを知ったことは嬉しかった。明治以降の度重なる合併等によって、多くの歴史ある地名が消滅の運命に遭ってきたが、それでもまだまだ手つかずの難読地名が無数に存在することに気づき、多くの勇気をもらった。

それらを分類してみると、次のようになる。本書で取り上げている地名を例として挙げておく。

◆**地形で説明できる難読地名**

やはり地形で説明できる難読地名が多い。「木葉下」(茨城県)、「半家」(高知県)、「八景水宮」(熊本県) など。

◆**意味的に明確な難読地名**

意味がわかれば理解できる地名である。「道祖土」(埼玉県)、「曲尺手」(愛知県)、「戸保ノ木」(大分県) など。

◆**納得できる難読地名**

聞いてみれば納得できる地名である。「男女の川」(茨城県)、「海土有木」(千葉県)、「立売堀」(大阪府) など。

◆**数字にちなむ難読地名**

数字にちなむものは全国に多数分布する。「廿五里」(千葉県)、「一口」(京都府)、「十八女」(徳島県) など。

◆**伝説による難読地名**

伝説を生んだ難読地名も多数存在する。「及位」(山形県)、「伯母様」(神奈川県)、「紫雲出山」(香川県) など。

◆**からくりのある難読地名**

からくりがわかれば理解できる地名もある。「寄」(神奈川県)、「読書」(長野県)、「女子畑」(広島県) など。

◆アイヌ語の難読地名
　東北地方の北部から北海道にかけて分布する。「大楽毛」(北海道)、「発足」(北海道)、「笑内」(秋田県)など。
◆沖縄語（琉球語）の難読地名
　沖縄県に多数分布する地名。「東江」(沖縄県)、「今帰仁」(沖縄県)、「世冨慶」(沖縄県)など。

　これらの難読地名はとりもなおさず、日本列島の地名文化の豊かさを示している。本書がその文化解明の手掛かりになればと心から願っている。

第Ⅱ部

都道府県別
地名の由来とその特色

北海道

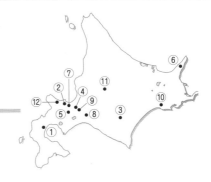

「北・海・道」の意味は?

　47都道府県というが、なぜ北海道だけが「道」なのか？　よく考えてみれば疑問になる。

　旧来使われていた「蝦夷地」という呼称から「北海道」に変わったのは、明治2年（1869）8月のことである。同年版籍奉還がなされ、7月には開拓使が設置された。そして、8月に「北海道」という名称が決定した。

　この「北海道」という呼称は、いわゆる古代律令時代から使用されてきた「畿内七道」の延長とみられがちだ。畿内七道とは次のようなものであった。

　　畿内・東海道・東山道・北陸道・山陰道・山陽道・南海道・西海道

　現代の都道府県が制度として確立するのは明治の半ばのことであり、それまではこの地域区分が使用されていた。もちろん、この区分の中には「北海道」は入っていない。

　畿内（山城・大和・河内・和泉・摂津）を中心において、そこから「東の海沿いに行く道」が「東海道」、「東の山の中を行く道」が「東山道」、「北の陸沿いに行く道」が「北陸道」といった具合に命名されていた。「南海道」は紀伊と四国、「西海道」は今の九州地方を指していた。もちろん、「山陰道」と「山陽道」は今もそのままイメージされている。

　「北海道」は一見この地域区分の延長のようにみえるが、実態はまったく異なっている。

　幕末期に活躍した探検家・地理学者に松浦武四郎（1818〜88）がいる。伊勢の出身で、弘化2年（1845）に初めて蝦夷に渡って以降、数度にわたって蝦夷地を訪れ、とりわけアイヌの人々の生活をつぶさに観察し、蝦夷地・アイヌ研究の先駆者となった人物である。

　松浦は明治2年（1869）7月、「道名の義につき意見書」を政府に提出した。それによれば、「道」の名称としては、以下の6つが挙げられたという。

「日高見道」「北加伊道」「海北道」「海島道」「東北道」「千島道」

さすがに、この地に詳しい学者の命名である。都道府県名の制定で、個人の学者が命名したという証しがあるのは、唯一この「北海道（北加伊道）」だけである。

松浦がいちばん勧めたのは「北加伊道」だったという。なぜかというと、この「加伊」という言葉は、アイヌ民族が自らの国を「カイ」と呼んでいたからだという。アイヌ民族に深い理解を持っていた松浦ならではの命名である。

したがって、この「北加伊道」は「北」＋「加伊」＋「道」という組合せになる。そして最終的に政府が決めたのは「北海道」だったが、「海」に「カイ」というアイヌ民族の深い思いが隠れていることは忘れてはならない。

明治2年（1869）8月、太政官布告によって、北海道が成立し、「渡島」「後志」「石狩」「胆振」「日高」「天塩」「十勝」「釧路」「根室」「北見」「千島」の11か国が決定され、86郡が成立した。

しかし、実際の北海道は未開の土地をどう開拓するかが大きな課題で、明治2年（1869）に設置された開拓使が中心になって開拓を推進することになる。この北の大地を切り開くことは容易ではなく、内地の藩士らが多く移住し、さらに明治の中期になると、内地で様々な災害に遭った人々などもそれに加わり北海道の開拓に当たった。

明治15年（1882）2月に「箱舘県」「札幌県」「根室県」の3県が置かれたが、4年後には「北海道庁」に一本化され、明治22年（1889）5月に現在の体制による「北海道」がスタートした。

とっておきの地名

①長万部（おしゃまんべ）　函館から札幌に向かう中間地点にある町。古くは小砂万辺、忍山部などとも書いた。アイヌ語で魚のカレイのことを「シャマンベ」と言うが、それにちなんだ興味ある伝承が残っている。

昔、海で大きなヒラメ（カレイの誤り）を釣り上げた神様が、これは神の魚なので山に祀るから、春になってその山の残雪がヒラメの形になったらヒラメ漁に出なさいと教えたという。北東にある写万部山がシャマンベ・ヌプリ（カレイの山）で、この山腹にカレイの形をした残雪が見られ、そ

こからウパシ・シャマンベ（雪のカレイ）と呼ばれ、それが訛ってオシャマンベになったのだという。（『日本地名ルーツ辞典』創拓社）

②小樽（おたる）

石狩湾に面し、古くから港湾都市として栄えてきた。歴史的建造物も多く残され、観光都市としても多くの観光客を集めている。『大日本地名辞書』には、「小樽港は…北方の風には、波浪高起し船舶の安泊に便ならざるも、西及南の風には、甚安穏にして、且冬期氷結せず、夏期海霧少なく、実に北洋西岸に於ける唯一の良港なり、此港は、明治二十二年特別輸出港となり、同三十二年、一般開港場となる」と記されている。

もともとは「オタ・オル・ナイ」で「砂浜の中の川」という意味で、川を指した言葉であった。それは現在小樽市と札幌市の境界を流れる「小樽内川」のことだという。

③幸福駅（こうふくえき）

昭和49年（1974）のことだから、相当昔のことになる。「愛の国から幸福へ」というキャッチフレーズのもとに、帯広近くの幸福駅に若者たちが殺到したことがある。帯広駅から出ていた広尾線の「愛国駅」と「幸福駅」を結ぶわずか60円の切符が、翌年の8月までに800万枚売れたというのだから、尋常ではない。

広尾線は昭和62年（1987）に廃線となり、すでに線路等は撤去されているが、駅舎だけはそのまま保存されている。

「幸福駅」ができたのは昭和31年（1956）のことだが、それまでは「幸震駅（こうしんえき）」と呼んでいた。これはただ音読みにしただけで、もともとは「幸震（さつない）」と呼ばれていた。アイヌ語で「サッ」は「乾いた」という意味である。そして、「ナイ」は「川」のことである。すると、「幸震」とは「乾いた川」という意味になる。実際、この地には「札内川」という川が流れている。

問題はその「幸震」がなぜ「幸福」に転訛したかである。「幸福町（こうふくちょう）」という町名ができたのは昭和38年（1963）のことだが、その「幸」はもちろん「幸震」からとった。では「福」はどこから来たのか。

実はこの地域一帯は、明治時代、主に福井県の人々が移住して開拓したところである。「幸福」の「福」は福井県の「福」なのである。

明治の中頃、福井県大野郡はしばしば大きな水害に見舞われ、明治30年（1897）2月、厳寒の時期に村人100名余りが北海道の大地に足を踏み入れた。その厳しさの中で開拓をした先人の思いが「幸福駅」という駅名に映し出されている。

④札幌（さっぽろ）

　人口は190万を超え、北海道では圧倒的な存在感を示している。人口では全国の市の中でも横浜市・大阪市・名古屋市に次いで4番目の規模を誇っている。

　「サッポロ」という地名はアイヌ語で「サッ・ポロ」で、「サッ」は「乾いた」の意味で、「ポロ」は「大きい」の意味である。かつては「サッ・ポロ・ナイ」（乾いた大きな川）と呼んでいたようで、その川とは市内を流れる「豊平川（とよひら）」のことである。「ピラ」はアイヌ語で「崖」を意味するが、確かに豊平川の上流は崖沿いに川が流れている。

⑤定山渓（じょうざんけい）

　定山渓温泉は札幌市の南に位置する温泉街として知られる。これは「定山」という一人の僧が温泉を開いたことに由来する。定山は文化2年（1805）、備前国赤坂郡周匝村、池田藩主の祈願所である繁昌院の次男として生まれた。定山は17歳で寺を出て各地を修行してまわったというが、壮年に及んで蝦夷地の松前に渡り、そこから小樽に赴き、そこで鉱泉を発見して人々に湯治を勧めた。さらに奥に良い温泉が出ていると聞いて、2人のアイヌの若者の先導で定山渓に向かった。慶応2年（1866）のことである。

　定山はこの地を自らの究極の地と定め、背後の山を「常山（つねやま）」と名づけて修行の道場とし、温泉場の開発に勤しむことになった。

　念願の道路も開通した明治4年（1871）、時の東久世通禧開拓長官が定山の功績を讃えて、この地を「定山渓」と命名したという。

⑥知床（しれとこ）

　北海道東部、オホーツク海に長く突き出した半島。斜里郡斜里町（しゃりちょう）と目梨郡羅臼町（らうすちょう）にまたがっている。原生的な自然を残し、昭和39年（1964）に知床国立公園が設定され、平成17年（2005）には世界自然遺産に登録された。

　知床半島の北側の拠点は「ウトロ」だが、そこから遊覧船で半島を見学

できる。まさに日本に残された最後の秘境である。「知床旅情」の歌がよく合っている。「知床」はアイヌ語の「シリエトク」に由来すると言われ、「大地の頭の突端」あるいは「大地の行きづまり」という意味である。

⑦銭函(ぜにばこ)　この、そのものズバリの地名は、アイヌ語によるものではない。銭函は小樽市の東端に位置し、札幌と小樽をつなぐ形になっているが、どちらかというと札幌のベッドタウン化していると言える。

『大日本地名辞書』に「銭函の海岸に埠頭あり、明治十二年之を起す、当時、小樽札幌の軌道未だ通ぜざりしを以て、此を以て札幌輸出入の寄船所に擬したり」とあり、海運の要地でもあった。アイヌの人々が住む時代から鮭漁の場所として栄え、それで「銭函」というそのものズバリの地名が生まれたとされる。北海道の良き時代の痕跡であろう。

⑧千歳(ちとせ)　北海道の空の玄関である「新千歳空港」を擁し、北海道の物流拠点としても躍進している。また、自衛隊の町としても知られる。

かつて、この地はアイヌ語で「シ・コツ」(大きな窪地・谷)と呼ばれ、地形を示す地名なのだが、「シ・コツ」という音が「死骨」を連想させるということで、文化2年(1805)に箱舘奉行羽太正義が「鶴は千年」の縁起をかついで「千歳」に改称したという。西にある「支笏湖(しこつ)」はそのままの「シ・コツ」を継承している。

⑨月寒(つきさむ)　札幌市豊平区にある地名。もとは「つきさっぷ」と呼んでいた。明治4年(1871)に岩手県から44戸、144名が入植したことによってスタートした。アイヌ語の「チ・キサ・プ」で、「木をこすって火をつけるところ」という意味で、アイヌの人々の生活上の工夫を示す地名である。

昭和19年(1944)、豊平町議会は難読をきらった陸軍の要請を受けて「つきさっぷ」を「つきさむ」に変えたが、千歳線の「月寒駅」は「つきさっぷ」を存続させた。だが、昭和51年(1976)廃止の憂目に会った。

月寒はジンギスカン発祥の地として知られ、多くの観光客が訪れるジンギスカン料理店の名は、「ツキサップじんぎすかんクラブ」となっている。

⑩鳥取(とっとり)　鳥取県からの移住者によって成立した町。明治17年（1884）に「鳥取村」として発足し、昭和18年（1943）に「鳥取町(ちょう)」となったが、昭和24年（1949）釧路市に合併された。

　北海道に旧士族が移住し始めるのは明治10年代のことだが、そのきっかけを作ったのは黒田清隆の建議であった。政府はその建議に基づき、明治16年（1883）に「移住士族取扱規則」を発布した。それによれば、「士族ノ最貧困ニシテ自力移住シ得ザル者ノ為」「農業一途ニ従事セント欲スル者」に渡航の費用、食料、農具などの援助のほかに、1戸当たり300円程度の金を貸し付けるというものであった。しかも、「耕地ハ豫メ一戸三町歩ト定メ、移着ヨリ三箇年ニ必ズ墾了スベシ」とされた。

　明治17年（1884）に鳥取村が創設され、移住者は明治17〜19年（1884〜86）の3年間で105戸、521人を数えた。今でも当地には鳥取城と鳥取神社が建てられている。

⑪富良野(ふらの)　北海道のほぼ中央に位置し、「へその町」を自称している。ラベンダーに加えて、テレビドラマ「北の国から」で一躍有名になり、北海道を代表する観光地になっている。このテレビドラマのすごさは、昭和56年（1981）から平成14年（2002）まで20年余にわたって主人公の成長に合わせて作品を作り続けてきたことで、多くの視聴者の涙を誘った。原作者の倉本聰が昭和59年（1984）に富良野塾をこの地に作ったことも縁になっている。

　「富良野」の由来はアイヌ語の「フラ・ヌ・イ」で、「臭気をもつもの（川）」の意味で、十勝岳から流れる富良野川に硫黄が溶けているところからついた地名だとされる。

　また、「ピエ」は「濁った」という意味で、富良野市の隣にある「美瑛町(びえいちょう)」は、その濁った水にちなんだ地名によるという。

⑫余市(よいち)　積丹(しゃこたん)半島の東の付け根に位置し、昭和9年（1934）ニッカウヰスキー創業の地としても知られる。

　地名の由来はややおどろおどろしいが、「イ・オ・チ」（蛇が群れているところ）が訛ったものと言われる。アイヌ社会では熊や蛇は神の使者として畏怖していたので、悪い意味合いの地名ではない。

北海道

難読地名の由来

a.「**忍路**」(小樽市) **b.**「**神居古潭**」(旭川市) **c.**「**大楽毛**」(釧路市) **d.**「**馬主来**」(釧路市) **e.**「**納沙布**」(根室市) **f.**「**発足**」(岩内郡共和町) **g.**「**倶知安**」(蛇田郡倶知安町) **h.**「**妹背牛**」(雨竜郡妹背牛町) **i.**「**愛冠**」(厚岸郡厚岸町) **j.**「**白人**」(中川郡幕別町)

【正解】
a.「おしょろ」(アイヌ語の「オショロ」で、「尻のような窪み」の意味) **b.**「かむいこたん」(アイヌ語の「カムイコタン」で、「神の住む場所」の意味) **c.**「おたのしけ」(アイヌ語の「オタ・ノシケ」で、「砂浜の中央」の意味) **d.**「ぱしくる」(アイヌ語の「パシクル」で、「カラス」を指す) **e.**「のさっぷ」(アイヌ語で「ノッサム」で、「岬の傍ら」の意味) **f.**「はったり」(アイヌ語の「ハッタル・ウシ」で、「淵があるもの」の意味) **g.**「くっちゃん」(アイヌ語の「クチャ・アン・ナイ」で、「狩り小屋のある川」の意味) **h.**「もせうし」(アイヌ語の「モセ・ウシ」で、「イラクサの生えるところ」の意味) **i.**「あいかっぷ」(アイヌ語の「アイカプ」で、「矢の届かない崖」の意味) **j.**「ちろっと」(アイヌ語の「チロ・ト」で、「鳥が多くいる沼」を指す)

青森県

消せない「津軽」と「南部」の対立

「青森県」という県名がしっくり来ない。「青い森」というのは美しいイメージだが、歴史的な背景を考えると、どうにかならなかったかと考えさせられる。岩木山の麓に広がる津軽平野は、桜で有名な弘前市から五所川原市につながり、その先は津軽半島である。一方、太平洋側には八戸市が漁港として存在感を見せ、三沢市を通じて下北半島につながっている。

その真ん中には八甲田山が聳え、あたかもこの八甲田山を境にして津軽と南部は対立しているように見える。

津軽地方に勢力を有していた「海の領主」たる安東氏と、甲斐国から移住して糠部(南部領)に「馬の領主」として勢力を張った南部氏とでは、もともと水と油のごとく性格が異なっていたのであろう。

津軽藩と南部藩はことあるごとに対立を繰り返してきたが、それは戊辰戦争で決定的な対立を生んでしまう。奥羽越列藩同盟で中心的役割を果たしていたのは仙台藩(伊達藩)と盛岡藩(南部藩)であった。一方、官軍側は同盟の切り崩しにかかり、まず久保田藩(秋田藩)ついで弘前藩(津軽藩)を同盟から脱退させることに成功した。

慶応4年(1868)9月10日のこと、南部藩の野辺地で戦争が始まった。野辺地を守る南部藩主体の同盟軍に対して、官軍側が攻撃を仕掛けてきた。この時点ですでに官軍側についていた津軽藩は同盟軍に攻撃を仕掛ける予定にしていたが、作戦の失敗で官軍は敗北を喫した。その失敗を取り返そうと9月23日、今度は弘前軍が同盟軍に攻撃を仕掛けたのだが、結果的には30名を超える犠牲者を出して弘前軍は敗北した。

戊辰戦争そのものは同盟軍の敗北に終わったわけで、両藩の亀裂はそのまま明治以降にも引きずられることになる。

「青森県」の県名が成立した背景には野田豁通という人物がかかわっている。野田は熊本県生まれで、官軍が奥州で苦戦を強いられていることか

ら、助っ人として津軽藩に送られたのだった。当時榎本武揚擁する幕府軍は強力であった。それに対抗するためには箱舘への海のルートを見つけなければならなかった。

そこで、目をつけたのが小さな港町の「青森」であった。当時「青森」は「弘前」に比べるととるに足らない町だったのだが、箱舘への物資の輸送などで急激に必要度が増していた。

野田にとってみれば、この青森は自分が整備した町のようなもので、愛着があったのだろう。野田はその後弘前県の大参事となった。彼は弘前県の県庁所在地を弘前に置くことはやめるべきだと考えた。戊辰戦争で亀裂を深めた津軽と南部の関係を少しでも修復するためにも、弘前ではなく、少しでも南部に近い青森に持っていくべきだと考えた。そして県名も「青森県」とした。

これが「青森県」の県名の成立事情なのだが、県民の皆さんはどうとらえるだろうか。

とっておきの地名

①浅虫温泉（あさむしおんせん）

昔から温泉街・歓楽街として知られ、「東北の熱海」などと呼ばれる。「浅虫」という珍しい地名の由来については、かつてこの地の温泉で「麻を蒸した」ことにちなむというのが定説になっている。伝承によれば、里中に煮え返る温泉があり、ここで麻を蒸すことによって麻蒸と言っていたが、蒸という字は火災に近いこともあって、近世になって「浅虫」と変えたという。（『角川日本地名大辞典 青森県』）

江戸期から「浅虫村」として存在していたが、明治22年（1889）の町村制施行により、東津軽郡「野内村」「久栗坂村」「浅虫村」が合併されて「野内村」となったが、昭和37年（1962）青森市に編入されて今日に至っている。

②五所川原（ごしょがわら）

津軽平野の中部・北部に位置する。古くは「御所川原」とも書いたという。「五所川原」の由来は、正保2年（1645）の津軽知行高之帳に「五所川原」とあり、「平山日記」によれば、寛文年間（1661～73）岩木川が屈折したことによって5つの村ができたことによるとある（『青森県の地名』）。ほかの文献もほぼ同じで、これが定説である。

一方、古くは「御所川原」と書かれていたことから、天皇にちなむという伝承もある。岩木川の上流にあった五所村に南北朝時代の長慶天皇が崩御されたところに御神体が祀られてあったが、洪水にあって今の元町八幡宮近くに流れついたことから「御所川原」と呼ばれ、後に「五所川原」になったという。

　五所川原市は全国的にも珍しく、大きな飛び地を有しているところに特色がある。十三湖周辺および北一帯がそうであるが、ここは旧「市浦村」地区で、飛び地というよりは五所川原市の中心地区と市浦村地区の2つのエリアで五所川原市は成立していると言ってよい。

　「市浦村」ができたのは、昭和30年（1955）のことで、それまであった「相内村」「脇元村」「十三村」が合併されて成立した。本来はもう1つ「太田村」が入る予定で「四浦村」としようとしたが、「四」は縁起がよくないので、「市浦村」としたとのこと。平成17年（2005）の大合併で、五所川原市と金木町と市浦村が統合されて新・五所川原市が誕生した。なぜ飛び地風になってしまったかについては、旧五所川原地区と旧市浦地区の間にあった中泊町が合併に合意しなかったからと考えられる。ちなみに、中泊町も旧市浦町をはさんで飛び地を有している。

③十三湖

　「十三湖」は津軽半島北西部にある汽水湖。地元では「十三潟」とも呼んでいる。周囲30キロメートルでかなり大きな湖だが、水深は3メートルに満たず、シジミの産地として知られる。日本海に面する「十三」地区には、中世来、日本海沿岸の交易港「十三湊」が置かれており、外国との交易も広く行われていた。

　「十三湖」という呼び方以外に、「東潟」などとも呼ばれる。由来について『大日本地名辞書』では「津軽一統志」の「此地に湖水あり、十三潟といふ、当郡大小十三の河水此湖に落ちて海に入り、各その固有の水色を失はず」という説を紹介しており、湖に注ぐ河川が十三あったことによると思われる。

④龍飛崎

　阿久悠作詞による石川さゆりのヒット曲「津軽海峡・冬景色」で「竜飛岬」と歌われてしまったので、国民的レベルでは「タッピミサキ」で知られている。実際には「タッピ・ザキ（サキ）」

である。現地の観光客向けには「竜飛岬」という表記がされるケースが多いが、その使用漢字は地図では「龍飛崎」、灯台は「龍飛埼灯台」、漁港名は「竜飛漁港」とまちまちである。

　アイヌ語の「タム・パ」(刀の上端)に由来するというのが通説になっている。確かに津軽半島自体が刀のような形をしており、その先端にあることで、納得できる説である。そのアイヌ語に「龍飛」「竜飛」という漢字を当てたことが面白い。「龍のように激しく吹く風」という意味になり、まさにこの地の気象条件を象徴している。現に、ここでは強風を利用して風力発電も行われている。

⑤野辺地(のへじ)　下北半島の付け根に位置し、昔から下北方面と青森方面へ行く際の分岐点として知られる。「野辺地」という一見珍しい地名の由来だが、これはアイヌ語の「ヌップペッ」からきていると言われる。「ヌップ」は「野」を意味し、「ペッ」は「川」を意味するアイヌ語である。『大日本地名辞書』では「野水の義なり」としている。

⑥八甲田山(はっこうださん)　津軽と南部を隔てるように県中央部に広がる複数火山群の総称。最高峰は「八甲田大岳(おおだけ)」で標高1,584メートル。明治35年(1902)に、青森の歩兵第五連隊が雪中行軍の演習で210名中199名が遭難したことで知られる。由来としては、8つ(というよりも多数の意味)の山々の間にたくさんの湿地が点在しているというのが定説になっている。『大日本地名辞書』ではちょっと面白い話を紹介している。

「南谿東遊記云、津軽領の青森の南に当りて、甲田(カフダ)といへる高山あり、基峰参差として、指を立たるが如くなれば、土俗八甲田といふ、叡山愛宕抔のごとき山を、三つも五つも重ね上たるが如き高山也」

　指を立てているように見えるので、「八甲田」と呼んだとする。その意味で「甲」を使ったというのなら、これもこれで納得がいく。京都盆地でいちばん高い山は愛宕山(標高924メートル)、それに準ずる比叡山(848メートル)などの山々が3つも5つも重なっているという表現も趣があってよい。周辺には酸ヶ湯温泉、谷地温泉、蔦温泉など秘湯を味わえる名湯が点在している。

⑦弘前
ひろさき

　「弘前」をなぜ「ひろさき」と読むかは、時に耳にする疑問である。「崎」ではなく、なぜ「前」と書くのかという疑問だが、この答えは極めて単純である。もともとこの地は「広崎」というところだったというに過ぎない。『大日本地名辞書』には「弘前旧広崎につくる、三才図会にも広崎とあり」とある。たぶん現在の地形から見ても、市の北西を流れる岩本川、東を北に流れる平川の間に洪積台地と沖積平野が広がって突き出しているので、「広崎」と呼んでいたのであろう。

　一方、現在の弘前城のある高台を中心としたエリアは「高岡」「鷹岡」「二ツ石」などとも呼ばれていた。この高岡の地に城を築こうと津軽為信が計画したのは慶長8年（1603）と言われ、慶長16年（1611）に「高岡城」が完成している。この時点では「高岡城」であった。そして、その「高岡城」を「弘前城」に改称したのは二代城主津軽信牧で、信牧が帰依していた天海僧正の命名によるものだと言われる。現在の弘前城のある場所は確かに「高岡」という地名ではあるが、それ以上に、未来に向かって「弘く前を見る城」という意味のほうが発展性があると考えたのだろう。「広」と「弘」とはともに「ひろい」意味だが、「広」はどちらかといえば、物理的空間を示すのに対して、「弘」は学問や精神的な広がりを意味することが多い。そのような判断があったものと推測できる。

難読地名の由来

a.「撫牛子」（弘前市）b.「階上」（三戸郡階上町）c.「王余魚沢」（青森市）d.「尻労」（下北郡東通村）e.「水喰」（上北郡東北町）f.「雲谷」（青森市）g.「後萢」（青森市）h.「風合瀬」（西津軽郡深浦町）i.「九艘泊」（むつ市）j.「苫米地」（三戸郡南部町）

【正解】

a.「ないじょうし」（何らかの意味で牛に関係するか）b.「はしかみ」（岩手県境にある階上岳による）c.「かれいざわ」（海の魚カレイとの関係は不明で、乾飯（かれいい）に由来するか）d.「しっかり」（アイヌ語で、「シリ・トゥカリ」（山の手前）を意味する）e.「みずはみ」（水を含む土地という意味か）f.「もや」（アイヌ語で「小さな山」を意味する）g.「うしろやち」（「萢」とはヤチで、湿地帯を意味する）h.「かそせ」（風の交差点からと言われる）

i.「くそうどまり」(波が荒く、10艘の内9艘までがここに停泊して行ったと伝える) **j.**「とまべち」(アイヌ語で「茅の茂る淵」の意味という)

3 岩手県

「岩が出る」が由来？

　もともと現在の東北地方は「陸奥国」と「出羽国」で成り立っていた。明治政府はこの一帯の行政区域が明確でなかったことから、明治元年（1868）12月、陸奥国を「磐城」「岩代」「陸前」「陸中」「陸奥」の5か国に分割した。現在の岩手県は「陸中国」「陸前国北東部」「陸奥国南部」を占めることになった。

　それにしても、これは理解に苦しむ地域割である。もともと盛岡を中心にした南部藩の領域も青森県と分割され、さらに県の南部は伊達藩に属しており、いわば、南部藩の中核部分と伊達藩の一部を切り取ったかたちになっている。

　盛岡藩南部家は奥羽越列藩同盟の中核として官軍と戦ったが、明治元年（1868）9月24日ついに降伏し、盛岡藩は20万石から13万石に減封された。しかも、白石に転封であった。白石は仙台藩の一部で、言うまでもなく列藩同盟発祥の地であり、まさに「朝敵同盟」の本拠地であった。それと同時に、白石藩は北海道に飛ばされることになる。

　明治4年（1871）11月、政府は全国の県の統合を図り、この地域に「一関県」と「盛岡県」を置いた。そこには、次のような郡が含まれていた。

　　一関県…気仙・本吉・栗原・登米・玉造・胆沢・江刺
　　盛岡県…和賀・稗貫・志波・岩手・閉伊・九戸

　ところが、翌5年（1872）1月、突如「盛岡県」は「岩手県」に改称されてしまう。その理由は、県庁は盛岡市にあるが、盛岡という名前は旧藩の因習を残しているので、盛岡がある「岩手郡」の「岩手」をとって「岩手県」にしたということである。しかも、ポイントは盛岡県のほうから「県名改称支度届」を出させていることである。政府の意図は、朝敵となった藩名は使わせないということにあったのだが、それを命令とせずに、「届」としたということである。

「不来方城」から「盛岡」に変えたいきさつは後で述べるが、「岩手県」よりも「盛岡県」のほうがよほどこの地になじんでいると思うのは私だけではあるまい。

　「岩手」の地名の由来は間違いなく「岩手山」にあったと考えられる。標高2,038メートルで、東北切っての名峰である。岩手山の東側に「焼走り溶岩流」が残っており、その溶岩の岩が出るところから「岩出」となり、後に「岩手」に転訛したものとみられる。

とっておきの地名

①相去（あいさり）

　北上市に「相去」という珍しい地名がある。そこには南部藩と伊達藩の微妙な駆け引きが隠されている。こんな話である。

　寛永年間（1624～44）岩手県の江刺・胆沢両郡が伊達政宗の領地に、和賀以北が南部利直の領地に定められたのだが、どうもその境目がはっきりしない。境目をはっきりさせようと、伊達の殿から南部の殿に申し入れがあった。

　"双方が同日同時刻、午に乗ってお城を出て、出会ったところを境にしよう"という提案である。これは南部侯にとっては有利と思える提案であった。金ヶ崎どころか水沢あたりまで領地を延ばせる公算があったからだ。

　ところが、実際に落ち合ったのは「鬼柳（おにやなぎ）」と「相去（あいさり）」の境であった。これはいかにと思って見ると、南部侯は「牛」に乗ってきたにもかかわらず、なんと伊達侯は「馬」に乗って来ているではないか！

　「これは話が違い申そうか……」と南部侯が言うと、「そんなことはあるまい。わしの手紙をとくとご覧あれ」と伊達侯は言う。手紙をよく見ると、「乗り物は午」と書いてある。干支の「午」を南部侯は「牛」と読み違えたのであった。伊達侯は「馬」という漢字を使わず、わざわざ「午」の文字を使って南部侯を欺いたことになる。結局、伊達侯と南部侯はここを「相去って」、「相去」という地名が生まれた……という話である。

　この話を単なる作り話として聞き流すこともできるが、面白いのはここに南部藩の人々のやるせない気持ちがよく現れていることである。南部藩の20万石に対して伊達藩は62万石で、南部は伊達に一歩も二歩も譲らざるを得なかった歴史的経緯があった。その悔しさがよく伝わっている。

②一関（いちのせき）　県南に位置する県下第二の都市。「一関」の由来としては諸説あるが、いちばん有力な説に「一堰（いちのせき）」説がある。北上川の洪水を防ぐのに、「一堰」「二堰」「三堰」を築いたことにちなむというのである。資料としては、室町期成立とみられる「月泉良印禅師行状記」に「一堰願成寺」とあり、また、文明16年（1484）の中尊寺巡礼札には「三堰」とあるとされる。（『岩手県の地名』）

「堰」が「関」に転訛する例はいくつもある。東京都文京区の「関口」という地名は、江戸時代に神田川を堰きとめて上水を送ったという「大洗堰」がルーツとなっている。

一方、「一関」は「関所」に由来するという説もあるが、この説の最大の問題は、関所を第一から第二、第三と、近接して置くことなどあり得ないということで、この関所説は信憑性を持たない。

③吉里吉里（きりきり）　昭和56年（1981）、井上ひさしの『吉里吉里人』という小説で一躍有名になったところ。経済大国日本から長く煮え湯を飲まされてきた東北の「吉里吉里国」が突如独立するという破天荒なドラマで、いかにも東北（山形県）出身の井上ひさしらしい作品であった。

この地域は明治22年（1889）4月に「大槌町（おおつちちょう）」が成立するまで「吉里吉里村」と称していた。江戸時代から塩鮭の生産地として知られていたが、その中心になったのは「吉里吉里善兵衛」こと「前川善兵衛」であった。善兵衛は「みちのくの紀伊國屋文左衛門」とも呼ばれた豪商で、広く三陸沖の漁業権を掌握して、廻船問屋として活躍したと伝えられる。もとは相模国の生まれだが、すっかり吉里吉里に根づいて偉大な英雄として扱われている。

小説の中で「砂浜を歩きますと、きりきりと砂が軋みますでしょう。そこでアイヌ人たちは砂浜のことをきりきりと呼ぶようになったのだそうですね」とその由来まで説いている。

④不来方（こずかた）　今の盛岡市はかつて「不来方」と呼ばれていた。さんさ踊りの発祥の地として知られる三ツ石神社に「不来方」をめぐる伝説が残されている。

その昔、この地方に羅刹（らせつ）という鬼が住んでいて、住民を苦しめていた。そこで、三ツ石の神が鬼を石に縛りつけたところ、鬼は再び悪さをしない

東北地方　27

ことを約束し、その証文として三ツ石に手形を押したという。こうして鬼が再び「来ぬ」ようにということで、この地を「不来方」と呼ぶようになったという話である。

やがてこの地に進出した盛岡藩の二代藩主南部利直が「不来方」は「心悪しき文字」と忌み嫌い、「森ケ岡」に改称したという。その後、いつしか「森岡」に転訛し、四代藩主重信の代元禄4年(1691)に「盛岡」と変えられたという。「盛り栄える」という縁起をかついだ名称である。

盛岡城跡には、盛岡中学校(現盛岡第一高等学校)の教室から抜け出て文学書を読みふけったという石川啄木の碑が建っている。

　　　不来方のお城の草に寝ころびて
　　　　空に吸はれし十五の心

⑤雫石(しずくいし)

盛岡から秋田方面に向かう地点に「雫石町(しずくいしちょう)」がある。岩手県を代表する地名の1つである。由来は、西根(にしね)の雫石神社境内の清水が銚子の形をした岩から垂れ落ちる「滴石たんたん」によるとされる。中世には「滴石」と表記されたが、後に「雫石」に転訛した。「しずく」は「滴」「雫」どちらの漢字を使ってもよいのだが、「雫」のほうがより実態に合っている。雫石神社の境内には今も雫が垂れていたという洞窟がある。

江戸期には秋田街道沿いの宿場であったが、明治22年(1889)の町村制の施行で「雫石村」が成立し、昭和15年(1940)「雫石町」になっている。小岩井農場などの観光地を有する。

⑥千厩(せんまや)

東磐井郡にあった「千厩町(せんまやちょう)」は平成17年(2005)の大合併によって一関市の一部になった。地名の由来については、奥州藤原氏がこの地に厩舎を建てて多くの馬を育てたことから「千馬屋」と呼ばれたというが、これは根拠がない単なる伝承である。薄衣街道(284バイパス)の近くに「千厩地名発祥の地」の碑と説明板が建っている。それによると、源頼義、義家父子が安倍貞任を討つために戦った前九年の役の際、義家がここに陣を敷き、千頭の軍馬を繋いだことによるとある。

これらはいかにも観光用の説明でしかなく、実際は川幅の狭い場所という意味で「狭場谷」あるいは、馬を繋いだ場所が狭いところから「狭屋」

に由来するものであろう。

⑦磯鶏(そけい)　宮古市にある特徴ある地名である。磯鶏小学校という学校名でも残っている。明治22年（1889）の町村制の施行によって新制「磯鶏村」が発足し、昭和16年（1941）宮古町(まち)などと合併して「宮古市」となった。

　伝承によれば、入水した垂仁天皇長子是津親王の遺体が打ち上げられ、それを磯で鶏が鳴いて知らせたという。（『角川日本地名大辞典　岩手県』）だが、鶏にちなむこの種の伝説はかなり多くあり、これはあくまで伝承として受け取っておきたい。これとほとんど同じ地名伝説が長崎県対馬市の「鶏知」にある（236ページ参照）。

　実際は海に面した山地が浸蝕で削ぎ落ちた地を指す「削ぎ(そ)」に由来するものと考えられる。

⑧早池峰山(はやちねさん)　北上山地の最高峰で、標高1,917メートル。「六角牛山(ろっこうしさん)」「石上山(いしかみやま)」と合わせて「遠野三山」と呼ばれる。「早池峰山(はやちねさん)」という美しく信仰の対象になった山ゆえに、由来には諸説ある。その代表が、山頂に霊池があり常に水が枯れることがないが、不浄の器で汲めばたちまちにして涸れてしまう、というように、「池」にちなんで説明するものである。だが、これは「池」に引きずられて解釈したもので、真実は別にある。

　古来、「疾風(はやて)」とは、「はやて」のことで、この場合の「ち」もしくは「て」は「風」のことである。現代的には「しっぷう」と読むが、意味は「激しく吹き起こる風」のことである。この周辺で最高峰であるために常に「疾風」が吹きつける険しい山であり、そのために信仰の対象になったのであろう。その「疾風」が「早池」に転訛しただけのことである。さらに言えば、「峰」は「ね」とも読み、本来は「早池峰」で十分なのだが、それに「山」をつけてしまった例である。「利根川」を「Tonegawa-river」とするようなものと考えたらよい。

難読地名の由来

a.「夏油」（北上市）　**b.**「轆轤石」（大船渡市）　**c.**「狼森」（岩手郡雫石町）

東北地方　29

d.「鶯宿」(岩手郡雫石町) **e.**「越喜来」(大船渡市) **f.**「大更」(八幡平市)
g.「鏈水」(胆沢郡金ヶ崎町) **h.**「繋」(盛岡市) **i.**「安家」(下閉伊郡岩泉町)
j.「愛宕」(奥州市)

【正解】
a.「げとう」(アイヌ語で崖の意味だという) **b.**「ろくろいし」(陶磁器などの製造用の轆轤に関係しているか) **c.**「おいのもり」(狼の住む森の意味と伝える) **d.**「おうしゅく」(傷ついた鶯が癒したという伝承から) **e.**「おきらい」(アイヌ語で「悲しんで死ぬ」の意味だという) **f.**「おおぶけ」(フケとは湿地帯を意味する) **g.**「やりみず」(庭園などに水を引き入れたことにちなむか) **h.**「つなぎ」(源義家が愛馬を石に繋いで入浴したという伝承にちなむ) **i.**「あっか」(アイヌ語で「清らかな水が流れるところ」の意味) **j.**「おだき」(京都の愛宕寺(おたぎでら)に由来する)

4 宮城県

「宮城」よりも「仙台」だ

　仙台市は東北の顔である。宮城県の人口は現在230万人余、そのうち仙台市が107万人を占める。いわば東北地方の首都のような感じである。文化的にも東北大学など多くの大学を抱え、東北地方の中心である。それに比べれば、「宮城県」という県名はいかにも親近感が薄い。その背景にはかの戊辰戦争の悲劇が隠されている。

　東北6県はいずれも戊辰戦争で大きな被害を被った地域だが、中でもこの宮城県はその全域を旧仙台藩が占めていた。伊達藩と言えば伊達政宗公（1567〜1636）以来62万石という巨大な石高を誇る全国でも有数の雄藩であった。青森県が津軽藩と南部藩の確執の結果成立したのとは好対照に、宮城県全体が伊達藩の領地を継承したことになる。

　戊辰戦争の際、新政府軍は会津を仙台藩の力によって攻めさせようとした。伊達の軍勢を使えば会津などひとたまりもないと判断したのであろう。

　仙台藩に会津征討の命が下った時、仙台は大いに困惑する。官軍が是で会津が非という話ではないことは、当然のこととしてわかっていたはずである。とすれば、同じ奥州の藩を攻めるということに関しては相当な決断を必要としたはずであった。

　結果的には仙台藩は奥羽越列藩同盟の盟主として戊辰戦争を戦うことになった。仙台藩が降伏したのは慶応4年（1868）9月15日のことであった。62万石の城と領地は没収され、藩主の伊達慶邦と宗敦の父子は東京に護送され、芝増上寺に監禁の身となった。石高は28万石に減らされ、さらに、同じ戊辰戦争で敗北した南部藩が20万石から13万石に減らされて、仙台藩の一部である白石に移封されてきた。その分、仙台藩は領地を切り詰められたことになる。

　このような経緯から、新政府は朝敵であった「仙台」の名前は県名として使わせず、仙台のあった「宮城郡」の名前をとって「宮城県」とした。

東　北　地　方　31

「宮城郡」は『和名抄』では「美也木」と訓じられ、古代には多賀城が置かれた奥州の要の地点であった。「宮」と「城」で成っている地名なので、由緒がないわけがない。塩竈神社と多賀城にちなんでいることは事実として確認できる。「宮」という地名は神社のないところにはつかない地名であり、塩竈神社は奥州一宮である。

　一方、「仙台」という地名は伊達政宗に深く関わっている。政宗は関ケ原では家康方について、上杉景勝らと対抗関係にあった。そこで、政宗は慶長5年（1600）家康の許可を得て、今の青葉山にあった千代城に新城築城の縄張りを始め、本格的な城を完成させることになった。

　青葉山にはそれまで「千代城」という名の城があり、かつて国分氏が居城していた。国分氏というのは、今も仙台市内に陸奥国国分寺跡があるように、国分寺にちなむ豪族であったらしい。今も繁華街として知られる国分町はその名残だと言われる。

　この「千代城」を同じ音である「仙台城」に変えたのは、ほかならぬ伊達政宗であった。かつてあった「仙台橋」の擬宝珠によると、河水が千年にわたって流れ、民も国も安泰になることを祈って「仙台」と名づけたのだという。

とっておきの地名

① 愛子（あやし）

　仙山線に「愛子駅」がある。この地名は、この地にある「子愛観音（こあやし）」にちなむものである。『安永風土記』には「当時横町と申す所に相立ち申し候子愛観音之有り候を以て、当村の名に申し来り候由御座候」とある。つまり、ここの「子愛観音」から「愛子」という村名が生まれたと言っている。

　この観音様は「子安観音」であり、もともとは安産と子育ての観音様である。駅からほど近いところに、仙台城下の輪王寺の和尚が末寺として開山した補陀寺（はだし）跡があり、そこに「子愛観音堂」が建っている。

　それにしても「愛子」と書いて「あやし」と読むのはなぜか。「あやす」という言葉があるが、これは子どもの機嫌をとって愛育する意味である。そう考えると、「子愛」は「こあやし」と読むことが可能になる。この「こあやし」から漢字が逆転して「愛子」という地名が生まれたということだ。天皇家の「愛子様」が誕生された時に、この「愛子駅」は話題になった。

それとは別に、この子愛観音が隠れキリシタンのものだったという説もある。伊達政宗自身がキリシタンではなかったかという説もあり、その可能性も否定できない。

②女川(おながわ)

ここも東日本大震災で、壊滅的な被害を受けた。この「女川」には、昔この地を治めていた安倍氏が源氏を迎え撃った時、女子供を守るため安全な川にかくまったという伝説がある。『女川町史』には、およそこんなことが書かれている。

町の背後にある黒森山（400メートル）の麓の奥に安野平(あんのだいら)というところがある。その昔、安倍貞任(あべのさだとう)の軍勢が隣村稲井の館によって源氏方と戦った時、一族の婦女子を安全地帯であった安野平に避難させた。

川に避難させたというからてっきり大きな川だと思いきや、女川の町から延々と車で上った山頂近くの「山懐」のようなところだった。「平」とは言え、今は木々が生い茂って往時を偲ぶことは難しいが、確かに避難場所としてはよかったのかもしれない。川とは言っても飲み水を確保できる程度の川であった。取材に行ったのは大震災の数年前、一日も早い復興を願っている。

③鬼首(おにこうべ)

鳴子温泉の北側、江合川(えあい)（荒雄川）の源流に位置し、鬼首温泉で知られる。このおどろおどろしい地名の由来は、坂上田村麻呂が蝦夷経営に際し、蝦夷首領大武丸を斬って、その首がこの地に落ちたので鬼首と呼んだという伝説があるが、これはあくまで伝説として聞いておこう。実際には、永承6年（1051）陸奥国国司藤原登任が「鬼切部(おにきりべ)」で俘囚安倍頼時と戦った歴史にちなむとされている。つまり、戦場の名前が「鬼切部」という地名だったということだが、やはり戦場で命を落としたことで命名されたものということになり、何やら血なまぐさい地名であることには変わりはない。しかし、このようなおどろおどろしい地名に惹かれて温泉に来る人も多いのだから、これはこれでよいのだろう。

④金華山(きんかざん)

石巻市牡鹿(おしか)地区にある山の名前。標高445メートル。我が国で最初に金を産出したと伝えられ、金華山の地名もそれに由来するという。天平勝宝2年（750）に創起されたという黄金山(こがねやま)神

東北地方　33

社が鎮座する。ご祭神は金山毘古神・金山毘売神で、金属の神様である。金華山はその重要度から「みちのく山」と呼ばれており、日本初の金の産出を祝って詠んだ大伴家持の歌が残る。

　　　　天皇の御代栄えむと 東なる
　　　　　　陸奥山に 金 花咲く

　織田信長が斎藤氏を滅ぼして岐阜城を築いた山も金華山と呼ばれるが、宮城県の金華山が飛んで行ったという伝承を耳にしたことがある。

⑤塩竈

　陸奥国の国衙は多賀城に置かれており、塩竈はその港として重要な役割を果たしていた。その由来について、『塩竈市史Ⅰ本編Ⅰ』に次のようにある。

　「仙台藩が安永3年に村々から書出させた安永風土記書上の塩竈村の部には『村名ニ付由来』として、『当社之大明神此浦ニ天降給ひ塩を焼て民に教へ給ふ其釜在之候ニ付御鎮座神号並村名共に塩釜と称候由申聞候』と述べている。これによって、古来から塩竈の入江は製塩の名所であり、地名も又浦わの製塩と関連していたことがわかる」

　ここでは古来「藻塩焼き」という方法がとられていた。それは、塩焼釜の上に海藻を揚げ、海水を注いで煮詰める方法である。JR「本塩釜」駅の裏手に一森山があり、その上に塩竈神社がある。広い境内に製塩に使われた土器が発見された場所も確認されている。

　塩竈（釜）神社は、全国に数十社確認されているが、その総本社がこの塩竈神社である。

⑥色麻

　古川市の近くに「色麻町」がある。難読地名でもある。「色麻」のルーツをたどると、実は播磨国（現在の兵庫県南西部）の「飾磨」につながっている。その昔、飾磨郡（現在の姫路市辺り）の人々がここに移住し、「色麻」という地名が誕生したというのが定説になっている。

　その痕跡は色麻町にある「伊達神社」にある。この神社は飾磨郡にある「伊楯神社」をこの地に勧請したものである。「色麻」という地名の初見は『続日本紀』で、天武天皇の天平9年（737）の記述である。それによると、陸奥国（現在の青森県・岩手県・宮城県・福島県）に派遣された蝦夷征討

の軍が3月1日、管内の色麻の柵を発し、その日のうちに出羽国大室駅（現在の山形県尾花沢市と推定）に到着したとある。

　古代においてはずっと「色麻」の地名が続いたが、武士の時代になって「四釜氏（しがま）」なる武士がこの地を治めることになり、江戸時代までは「四釜」という表記が一般的だったという。ここにはミステリアスな伝承もある。

　奥州一宮の塩竈神社は古来、製塩の神様として信仰を集めていたが、その近くに「御釜神社」という神社がある。そこには4つの釜が祀られているが、もともとは7つあったとかで、そのうち3つの釜が盗まれたというのである。その盗まれた釜の1つがこの色麻にあったものだという。真偽は別として、面白い話ではある。

⑦尿前（しとまえ）

戦国期までは「志登米」「志戸米」と書かれたが、江戸時代になると「尿前」と書かれるようになり、とりわけ芭蕉の「蚤虱馬の尿（しと）する枕もと」の句で知られる。「尿」とは古来「小便」を意味することだが、それがルーツと考えることはできない。

　『大日本地名辞書』ではアイヌ語の「シリ・トマイ」で、「山上に湖水ある処」という説を紹介している。

　この地に置かれた尿前の関は旧出羽街道沿いにあり、伊達藩の尿前境目番所の跡である。芭蕉がここを通りかかったのは元禄2年（1689）のことで、一行は急遽行程を変更したため通行手形を持っておらず、通るのが難儀だったと記している。

⑧閖上（ゆりあげ）

東日本大震災の津波で被害を受けた地で、古くは「淘上」「淘揚」とも書いた。いずれも「ゆりあげ」と読む。一般に「閖上の浜」と呼ばれるが、かつては「名取の浜」とも呼ばれていた。伝説では熊野那智神社の御神体がこの浜にゆり上げられたと言い、仙台藩4代藩主伊達綱宗公が「門の中から水が見えたので、門の中に水を書いて閖上と呼ぶように」ということで「閖上」という漢字が使われたという。御神体のほかに十一面観音という説もある。

　「淘」という漢字は「ゆら」もしくは「ゆり」と読み、「由利」とも書く。意味は「砂を淘（ゆ）り上げて出来た平地。ゆり」（『広辞苑』）であり、単純に考えれば、海の砂が盛り上がった浜辺のことである。そこにいくつもの伝

承が重なったものと考えてよい。

難読地名の由来

a.「野蒜」(東松島市) **b.**「秋保」(仙台市) **c.**「網地島」(石巻市) **d.**「一迫」(栗原市) **e.**「掃部丁」(仙台市) **f.**「招又」(宮城郡七ヶ浜町) **g.**「霊屋下」(仙台市) **h.**「覆盆子原」(伊具郡丸森町) **i.**「桃生」(石巻市) **j.**「定義」(仙台市)

【正解】
a.「のびる」(ユリ科多年草のノビル(野蒜)が自生していたことによる) **b.**「あきう」(平安期に治めていたという「藤原秋保」にちなむという説のほか、「百寿の秋を保つ」によるとの説もある) **c.**「あじしま」(網を地面に広げて乾かしたことから) **d.**「いちはさま」(狭いという地形から) **e.**「かもんちょう」(上遠野掃部の屋敷があったことによる) **f.**「まねきまた」(慶長津波(1611)の時、「こっちさ来い」と手招きしたことによるという。東日本大震災でも津波にさらわれた) **g.**「おたまやした」(伊達家の霊廟「瑞鳳殿」の下にあるところから) **h.**「いちごはら」(「覆盆子」はイチゴのことで、実が取れた後のくぼみがお盆に似ていたからだと言われる) **i.**「ものう」(アイヌ語で「モム・ヌプカ」で、流域の丘の意味だという) **j.**「じょうげ・じょうぎ」(平氏滅亡の際、この地に逃げ延びた平貞(定)義が住みついたからと言われる)

5 秋田県

なぜ「秋田」に復帰したか？

　東北6県で藩の名前をそのまま踏襲したのは、秋田県と山形県のみである。そこには戊辰戦争の影響が微妙に影を落としている。全国的に官軍側についた西国の多くの県が大藩の名前をそのまま県名にしたところが圧倒的に多いことは周知の事実である。秋田藩（当時は久保田藩）は東北地方では唯一奥羽越列藩同盟から外れた藩であり、その意味では「久保田県」になっても、不思議ではなかったのだが、藩内部の対立が尾を引いてなかなかまとまらなかったという経緯がある。

　不思議なのは、明治4年（1871）1月、それまで200年以上続いていた「久保田藩」を「秋田藩」に変えていることである。そして同年7月の廃藩置県では「秋田県」が成立し、さらに11月には今の県域全体が「秋田県」に統合された。一見、スムーズに見えるが、その背景に何があったか。

　もともとこの地は中世の初め、秋田城介が支配していたが、その後安東氏が支配することになる。しかし、安東氏は関ケ原で豊臣方に組んだため転封され、その代わりに水戸の佐竹氏が秋田に移されることになった。慶長8年（1603）、佐竹義宣は秋田入りして久保田城を営んだ。それ以降、秋田の地は久保田城20万石の城下町として栄えてきた。それをなぜ明治になって「秋田城」に変えたのか。明確な資料は残っていないが、新しい時代を迎えて、昔ながらの古い地名を復活させようとしたとされている。

　「秋田」が文献として最初に見られるのは『日本書紀』の斉明天皇4年の条に、蝦夷を征伐に行った時の記録として残されているものである。

　斉明天皇4年（658）4月、阿部臣は、180艘の船軍を率いて蝦夷を討伐した。「齶田」「渟代」2郡の蝦夷は恐れをなして降伏を申し出た。そこで蝦夷たちを大いに饗応して帰したという。

　ここに出てくる「齶田」が「秋田」のルーツとされている。谷川健一は、この地を長く支配するようになった秋田氏にはその昔神武天皇に敗れた日

本一族の流れが伝わっていると推測している。それほどこの「秋田」には深い歴史が伝えられている。

> とっておきの地名

① 阿仁(あに)　昔からマタギの里として知られる、阿仁川・小阿仁川流域の総称で、「安仁」「阿二」とも書いた。天正19年（1591）の豊臣秀吉朱印安堵状写に「秋田郡小阿仁村」とあるのが資料としては初見だとされる。戦後の昭和30年（1955）に阿仁合町と大阿仁村が合併して「阿仁町(にまち)」となったが、平成17年（2005）には北秋田郡の鷹巣町(たかのすまち)・合川町・森吉町(まち)と合併して「北秋田市」という市の一部になってしまった。

「阿仁」は珍しい地名だが、その由来として、この地を訪れた菅江真澄が、「米ガ沢・釜ガ沢の両地域に平安期の高倉長者の嫡庶子が拠り、大兄・小兄を称した」という古老の話を収録している。（『角川日本地名大辞典　秋田県』）十分あり得る話である。

およそ700年前に発見されたという阿仁鉱山は金・銀・銅の採掘で栄え、とりわけ銅の生産量は我が国一だったが、昭和45年（1970）閉山した。当地には「笑内(おかしない)」「糠内(ぬかない)」「粕内(かすない)」などの「川（ナイ）」を示すアイヌ語地名が多く分布している。

② 川反(かわばた)　言わずと知れた秋田市の繁華街（飲み屋街）である。「カワバタ」と言えば、一般には「川端」しか漢字が思い浮かばない。ところが、ここは「川反」である。江戸時代から明治の終わりまでは実は「川端」と書かれている。「旭川」という川の川端だったからだ。もともとこの旭川は北に位置する太平山から流れ出るごく普通の川だった。ところが、関ケ原の戦いの後、常陸国から移された佐竹義宣が窪田神明山に城を築く際に、この川を外堀として位置づけて「旭川」と命名したという。

現在の秋田市の中央をほぼ南北に流れ、久保田城（秋田城）のすぐ西側に位置しており、武家地から見ると「反対側」にあるところから「川反」になったのだという。

③ 栗駒山(くりこまやま)　岩手県一関市、宮城県栗原市、秋田県雄勝郡東成瀬村にまたがる山で、新緑・紅葉が美しいことで知られる。標高

1,626メートルで、なだらかな高原を成している。昔は駒ケ岳、酢川岳(すかわ)などとも呼ばれた。宮城県の栗原地方から見て、雪解けの時期になると残雪が駒の形に見えるので駒ケ岳と呼んでいたが、岩手県和賀地方に駒ケ岳（1,130メートル）があるので、栗原郡の名前から「栗」をとって「栗駒」としたという。

④後生掛温泉(ごしょうがけおんせん)　八幡平の一角、標高1,000メートルの地点にある秘湯として知られる。こんな伝承がある。

　昔、三陸地方からやって来た九兵衛という男がこの地で病に伏していた時、通りがかりの恐山巡礼の女性に助けられ、回復後一緒に暮らしていた。数年後九兵衛の妻がこの地を訪れた際、巡礼の女は温泉地の谷に身を投げたという。それを知った九兵衛の妻も、「後生」（死後再び生まれ変わること）を「掛」けて身を投じたという。以降、この地を「後生掛」と呼ぶようになった。

　伝承なので真偽は不明だが、これに似たことがあったと考えていいだろう。

⑤五城目(ごじょうめ)　「五城目町(ごじょうめまち)」は、秋田市の北30キロメートルに位置する町。『和名抄』に最北の村として記されている「卒浦郷（いさうらごう・いそうらごう）」は今の五城目辺りだと言われている。

　昔は「五十目」「五拾目」「五十野目」とも書き、「いそのめ」とも呼んだらしい。「卒浦」を「いそうら」と読むと、「磯浦」という漢字がイメージされてくる。この地は八郎潟の東側に位置し、かつて八郎潟が海であった頃は、日本海に面する「磯浦(いそ)」であったと推測される。「卒」は「五十」になり、江戸期から「五十目村」で、読み方も「ごじゅうめ」「いそのめ」と読まれていたが、明治29年（1896）に「五城目町」となり、読み方も「ごじょうめまち」と統一された。

⑥狙半内(さるはんない)　旧増田町(ますだまち)の地名で、『釣りキチ三平』で知られるマンガ家矢口高雄の生地。今は合併によって横手市の一部になっている。「狙半内」の「内」はアイヌ語で「川」を意味することは自明であり、ここを流れる狙半内川を指している。「サル」はアイヌ語で「葦原」を指

すとも言うが、「狭い」を意味する和語である可能性もある。「ハ（パ）」はアイヌ語で「上流」という意味だという。狙半内川は成瀬川の支流で、確かに上流にある。

⑦十文字（じゅうもんじ）

「十文字町（じゅうもんじまち）」は秋田県の東南部にあった町。平成17年（2005）の大合併で増田町（ますだまち）・平鹿町（ひらかまち）・雄物川町（おものがわまち）などとともに横手市の一部になった。もとは羽州街道と増田街道が十文字に交わる辻で、昔から「増田十文字」と呼ばれていた。この辺は冬季の雪などで道に迷う旅人が絶えなかったので、増田町通覚寺の天瑞和尚が道標を刻んだという。天保11年（1840）「十文字新田村」ができ、それが中核となって「十文字町」が発展してきた。

⑧乳頭温泉（にゅうとうおんせん）

秋田県というよりは、日本を代表する温泉郷と言ってよいだろう。鶴の湯に代表される乳白濁のお湯が特徴的なので、「乳頭」という名前がついたのかと思いがちだが、そうではない。この温泉名は背後にある乳頭山（1,478メートル）の山名に由来する。この山は、山頂が乳頭の形をしているところから「乳頭山」と呼ばれてきた。それはしかし、秋田県から見た場合で、岩手県からは烏帽子状に見えるので「烏帽子岳」と呼ばれている。同じ山なのに2つの名前を持っているのも珍しいし、不思議である。

乳頭山は田沢湖の北に聳える駒ケ岳のさらに北沿いの尾根上にある。何度かトライして、ついに駒ケ岳からその乳頭山の乳頭を見ることができた。地元の人に聞いたところでは、「20歳くらいの乳頭だべがなあ」ということだった。

「鶴の湯」「黒湯」「孫六」「蟹場（がにば）」「大釜」などの個性豊かな温泉が楽しめる。

難読地名の由来

a.「笑内」（北秋田市）**b.**「雪車町」（由利本荘市）**c.**「槐」（能代市）**d.**「婦気大堤」（横手市）**e.**「五十土」（由利本荘市）**f.**「商人留」（大館市）**g.**「朴瀬」（能代市）**h.**「象潟」（にかほ市）**i.**「海士剥」（由利本荘市）**j.**「高塙」（能代市）

【正解】
a.「おかしない」(アイヌ語で川下に小屋のある川) **b.**「そりまち」(文字通り「そり」に「雪車」という漢字を当てた) **c.**「さいかち」(マメ科の落葉高木に由来する) **d.**「ふけおおづつみ」(「婦気」は低湿地帯の意味で、そこにある大堤を意味する) **e.**「いかづち」(「イカヅチ」は雷のことで、全国に分布する) **f.**「あきひとどめ」(商人が滞在したところから) **g.**「ほのきせ」(「朴」はエノキのことで、エノキの生えている瀬ということになる) **h.**「きさかた」(かつてここにあった潟湖に由来する) **i.**「あまはぎ」(海人族が住んだ所で、ハギは崖を意味する) **j.**「たかはな」(土地が高いことを示す)

6 山形県

「出羽国」の中心地

　奈良時代以前は、現在の東北地方に当たる地域は「陸奥国」と呼ばれていた。和銅5年（712）に「出羽国」が設置された当初は旧越後国出羽郡を中心とした狭いエリアであったが、その後の数十年間で、現在の山形県全域と秋田県南部を含めた国が成立した。「出羽」は今は「でわ」と読むが、正式な旧国名は「出羽国（いではのくに）」である。

　『延喜式』では所轄郡として11の郡が挙げられているが、今の山形県に相当する郡は次の6つの郡である。

　　置賜郡（おきたまのこおり）・出羽郡・田川郡・村山郡・最上郡・飽海郡（あくみ）

　「置賜」は今の米沢市・南陽市・長井市の一帯、「村山」は山形市・天童市・寒河江市・村山市一帯を指している。「最上」は新庄市一帯、「飽海」「出羽」「田川」は酒田市・鶴岡市一帯を指している。

　他県から見ると、「山形市」の存在が大きく映るが、実際は「村山」という地名が一般に通用している。明治11年（1878）に「村山郡」は「北村山郡」「東村山郡」「西村山郡」「南村山郡」に分割され、「村山郡」という名称は消えたものの東西南北で生き残り、現在も「東村山郡」「西村山郡」「北村山郡」の3郡が残っている。

　一般に、山形県は「村山地方」「最上地方」「置賜地方」「庄内地方」の4つの地域に分けられているが、「山形地方」ではなく「村山地方」と呼んでいるあたりに、「村山」の意地が見えている。

　現在の形の「山形県」ができたのは明治9年（1876）のことであった。それまであった置賜県と鶴岡県（酒田県改め）と山形県を統合してできた県名であった。初代県令に起用されたのは鶴岡県令三島通庸（みちつね）（1835～88）であった。三島はもと薩摩藩士であり、鶴岡県は西郷隆盛と懇意にしていた間柄であり、それが奥州には珍しく、今でも鹿児島県と友好関係をとっている理由となっている。

この3つの県を統合するに当たっては、わざわざ大久保利通がこれらの地域を巡視しており、それなりの対応で山形県はスタートした。戊辰戦争では山形藩は弱小の小藩で、形としては奥羽越列藩同盟に属していたが、さしたる実績も挙げられなかったので、「山形」という県名を許可したのであろう。

とっておきの地名

①余目（あまるめ）　全国的によく知られた地名。江戸時代から「余目村」があったが、明治22年（1889）の町村制施行によって同村を中心に8か村が合併して「余目村」となった。大正7年（1918）に「余目町（あまるめまち）」となったが、平成17年（2005）立川町と合併して「庄内町（まち）」となり、「余目」という町名は消えてしまった。

　「余目」に近い地名に「余部」「餘部（あまるべ）」などがあり、古代史をひもとくには重要な地名である。大化の改新（645年）で戸籍法が敷かれ、「戸（こ・へ）」という大家族制のような組織が誕生した。この「戸」を5つ併せて「保」という制度ができたが、その「保」が10個集まると「里（り・さと）」と呼ばれた。つまり計50戸ということになるが、その50を超える端数のエリアを「余部」と呼んだ。「余目」は「余部」の転訛したものである。

②月山（がっさん）　出羽三山で最も標高の高い山（1,984メートル）で、山頂に月山神社が鎮座する。『大日本地名辞書』には「月山を、俗に牛が首（ウシがクビ）と称す、されば、牛頭山と命ずべし、而も犂牛山（クロウシヤマ）ともいふ。月山の名は、半月状の形容あるを以てにや、後人、更に暮礼新月の説を為し、又、月読尊に附会す」と書かれている。「牛が首」も「犂牛山（おすうし）」も牛が寝ているような山容からつけられたものだとするが、また半月状の山容によるとも書いている。

　月山神社に祀る「月読之命（つきよみのみこと）」によるとの説もあるが、吉田東伍は、山容の後に付与したものであると指摘している。「月読尊」「月夜見尊」（つきよみのみこと）とは、天照大神の子どもで「夜の食国（くに）」を統治する神とされる。出羽三山の信仰で生まれてきたものであろう。

東北地方　43

③白鷹(しらたか)　西置賜郡「白鷹町(しらたかまち)」である。「鷹」という動物地名では我が国の代表的な地名である。由来は、町の北東にそびえる白鷹山(994メートル)が、鷹が翼を広げているように見えることにあるという。確かにそのように見える山容だ。中央に突き出た頂上があり、その左右に翼が広がっている。まさに鷹が飛んでいる形である。翼の上に虚空蔵堂(こくうぞうどう)が祀られ、上杉鷹山直筆の額が掲げられている。

　上杉鷹山(ようざん)(1751〜1822)は17歳にして日向の高鍋藩から上杉家に養子に入り、さまざまな事業を興して藩政改革に当たったが、この虚空蔵堂は養蚕の信仰の対象として知られる。上杉鷹山は隠居の身になってから「鷹山」と号することになったのだが、その号はこの「白鷹山」に由来するという。

④鶴岡(つるおか)　平成17年(2005)の市町村合併により人口約13万人となり、山形市に次ぐ第二の都市になった。およそ800年前、このあたりは大泉荘(おおいずみのしょう)という荘園であったが、鎌倉幕府の御家人武藤氏が地頭を命ぜられ、ここに大宝寺城(たいほうじ)を築いた。武藤氏は越後の上杉氏の勢力を借りて権勢を振るったが、戦国末期に謀反にあって武藤義氏は最期を遂げた。

　江戸時代に入って、山形城主の最上義光の領地に加えられたが、その際、城名を「鶴ヶ岡城」と改めた。これが「鶴岡」のルーツである。

⑤天童(てんどう)　中世末期以来、天童城(舞鶴山城)の城下町として発展。南北朝期、この地を治めた国司北畠顕家(1318〜38)の孫北畠天童丸が当地の山城に拠ったことにちなむという。北畠顕家は建武新政当初、陸奥守として父とともに陸奥に下り、多賀国府を拠点に陸羽両国の経営に当たった武将である。その後、伊達郡霊山に拠点を移し、奥羽にとっては馴染みの人物である。

　それ以外に、舞鶴山の山頂で念仏を唱えると、楽を奏しながら二人の童子が天から舞い降りて来たという伝説もある。

⑥及位(のぞき)　全国的にも有名な難読地名である。現地にはこんな伝説がある。

　及位の集落の裏手に甑山(こしきやま)という山があるが、この山には昔、2匹の大

蛇がいて、悪行を繰り返していた。村人が困りはてていたところに、一人の修験者が通りかかり、山の周辺に大量の蓬（よもぎ）を集めて火をつけていぶし立てた。

大蛇はやむを得ず沼に逃げ込んだ。「この地を去れば許してやる」と修験者は言ったのだが、大蛇は「どこにも行くところはない」と言うので、山の神の力で山を崩して大蛇を埋めてしまった。

修験者は村人からたいそう崇められたが、修行はこれからと言って飯山に入り、自らの足につるを巻き、それを木の根元に結んで、崖に宙吊りになるいわゆる「のぞき」の修業に励んだという。

その後、修行者は京に上って偉い僧になり、高い「位」を授けられ、「のぞき」の修行から高い位に及んだことから、この地が「及位」と呼ばれるようになったという。

どこまで真実かはわからないが、このような伝承が残されていることは大事にしたい。

⑦羽黒山（はぐろさん）

月山・湯殿山とともに出羽三山の1つ。標高414メートルで出羽三山の中では最も低いが、信仰の山として最も多い観光客を集める。信仰の世界では現生を経て（羽黒山）、死後の世界へ行き（月山）、この世に再生する（湯殿山）という意味を持つという。

「羽黒山」の由来としては、崇峻（すしゅん）天皇の皇子である「蜂子皇子（はちのこのみこ）」がこの地に赴いた時、3本足のカラス（烏）がこの山に道案内して修行したという伝説がある。「蜂子皇子」は実在した人物で『日本書紀』崇峻天皇元年の条に、崇峻天皇と后の間に「蜂子皇子」と「錦代皇女（にしきてのひめみこ）」を生んだとある。崇峻天皇（？～592）の在位期間は蘇我馬子が大臣として政権を専らにしたので馬子に反発していたが、馬子の手先に暗殺されてしまう。その子の蜂子皇子は海路出羽に向かい、この羽黒山を開山したと伝えられる。

⑧肘折温泉（ひじおりおんせん）

出羽三山の主峰「月山」（1,984メートル）の登山口に位置する温泉として古来栄えてきた。今も湯治客・観光客に親しまれている。開湯の歴史は大同2年（807）にまでさかのぼり、平成19年（2007）には開湯1,200年を迎えた。

「肘折」の由来としては、肘を折った僧がこの湯に浸かったところ、た

ちまち平癒したという話がいくつもあるが、この種の話はどこの温泉にもつきものであるので、聞き流しておいてよい。

じつは、「肘折」に近い地名は他県にもある。「脚折」(埼玉県鶴ヶ島市)「膝折」(埼玉県朝霞市)などで、いずれも「坂を下りる」ことにちなむと考えられる。この地を流れる銅山川が肘が折れるように曲流していることにちなむ説もあるが、やはり坂道にちなむと考えたほうがよい。

難読地名の由来

a.「左沢」(西村山郡大江町) **b.**「鶴脛」(上山市) **c.**「無音」(鶴岡市) **d.**「温海」(鶴岡市) **e.**「日本国」(鶴岡市) **f.**「遊摺部」(酒田市) **g.**「文下」(鶴岡市) **h.**「菜畑」(鶴岡市) **i.**「旅篭町」(山形市) **j.**「鼠ヶ関」(鶴岡市)

【正解】
a.「あてらざわ」(「あちらの沢」から「あしらざわ」になったというのが定説になっている) **b.**「つるはぎ」(温泉で鶴の脛が治ったというが、実際は水が流れる崖を意味する) **c.**「よばらず」(声をかけなかったということで、隣とつきあいのなかったところの意味) **d.**「あつみ」(温泉が海に流れ込み海を温めたことから) **e.**「にほんごく」(諸説あるが、蝦夷との戦いでここまでが日本国としたという伝承がある) **f.**「ゆするべ」(「譲る部」のことで、水害による替え地の意味だという) **g.**「ほうだし」(縁者宛てに書いた文が流れついたと言われる) **h.**「からむしばたけ」(植物のカラムシが獲れたことによる) **i.**「はたごまち」(主な宿泊施設が集まっていたことによる) **j.**「ねずがせき」(「子」(北)の「津」にあった関に由来するという)

「福島市」の存在感の無さ

　福島県ほどまとまりのない県も珍しい。東北新幹線が走っている地域は「中通り」、常磐線が走っている地域は「浜通り」、そして西に位置する「会津」は別世界といった感じである。様々な会合もこの3つのエリアごとに開催されると聞いたことがある。とにかくこの3つのエリアを1つにまとめるのは大変なことなのだという。

　この福島県では県庁所在地の福島市の存在感が薄いのが気にかかる。最大の都市というと郡山市で、この地域は関東に近いこともあって住民の意識は「関東」に近いとも言われる。

　県名の問題に関しては、言うまでもなく、戊辰戦争で会津が降伏したことが最大の原因となっている。新政府は朝敵の藩の名前を採用しなかったため、「会津県」という名前をつけることはできなかった。

　慶応4年（1868）1月の鳥羽・伏見の戦いに始まった戊辰戦争は会津で最大の山場を迎えたが、同年9月、ついに会津城は落城して城を明け渡すことになった。会津藩は江戸期において23万石の大藩で、その規模から見ても仙台藩に次ぐ雄藩であったが、敗戦により土地は没収され、多くの士族が辺境の地、下北半島に追われ、過酷な環境での生活を強いられたのは余りにも有名である。

　当時の「福島藩」は5万石程度の小藩でしかなかった。しかも、この藩は会津藩の分家のような存在であった。

　会津藩の発展に貢献した蒲生氏郷（1556～95）は近江国蒲生郡の生まれで、秀吉に加担して小田原を攻め滅ぼし、その戦功によって会津藩42万石を賜った。そして、翌年にかけて奥州各地を平定して、92万石という巨大な藩を形成した。江戸時代には23万石に抑えられたものの、もともとは断トツの大藩だったのである。その氏郷が信夫郡のうち5万石を木村吉清に与えたのが福島藩の起こりである。

吉清はもともと大森城に入ったのだが、その後「杉妻城」に移り、名を改めて「福島城」とした。なぜ「福島城」にしたのかは不明だが、もともとはこの地は湿地帯を意味する「フケ」ではなかったかと推察される。現在の県庁の辺りが福島城のあった地域だが、阿武隈川に近接していて「フケ島」といった地形のところではなかったか。それを縁起のよい「福島」に変えたのであろう。

　一方、「会津」は以下に述べるように、古代の伝説が残っている地域であり、本来は県名も「会津県」のほうが相応しいとも思うのだが、今になっては昔を偲ぶのみである。

とっておきの地名

①会津（あいづ）

『古事記』崇神天皇の条に次の記述がある。

「大毗古の命（おおびこのみこと）は、先の命（みこと）のまにまに、高志の国に罷（まか）り行きき。しかして、東（ひむがし）の方より遣はさえし建沼河別（たけぬなかわけ）とその父大毗古と共に、相津（あひづ）に往き遇ひき。かれ、そこを相津といふ」

　意味はこうなる。「大毗古の命は勅命に従い、北陸地方平定のために下向した。そして、東の東海道を経て派遣された建沼河別とその父に当たる親子は相津でたまたま遭遇した。そこで、そこを相津と呼んだ」。

　推定千数百年も前の話だが、このように四大将軍と呼ばれた親子二人の将軍がこの地で遭遇したことから「相津」という地名が生まれ、それが後に「会津」に転訛したと考えると、いかにこの地が重要な地点であったかも理解されよう。会津市内に鎮座する伊佐須美（いさすみ）神社は奥州二宮、岩代一宮と知られるが、その創起はこの相津伝説にまでさかのぼるという。

　「相津」「会津」がなぜ「津」という港を意味する文字を使用しているかだが、当時は会津盆地は湖であったと考えられている。現在は盆地でもかつては湖であったと推定されているところに、「奈良盆地」（奈良県）「松本盆地」（長野県）などがある。

②安達太良山（あだたらやま）

県中央部にある火山であり、中通りでは最も存在感のある山並みである。安達太良山は標高1,700メートルで、最高峰の箕輪山は1,728メートルである。『万葉集』では、東北地方の歌8首のうち3首が安達太良山を詠んでいる。

安達多良の嶺に伏す鹿猪のありつつも
　　吾は到らむ寝處な去りそね

　さて、この「安達太良」の意味は何か。これまでいろいろ言われてきているが、これは間違いなく「安達太郎」に由来すると考えてよい。『大日本地名辞書』においても、この山がかつて「安達太郎火山」と称されていたことを示している。この地は安達郡と呼ばれていたところで、その地でいちばんの山という意味である。利根川を「坂東太郎」と呼ぶのと同じ理屈である。

③喜多方

　ラーメンの町「喜多方」である。人口3万人余りの町にラーメン店だけでも130軒もあるという。元祖は源来軒を始めた潘欽星という人物である。潘さんは明治40年（1907）浙江省の生まれで、大正の末におじさんを訪ねて来日したが、見つからず、ようやくこの喜多方でめぐり会ったのだという。

　「喜多方」というと、もとは「北方」の意味と思われるが、この「北方」という地名は「ボッケ」と読まれることが多く、意味は「崖」のことである。これは全国に散在する。ところが、この「喜多方」の場合は、崖ではなく、文字通り「北の方」の意味である。昔から会津地方の北の方を「北方」と呼んでいたとのこと。阿賀野川の支流の日橋川の北の方をそう呼んでいた。現在わかっているところでは、戦国時代の天文8年（1539）に「北方」という地名が確認されている。

　その「北方」が現在の「喜多方」に変わったのは、明治8年（1875）のこと。「北方」の中心にあった5村が合併する時、「喜びが多い」という意味で「喜多方町」と名づけたという。

④郡山

　県下最大の都市だが、その由来は極めて明確である。「郡」と書いて「こおり」と読む地名は全国に多数存在する。その由来は、律令時代の国・郡・郷・里の「郡」の中心で郡衙が置かれたことにちなむものである。郡山市の場合は、陸奥国安積郡の郡衙が置かれたところであった。

　現代では「郡」を「ぐん」と読むので、ちょっと理解しがたいかもしれないが、律令時代には「郡」は「こおり」と読んでいたので、すんなりわ

かってもらえるであろう。伊達郡に「桑折町(こおりまち)」という町があるが、これも間違いなく伊達郡の郡衙が置かれたことに由来すると考えてよい。

⑤勿来(なこそ)

相当な難読地名と言ってもよいが、いかにも歴史的情緒を感じさせる地名である。この地名は、古来この地に置かれたという「勿来の関」に由来する。大和朝廷が平定した蝦夷地との境に関所が3か所設けられた。浜通りの「勿来の関」(いわき市)と中通りの「白河の関」(白河市)、そして「念珠ケ関(ねず)」(山形県鶴岡市)である。念珠ケ関はやや北に位置するが、勿来の関と白河の関はほぼ北緯37度に位置しており、この線がかつての大和朝廷と先住民の境界線だったと考えられている。

白河の関と勿来の関は承和2年（835）12月の太政官付に、「剗を置いてから四百余年」と書かれているところから、およそ4世紀末から5世紀初頭に当たるのではないかと推測される。

国道6号線から山道を登って1キロメートルも行ったところに勿来の関公園はある。近くにある勿来文学歴史館には、古来伝えられている和歌がいくつも紹介されている。その中の1つ…。

　　吹く風を勿来の関と思へども
　　　道もせに散る山桜かな　　（源義家）

⑥二本松(にほんまつ)

二本松というと、戊辰戦争時の少年隊の悲劇がすぐ浮かぶ。二本松城の入口に少年隊の勇敢に戦う姿が銅像になって再現されており、心を痛める。二本松城は別名「霞ケ城」とも言い、現在は霞ケ城公園として整備されている。本丸はかなり高い山の上にあり、当時の城壁などが再現されている。

二本松城は奥州探題畠山氏の7代畠山満泰が築いた城である。嘉吉年間（1441～44）のことと言われる。当時、この城の本丸に二本の霊松があったことから二本松城と呼ばれ、また畠山氏も二本松畠山氏と呼ばれたという。

「二本松」というこの手の地名は極めてわかりやすく、二本の松があったこと以外に解釈しようはない。東京の「六本木」も六本の松の木によると考えられ、その他の解釈は難しい。

面白いのは同じ二本松市内に（といっても二本松城とはかなり離れてい

るが)、「四本松城」という城もあった。だが、こちらは「二本松城」に対してつけられた名前で、本来は「塩松城」であったらしい。

⑦坂下(ばんげ)　現在の「会津坂下町(ばんげまち)」である。蕎麦や馬刺しのほか、日本酒の生産でも広く知られる。アイヌ語説や坂下に当たるからという説もあるが、ここは明確に「ハケ」「ハゲ」「ボッケ」などの「崖」地名であると言ってよいだろう。「崖」地名に「坂下(さかした)」という漢字を当てたことは今から見ればヒットと言ってよい。

　江戸時代にはすでに「坂下村」が「坂下宿」として、越後街道の宿場として栄えた。明治10年（1877）に「坂下町」となり、昭和30年（1955）には「八幡村」「若宮村」「金上村」「広瀬村」「川西村」と合併して「会津坂下町」となった。

⑧霊山(りょうぜん)　「霊山町(りょうぜんまち)」はかつて伊達郡にあった町。平成18年（2006）同じ伊達郡にあった「伊達町(だてまち)」「梁川町(やながわまち)」「保原町(ほばらまち)」「月舘町(つきだてまち)」と合併して「伊達市」になったことで消滅した。もともとこの地にある「霊山」（標高825メートル）という山の名に由来する。霊山という山の名称は、その昔、慈覚大師円仁が天竺の霊鷲山にちなんで霊山寺を開いたことによる。霊山寺は「北の叡山」とも呼ばれ、山の上に壮大な寺院が形成されたという。「霊山寺縁起」によると、盛時には3,600の坊があったと伝えられる。

　中世になると、霊山寺の伽藍を利用した霊山寺城が築かれた。建武4年（1337）陸奥国司北畠顕家が義良親王（後の後村上天皇）を奉じて入山し、城郭として整備して南朝方の拠点となった。

難読地名の由来

a.「蝦貫」（福島市）　b.「日下石」（相馬市）　c.「木賊」（南会津郡南会津町）　d.「信夫山」（福島市）　e.「微温湯」（福島市）　f.「合戦坂」（白河市）　g.「背炙山」（会津若松市）　h.「鬼生田」（郡山市）　i.「曲田」（会津坂下町）　j.「鴻草」（双葉郡双葉町）

【正解】
a.「えぞぬき」(何らかの意味で蝦夷討伐と関連あるか) **b.**「にっけし」(太陽の動きに関連があるか) **c.**「とくさ」(トクサという植物名から) **d.**「しのぶやま」(東から熊野山・羽黒山・羽山の三峰からなり、山岳信仰による) **e.**「ぬるゆ」(文字通り、ぬるい温泉から) **f.**「こうせんざか」(何らかの合戦に由来するものと考えられる) **g.**「せあぶりやま」(朝は東から登る太陽を、夕方は夕陽を背に浴びて家路についたところから) **h.**「おにうた」(坂上田村麻呂に追い詰められた鬼が、鬼の子を捨てて逃げたという伝承による) **i.**「まがりだ」(文字通り曲った田による) **j.**「こうのくさ」(葉が「おおとり」に似た草に由来するか)

8 茨城県

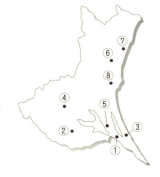

変わる茨城県

　平成17年（2005）8月に開業したつくばエクスプレスによって、茨城県は大きな変貌を遂げつつある。秋葉原駅から終点のつくば駅まで快速で45分という距離になり、沿線は全国でも数少ない人口増加地域になっている。ただし、その一方で伝統的な常磐線沿線は衰退の危機にさらされている。

　常磐線沿線で最大の都市は言うまでもなく水戸市だが、徳川御三家の1つとして水戸藩はその名を全国に轟かしていた。小石川後楽園として知られる庭園は水戸徳川家の上屋敷の庭園で、水戸初代藩主徳川頼房が徳大寺佐兵衛に造園させ、それを継いで完成させたのは水戸黄門こと徳川光圀公であった。

　幕末になり、内外の危機が迫る中、水戸藩では九代藩主徳川斉昭を中心に、藤田東湖・会沢正志斎ら改革派の藩士たちによって改革は進められた。その過程で水戸学が形成され、それがやがて幕末を揺るがす尊王攘夷思想となって発展していく。薩長などが世の流れに乗っていったのに対して、水戸がやや保守的に見られる背景はこのへんにある。井伊直弼を桜田門で討ったのは水戸の脱藩浪士だったし、新撰組のリーダーの一人であった芹沢鴨も水戸浪士だった。

　廃藩置県の後、明治4年（1871）11月、次の3つの県に統合された。

　　　茨城県…松岡県・水戸県・宍戸県・笠間県・下館県・下妻県。
　　　新治県…松川県・石岡県・志筑県・土浦県・麻生県・牛久県・竜ヶ崎県、その他千葉県の一部。
　　　印旛県…結城県・古河県。その他千葉県の一部。

　そして、さらに明治8年（1875）、茨城県と新治県が統合されて「茨城県」となった。「印旛県」は千葉県に編入された。茨城県と千葉県は隣接しており、「ちばらき」などと呼ばれることがあることでもわかるように、歴

史的にも風土的にも近いものがある。
　「茨城」という地名は常陸国の「茨城郡(うばらきのこおり)」からとったものだが、『常陸国風土記』に記されている、かなりきわどい伝承によっている。
　茨城郡の山中に「国巣(くず)」という土着民が穴に住んでいた。彼等は穴の中で密かに暮らし、時に応じて村を襲って物を盗むようなことを繰り返していた。そこで、黒坂命(くろさかのみこと)が穴に茨を仕掛けておいて、馬で追い立てたところ、国巣たちは茨のとげに刺さって死んでしまった——。
　これは古代における先住民と新住民との戦いを表したものだが、たぶんそのようなことがあったのだろう。かつてはこの一帯までは蝦夷がいたと思われるので、それにちなんだ話なのかもしれない。だが、余り愉快な話ではない。個人的には「水戸県」の方がよかったのではないかと考えている。

とっておきの地名

①**潮来(いたこ)**　古来「伊多久」「板久」とも書かれ、「いたく」と呼ばれていた。元禄11年（1698）、徳川光圀公が「潮来」と改称したという。「潮来」としたのは鹿島に潮宮があって、常陸の方言で潮を「いた」と読むことにならったと言われている。一方で、平安時代にすでに「潮来」と記されていることから、昔から「潮来」であったという説もある。いずれにしても、潮が来ることに関する地名であることには変わりはない。

②**女化(おなばけ)**　赤松宗旦(そうたん)による『利根川図志』に、次のような話が載っている。
その昔、ここに忠七という若者がいた。原っぱを通りかかった時、寝ているキツネを撃とうしている猟師を見かけ、不憫に思って咳払いをして狐を逃がしてやったという。その日の夕方、一人の男が若い女を連れて、どうか一夜の宿をお願いしたいというので、泊めてあげることにした。翌日男はいずこかへ去り、女が一人残ることになった。その美しさのあまり、忠七は夫婦になって幸せに暮らしていた。
　ところがある日、家にいた時、尻尾があるのを見つけられ、ついにあの時助けていただいたキツネであることを白状し、穴に隠れてしまったという。
　「女化」は「おなばけ」と読むが、「女が化けた」のではなく、「女に化

けた」ところがミソで、心温まる話である。

③鹿嶋(島)

常陸国一宮の鹿島神宮にちなむ古い地名だが、ある事情により、「鹿嶋」と表記せざるを得ないことになった。従来あった「鹿島町」と大野村が合併して「鹿嶋市」になったのは平成7年（1995）のことだが、本来は「鹿島市」でよかったはず。ところが佐賀県にすでに「鹿島市」（昭和29年市制施行）があったため、「鹿嶋市」にせざるを得なかったという話である。

しかし、歴史上の存在感は圧倒的にこの地の「鹿島」が勝っている。鹿島神宮は崇神天皇が「中臣神聞勝命」に命じて、太刀・鉾・弓などを納めたころから中臣氏によって治められてきたという。実は、この神社が奈良の春日大社に深く関わっていることは余り知られていない。

春日大社の第一のご祭神である武甕槌命が鹿に乗って春日大社まで出向いたのは天平神護3年・神護景雲元年（767）のことである。「鹿島を立つ」といったことから「鹿島立」という言葉も生まれた。奈良を闊歩する鹿もこの鹿島に由来することになり、この「鹿島」は日本史上重要な意味を持っている。

④小貝川

県西部を流れる一級河川で、利根川の支流。「蚕養川」「子飼川」「養蚕川」とも表記され、この地域一帯に養蚕が行われていたことを示す地名である。川に小さい貝があったというのは俗説。蚕のことを最近まで「こ」と呼んでおり、夏に飼う蚕は「夏蚕」、秋に飼う蚕は「秋蚕」と呼んでいた。熊本市にも「養蚕」という地名があり、「小飼橋」という橋もある。

⑤行方

難読地名に入れた方がよいかもしれない。古来、常陸国の郡の1つで「行方郡」と呼ばれた。『常陸国風土記』には日本武尊の伝説が記されている。命が食事をされた際、四方を眺めて「山々のひだは出たり入ったりしながら重なり続き、海辺のひだは長くうねうねと続いている。（その）山の峰には雲が浮かび、谷のあたりには霧がかかっている。風光はすばらしく、地の形には心惹かれる。まことにこの地の名を行細の国と称するべきである」と仰せになったとある。

⑥常陸(ひたち)　『常陸国風土記』によれば、孝徳天皇の時代に、足柄の坂から東にある国々を統治し、8つの国に分けたが、常陸国もその1つである。国名を「常陸」にしたのは、「人々が往来する道が湖や海の渡し場によって隔てられてはおらず、郡や郷の境界が山から河へ、峰から谷へと、次々に続いているので、直通(ひたみち)、すなわち陸路だけで往来できるという意味をとって、国の名称にした」という。

一方、日本武尊がこの地を通ったとき、新しく掘った井戸の水で衣の袖をひたしたことから「ひたち」という国名になったとも書かれているが、ここはどう見ても「直通」説に軍配を挙げるべきだろう。

⑦日立(ひたち)　愛知県の「豊田市」は「トヨタ自動車」の企業名からなるものだが、この「日立」は日立製作所にちなむものではない。「日立村」が成立したのは、明治22年（1889）の町村制がしかれた時で、「宮田村」と「滑川村」が合併されて「日立村」になっている。大正12年（1923）に出された『常陸多賀郡史』に、徳川光圀公が元禄8年（1695）9月、神峰山奥殿に登拝した時、「旭日の立ち昇る光景の偉大なるは、領内無二と仰せられたり」と書かれ、そこから「日立」の村名が生まれたとされており、これがこれまでの通説となっている。

⑧水戸(みと)　古くはこの地点まで湊が入りこんでいたと見られ、「水の戸」つまり海や湖水の入口につけられる地名である。千波湖を囲む低地と暗部に広がる沖積地からなっている。かつては「水戸」を「江戸」と呼んだとも言われ、海への入口という点では同じ地形にあったと言える。現在の水戸市は台地上に広がっており上町と呼び、南の低地は下町と呼んだが、その呼称は現在でも上市・下市として継承されている。

難読地名の由来

a.「木葉下」（水戸市）**b.**「天下野」（常陸太田市）**c.**「七五三場」（結城市）
d.「月出里」（稲敷市）**e.**「大角豆」（つくば市）**f.**「男女の川」（つくば市）
g.「先後」（小美玉市）**h.**「生板」（稲敷郡河内町）**i.**「隋分附」（笠間市）
j.「直鮒」（龍ケ崎市）

【正解】
a.「あぼっけ」（ボケという崖地名に「木葉が下に落ちる」という漢字を当てたもので見事）**b.**「けがの」（この地の獅子舞が江戸で「天下一」の旗を揚げたことが咎められ、徳川光圀が「領内の天下野村で一番」と機転をきかせたという伝承がある）**c.**「しめば」（しめ縄を三筋・五筋・七筋と順にしめていくところから「七五三」を「しめ」と読むことによる）**d.**「すだち」（「巣立ち」のことで、月が空に昇る様を意味するという）**e.**「ささぎ」（通称は「ささげ」でマメ科の1年生作物のことで、その栽培地に由来する）**f.**「みなのがわ」（男女合わせれば「皆」になるので、こう名づけた）**g.**「まつのち」（何らかの意味で前後をさすか）**h.**「まないた」（調理の俎板状の地形に由来するか）**i.**「なむさんづけ」（笠間街道沿いにあり、「南無三」（さあ、大変だ）という仏教用語によるか）**j.**「すうぶな」（素（なま）の鮒に由来するか）

栃木県

宇都宮が県庁所在地になった訳

　現在の群馬県と栃木県一帯は、古来「毛野国（けぬのくに）」と呼ばれていた。『国造本義』によれば、仁徳天皇期に上下の２つの国に分割されたと言われる。都に近い方から「上野国」「下野国」とされた。それだけ一体感の強い地域で、現在でも栃木県と群馬県の県境は入り組んでいて判別のつかない場合がある。

　栃木県でやはり疑問になるのは、県庁所在地が「宇都宮市」で、県名となった「栃木市」はそれとは別に存在することである。北関東の中核都市としての宇都宮市は圧倒的な存在感を誇っているが、なぜ県名は「栃木県」となったのか。そのからくりを解明してみたい。

　「栃木県」の謎を解く鍵は明治２年（1869）２月に置かれた「日光県」にあった。これは廃藩置県の２年前のことで、全国的に見て極めてまれなケースであった。それだけ新政府が「日光」を重視していた証しである。政府は「府藩県三治制」のもとで、まず藩以外の旧幕府直轄地を支配下に置こうとした。そこで、まず目をつけたのが真岡であった。真岡は幕府が直接支配していたところで、ここを押さえることによって日光を支配できると考えたのである。

　ところが、明治４年（1871）７月の廃藩置県を経て同年11月には「日光県」は「栃木県」に、一方宇都宮藩を中心に「宇都宮県」が成立したことによって、現栃木県のエリアには、「栃木県」「宇都宮県」の２つの県が並立することになった。この並立状況は２年後の明治６年（1873）６月に「栃木県」に統合されることになる。当時、なぜ「宇都宮県」ではなく「栃木県」に統合されたかであるが、それは当時は栃木のほうが栄えていたからと言ってよいだろう。もともと栃木は、天正19年（1591）に小山氏の流れをくむ皆川広照によって栃木城が築城されて始まった町だが、その後は城下町というよりは商業の都として発展してきた町であった。とりわけ渡良瀬川

の支流に当たる巴波川沿いの舟運の町として栄えていた。

　栃木県の県庁が宇都宮に移ったのは、明治17年（1884）のことである。すでにその頃には、戊辰戦争で廃墟と化した城も町も整備されたこともあるが、最も大きな理由は明治の中頃になって、交通・運輸ルートが舟運から鉄道に移行しつつあったことであろう。そのような歴史的流れから県庁が栃木から宇都宮に移ったと考えてよい。

　もともと日光は、8世紀末に下野国出身の勝道上人が開山したことが始まりとされ、釈迦が生まれたとされる補陀落山への信仰から生まれた地である。「補陀落」から「二荒山」（男体山）が生まれ、この「二荒」を「ニッコウ」と音読みすることによって「日光」という地名が生まれた。

　「宇都宮」という地名も、この「日光」に関連して生まれたと考えられる。市内にある「二荒山神社」の別称を「宇都宮」と称したところに由来するとされている。

とっておきの地名

①宇都宮

　宇都宮市の中心部にある明神山（標高135メートル）に鎮座する「二荒山神社」に由来することに関してはほぼ意見は一致している。主祭神は「豊城入彦命」だが、この神は崇神天皇の第一皇子で、天皇の名で東国の蝦夷を鎮めたとされている。「毛野国」の祖と言われる。

　二荒山神社は関東に多く見られるが、中でもこの宇都宮と日光の二荒山神社が有名で、どちらが本家なのか意見が分かれている。どちらも下野国の一宮を名乗っているが、日光が奈良時代末期に勝道上人によって開かれたとしたら、宇都宮二荒山神社の方が古いと言ってよいだろう。「補陀落」が「二荒」になり、それが「日光」になったことはすでに述べた通りだが、この宇都宮二荒山神社も何らかの意味で補陀落信仰にかかわりがあったと言ってよいだろう。

　由来については、日光から「移し祀った」とか、「討つの宮」とか諸説あるが、「一宮」の転訛したものとする説がいちばん信憑性が高い。

②喜連川

　奥州街道の宿駅として知られ、中世の資料には「喜連川」の他、「狐川（河）」「喜烈川」「来連川」などと表記された。「狐

川」の由来としては、「平安末の近衛天皇の時代、那須九尾狐が暴れていた頃、荒川の上流に老大狐が生息しその影を荒川に映したため荒川を狐川とよぶようになった」という。(『栃木県の地名』)ただし、これは単なる伝承で、単に「流れ来る川」あるいは奈良の「木津川」のように、「木材を流す川」といった程度の意味とも解釈される。残念なことは、このような由緒ある喜連川と氏家町を合併して、平成17年(2005)に「さくら市」などという無味乾燥な市名にしてしまったことだ。

③鬼怒川(きぬがわ)　栃木県の北部の山間部に発して一気に南に流れる一級河川で、利根川水系の支流としては最も長い全長約177キロメートルを誇る。江戸時代までは現在の茨城県南部、千葉県北部に広がっていた香取海に注いでいたが、家康による利根川東遷事業によって、利根川の支流ということになった。河川の名はこの一帯がもともと「毛野国(けぬのくに)」であり、そこを流れる大河であったことから「毛野河」と呼ばれていたことに由来する。江戸時代には「衣川」「絹川」とも表記されたが、いずれも衣や絹を流したように美しい川ということで、「毛野川」であったことには変わりない。

「鬼怒川」という表記は明治以降のものであり、鬼怒川上流にある「鬼怒沼」には絹姫にまつわる伝説もあるが、それはある時期に作られた話であると見てよい。

④戦場ケ原(せんじょうがはら)　もとは「赤沼原」「閼伽沼原」とも言った。「閼伽」とは仏前に供える水もしくはその容器を意味し、日光を開祖した上人がここに湧く水を献上したことに由来すると考えられる。男体山の噴火に伴う溶岩が湯川を堰きとめてつくられた湖が陸地化してできた乾燥湿原で、標高約1,400メートル、面積約9平方キロメートルに及ぶ。

「戦場ケ原」という地名には、男体山の大蛇と群馬県の赤城山のムカデがここで領地争いをして、大蛇が放った矢がムカデの目に命中して男体山が勝ったという伝説がある。その戦いの場所を「戦場ケ原」と呼び、その時流れた血が溜まったところが赤沼だという。これは下野国の男体山と上野国の赤城山になぞらえて、両国が対立関係にあったことから、いつの時期かに誰かが創作した話である。「戦場ケ原」とはあまりに出来過ぎた地

名である。

⑤ 益子(ましこ)

益子焼の名前で全国的に知られた芳賀郡の町。益子の由来は、かつてこの地に勢力を張っていた益子氏という豪族によっている。源頼朝が奥州藤原氏征討の軍を挙げた時、益子正重は宇都宮氏の郎党として戦功を挙げて、頼朝から源氏の旗である白旗一流を下賜されたという。しかし、戦国期になると宇都宮氏と対立することが多くなり、天正11年（1583）宇都宮氏によって滅ぼされることになった。

益子焼は嘉永5年（1852）に大塚啓三郎によって始められた。笠間で修行していた大塚に土地を与え、瀬戸物を焼かせたのが始まりで、藩の推奨を受けて生産量が上がっていた。主に作られたのは台所用の雑器で、江戸に運ばれて売られた。

⑥ 真岡(もおか)

『和名抄』に「芳賀郷」という郷名があり、これが今の真岡地区に当たると言われる。現在でも「芳賀郡」があり、「芳賀町(はがまち)」があり、この地域には焼き物で知られる「益子町(ましこまち)」も入る。古代中世には「真岡」という地名は存在せず、天正年間（1573～92）に「真岡」と改称したとされる。天正5年（1577）芳賀高継によって築かれた芳賀城が真岡城と呼ばれたという。地名の由来については諸説あるが、「ふむのあとこと」という文書に、「御前の岡の台に鶴集まりて毎日舞けるを、郷人是を見て、けふも舞ふか、けふも舞ふかと云へり、是真岡郷の初とかや」とあることから、鶴が「舞ふか」によるという説がよく伝えられている。

⑦ 渡良瀬川(わたらせがわ)

北関東を流れる利根川水系の支流の一級河川である。栃木県足尾町(あしおまち)（現在は日光市）近くから群馬県に流れ、みどり市で南東に向きを変え、再び栃木県に流れ、利根川に合流する地点では広大な渡良瀬遊水地を形成する。「渡良瀬」という川名は旧足尾町にある「渡良瀬」という地名に由来すると言われている。また、日光を開山した勝道上人が川を渡ろうとした時、渡るにちょうどよい浅瀬があったので渡良瀬と名づけたという伝承もある。「渡瀬川」と書かれたこともあり、いずれにしても「川を渡る」ことにちなんだ川名であることは間違いない。

難読地名の由来

a.「利保」(足利市) **b.**「八椚」(足利市) **c.**「帯刀」(栃木市) **d.**「接骨木」(那須塩原市) **e.**「四十八願」(佐野市) **f.**「寒井」(大田原市) **g.**「汗」(河内郡上三川町) **h.**「薬利」(那須郡那珂川町) **i.**「壬生」(下都賀郡壬生町)

【正解】
a.「かかぼ」(不明だが、母様(かかさま)に関連するか) **b.**「やつくぬぎ」(クヌギ(椚)の木が多くあったことに由来する) **c.**「たてわき」(帯刀を許された武士に由来するか) **d.**「にわとこ」(スイカズラ科の落葉低木の意味で、それに由来する) **e.**「よいなら」(戦国時代の佐野氏の家臣に四十八願家があった。四十八願とは大無量寿経にある言葉で、一切衆生を救うために発した四十八の願のことで、「よくなる」ことを願ったもの) **f.**「さぶい」(単に「寒い」に由来するか) **g.**「ふざかし」(鬼怒川舟運の船着き場で鑑札を貸していたところから「札貸し」「札河岸」となり、それが「ふざかし」に転訛したとの説がある。また、この地にある満願寺にある薬師如来に願をかけると汗をかくということから「汗地蔵」となったとの伝承もある) **h.**「くずり」(「楠」の語源は「奇す」の木で、薬に通じるので、その関連だと考えられる) **i.**「みぶ」(貴人の出産や養育に従事した「壬生部」によるものとの説のほか、単に湿地帯を意味するとの説がある)

「高崎」と「前橋」の県庁争奪戦

　栃木県と群馬県はかつては「毛野国(けぬのくに)」として1つであったことは、栃木県で述べた通りである。関東平野は我が国最大の平野であったが故に、県境は様々に移り変わってきた。群馬県と埼玉県の県境にもいくつかの変遷があった。熊谷は今は埼玉県の有力な都市なのだが、かつては群馬県であったこともある。

　さらに注目すべきは「高崎」と「前橋」の県庁争奪戦であった。ここには長野県における「松本」と「長野」の確執に似た歴史的経緯があった。まず群馬県が成立するまでの複雑な経緯をまとめてみよう。

　　明治2年（1869）　12月26日　「岩鼻県」設置
　　　　　　　　　　　　　　　政府の「府藩県三治制」による。
　　明治4年（1871）　 7月14日　廃藩置県
　　　　　　　　　　　　　　　前橋県・高崎県・沼田県・安中県・伊勢崎県・小幡県・七日市県・川越県成立。
　　　　　　　　　　10月24日　「高崎県」として統合。しかし、わずか3日後、
　　　　　　　　　　10月27日　「群馬県」に改称。通達には「云々ノ情実(しかしか)」による、としか書かれていない。
　　　　　　　　　　11月19日　群馬県の県庁が高崎に開庁。（高崎を慮ってか？）
　　明治5年（1872）　 5月27日　県庁が前橋に移る。（高崎城を兵部省に移し、軍事的拠点とした）

明治6年（1873）	6月15日	群馬県は廃止され「熊谷県」になる。（当時「入間県」と「群馬県」の県令を兼務していた河瀬秀治が、前橋が遠いので川越と前橋の中間に位置する熊谷に熊谷県を置いたという）
明治9年（1876）	8月21日	再び「群馬県」となり、県庁は高崎に置かれる。（これで「群馬県」は正式にスタート）
	9月21日	前橋で政務を執ることが認められる。（わずか1ケ月で高崎での県庁は終わった）
	9月29日	高崎から嘆願書提出。（高崎側から抗議の声が挙がり、嘆願書を提出。県令はいずれ高崎に戻すと約束）
明治14年（1881）	2月16日	県庁を正式に前橋に移すことを決定。（高崎から見れば裏切り行為にほかならない）
	8月10日	県庁への抗議行動。（しかし、最終的には裁判で敗訴し、県庁は前橋ということに決まった）

この経緯を見ると、高崎市の無念が今に伝わってくる。江戸時代において高崎藩は8万石、前橋藩は15万石とそれほどの開きはなかった。結果的に前橋に県庁が置かれたが、その後の発展ぶりを見ると明白に高崎に軍配が挙がったと言えよう。

とっておきの地名

①吾妻（あがつま）　古代より「吾妻郡（あがつまのこおり）」として知られ、現在も吾妻郡が存在する。群馬県の北西部一帯を占め、新潟県・長野県と境を接する。日本武尊が東国を押さえて碓氷峠を越えて帰ろうとした時に「吾妻はや」とのたまったとの伝説による。『日本書紀』にはこう記されている。

「時（とき）に日本武尊（やまとたけるのみこと）、毎（つね）に弟橘媛（おとたちばなひめ）を顧（しの）びたまふ情（みこころ）有（ま）します。故（かれ）、碓日嶺（うすひのみね）に登りて、東南（たつみのかた）を望（おせ）みて三（み）たび歎（なげ）きて曰（のたま）はく、『吾嬬（あづま）はや』とのたまふ。故因（やま）りて山の東（ひむがし）の諸国（もろもろのくに）を号（なづ）けて、吾嬬国（あづまのくに）と曰（い）ふ」

およその意味は理解いただけるだろう。現代の国語辞典で「あずま」を引くと「東・吾妻・吾嬬」が出てくる。「東」を「東(あずま)」と読むルーツはこの吾妻郡にあったのである。

② 伊香保(いかほ)　『万葉集』巻十四の相聞歌に、
　　　　伊香保ろの傍(そひ)の榛原(はりはら)ねもころに
　　　　　　　奥をなかねそまさかし善(よ)かば
とある。この「伊香保ろ」は険しい山容を意味する「厳(いか)つ峰(ほ)」からきたものと言われ、現在の榛名山を指している。伊香保町は平成18年（2006）の合併で渋川市となったが、昔から榛名山山麓の石段街として知られる伊香保温泉で有名。「榛原」とは榛名山に続く原野を詠んだものである。

③ 草津(くさつ)　「草津温泉」で全国的に知られている。草津温泉は強酸性のお湯で知られ、林羅山の日本三名泉に数えられる。湯量の豊富さでは全国でも一、二を争っている。草津の由来は硫化水素が強い臭いを発するところから「くさい水」の意味で「くさみず」「くそうず」と呼んだことによるとされる。江戸期前までは「草津」「草生津」「九相津」「久佐津」「九草津」などと表記されていたが、江戸期からは「草津」に統一されている。もとは「くさづ」と読んでいたらしいが、今は「くさつ」である。

④ 群馬(ぐんま)　上野国が群馬県になったのは、県庁所在地を争った高崎が「群馬郡(くるまのこおり)」にあったことによるものである。現在の都道府県名の多くがそのような単純な理由でつけられた。上野国で「群馬郡」は重要な位置にあった。『和名抄』では「群馬」は「久留末」と訓じ、「長野」「井出」「小野」「八木」「上郊(かむさと)」「畔切(あきり)」「島名」「群馬(くるま)」「桃井(もものい)」「有馬」「利刈(とかり)」「駅家(うまや)」「白衣(しらみそ)」の13郷から成っていた。和銅6年（713）、国名が「上毛野国」から「上野国」に変更されたと同じ時期に、郡名も「車」から「群馬」に変更されたと言われる。

「車」の由来は、上毛野朝臣氏と同祖で、雄略天皇に乗輿を供進して姓を賜った「車持公(くるまもちのきみ)」に由来する。つまり、古代の天皇の輿の製作・管理に当たった部に深く関連しているのであって、「馬が群れる」という意味

ではない。

⑤猿ヶ京(さるがきょう)

上杉謙信による地名伝説が今に伝えられている。
越後の上杉謙信が関東攻めのために三国峠を越え、ここ宮野に陣を張った時、謙信が見た夢の話である。宴の席で膳に向うと箸が一本しかない。そして、ご馳走を口に入れたとたん、前歯が一気に8本も抜けてしまった。その夢を家臣に伝えると、それは関八州を一気に手に入れるということでおめでたい話だと言われた。その日はちょうど「庚申の日」で、申(サル)にちなんでその地を「申が今日」であったことから「猿ヶ京」と名づけたというのである。

これはいつの時期かに誰かが作った話と考えてよい。「サル」は地名的に言えば「崖」のことで、「京」は文字通り「峡」のことである。

⑥高崎(たかさき)

以下の伝承がある。
昔この地は「和田」と呼ばれていた。この和田城の跡に城を完成させた井伊直政は当地を「松ヶ崎」に改めようとした。ところが、日頃信頼を置いていた龍門寺の住職白庵に話したところ、諸木には栄枯あり、世にも盛衰があります。それよりも「成功高大」の意味をとって「高崎」にしたらどうかと意見を述べ、直政はただちに「高崎」と命名した。

また一方では、城地を定めるのに鷹を飛ばせて決めたところから「高崎」にしたという説もある。あるいは単純に、台地が先に延びているといった地形説が正しいのかもしれない。

⑦月夜野(つきよの)

平成の大合併はこんなにロマンあふれる町名をも消滅させてしまった。「月夜野町」は昭和30年(1955)、それまであった「古馬牧村」と「桃野村」が合併されて成立した。平安時代の歌人源 順(みなもとのしたごう)がこの地を訪れ、三峰山から昇る月を見て「よき月よのかな」と歌を詠んだと伝えられ、それが「月夜野」の地名の由来だという。伝承なので確たることが言えないものの、それだけの美しい風景にちなんでつけられたことは疑いがない。

平成17年(2005)に「月夜野町」「水上町」「新治村」が合併して「みなかみ町」となり、昔からあった「水上」(みなかみ)という地名の由来もわからなく

なってしまった。「水上」は文字通り利根川の水源を意味するものだが、「みなかみ」という平仮名では何も解読できない。

⑧**前橋**（まえばし）　言わずと知れた群馬県の県庁所在地だが、「前橋」は「前にある橋」という意味ではなく、古くは戦国期から「厩橋（うまやばし）」であった。「厩」は馬を飼っておく小屋のことだが、宿駅の意味もある。長尾景虎（上杉謙信）が永禄3年（1560）に関東へ進出し、翌年小田原を攻めたが、その際に「厩橋衆」としてこの辺の武士が加わったことが記録に残されている。

「厩橋」が「前橋」に変わったのは江戸期の慶安年間（1648～52）のことだと言われる。「厩」という言葉を嫌ってのことだろう。

難読地名の由来

a.「本動堂」（藤岡市）b.「尻高」（吾妻郡高山村）c.「南蛇井」（富岡市）d.「老神」（沼田市）e.「湯檜曽」（利根郡みなかみ町）f.「六合村」（吾妻郡中之条町）g.「神流」（多野郡神流町）h.「乙父・乙母」（多野郡上野村）i.「八ッ場」（吾妻郡長野原町）j.「鶉」（邑楽郡邑楽町）

【正解】
a.「もとゆるぎどう」（旱魃の時雨乞いをしたらお堂が移って雨が降ったという。お堂のもとの地を本動堂としたと伝える）b.「しったか」（地形の端（尻）が高くなっていることによるか）c.「なんじゃい」（アイヌ語の「ナサイ」に由来し、「川の幅が広い所」を意味するという）d.「おいがみ」（日光男体山神との戦いで赤城山神が敗れ、刺さった矢を地面に刺したところ湯が湧き出て傷を癒し、その後男体山神を追ったところから「追神」と呼ばれ、さらに年老いたので「老神」となったという伝承がある）e.「ゆびそ」（「湯の潜む」の意味の「ユノヒソ」からの転訛だといわれる）f.「くにむら」（明治22年、それまであった6つの村を合併してできたことによる。「六合」は古来「国（くに）」と読んできたという事実もある）g.「かんな」（渡来人系の「唐（カラ）」の転訛したものという）h.「おっち・おとも」（乙母神社もあり、何らかの信仰（神）によるものか）i.「やんば」（ダム建設で話題になったところで、由来には狩猟に因む「矢場」の転訛説、

地形による「谷場」の転訛説などがあるが、「簗場」の転訛したものであろう）**j.**「うずら」（全国各地にある地名で、キジ科の鳥の生息地と考えられる）

11 埼玉県

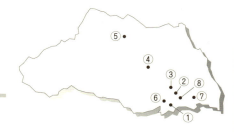

「さいたま市」の功罪

　平成の大合併によって、これまであった浦和市・大宮市・与野市の合併で「さいたま市」が誕生したのは平成13年（2001）のことである。さらに、平成17年（2005）に岩槻市を合併して、今日に至っている。平成26年（2014）段階で、人口125万の全国9番目の大都市の誕生である。

　平成の大合併がすべて悪いというのではない。それなりに結果として良かった面があることは否定しない。埼玉県の皆さんに、「さいたま市」という名前もそれなりに定着してきてますね、とお世辞半分に言うと、「そうですね。他の県では県名と県庁所在地名が同じところが多いので、埼玉県も『さいたま市』は違和感がありません」と言う人が多い。今までは県庁所在地が「浦和市」で、どうして浦和が県庁所在地なの？　と思う人も多かった。一応その壁は乗り越えたように見える。

　行田市に大字として「埼玉（さきたま）」という地名がある。ここが「埼玉（さいたま）」の地名発祥の地とされている。ここには全国に名を轟かせた埼玉古墳群がある。戦前から注目されてきたが、昭和53年（1978）に古墳群の1つ稲荷山古墳から5世紀のものと思われる「金錯銘鉄剣」（国宝）が発見され、全国的に注目を集めた。

　埼玉古墳群の一角に「前玉（さきたま）神社」があり、この「前玉」が「埼玉」のルーツだと言われている。神社では「前」は「幸」、「玉」は「魂」の意味であるとし、「幸魂神社（さいわいのみたまじんじゃ）」としている。確かに東京の府中市にある「大国魂神社」は「おおくにたま」であり、「玉」は「魂」に通じるものがある。しかし、一方で「前」はあくまでも先端の意味で、「多摩の先」という解釈もできる。古来、この地は「埼玉郡（さきたまのこおり）」として知られていたところで、この地名にちなんで「さいたま市」としたことはそれなりに評価できるものがある。

　逆に「罪」のほうに目を転じれば、「浦和」「大宮」「与野」「岩槻」とい

った由緒ある地名が地図上から消えてしまったことはかえすがえす残念であると言わなければならない。「浦和」「大宮」は中山道の宿場として栄え、とくに「大宮」は武蔵国一宮と知られる氷川神社にちなんだ由緒あるもの。それが駅名でしか確認できないのは悲しい。「浦和」は縄文時代にはこの辺まで海が来ていたことを明かす重要な地名、また岩槻は日光御成街道の宿場として栄えた「ひな人形」の町として知られてきた。いずれも今はさいたま市の「区」にはなっているが、外部から見ると、このような由緒ある地名が消えてしまったことになる。これは平成の大合併の罪である。

とっておきの地名

①朝霞（あさか）　市の中心部はかつての川越街道の宿場町で、「膝折村（ひざおり）」と呼ばれていた。昔、ここを通りかかった武士がこの附近で足を骨折したと伝えるが、旅人の苦労を意味したものであろう。

　昭和7年（1932）、当時東京府荏原郡駒沢町にあった東京ゴルフ倶楽部が当地に移転し、それに合わせるように、町制が敷かれた。ゴルフ倶楽部の名誉総裁であり皇族でもあった朝香宮鳩彦王（あさかのみやややすひこおう）にちなんで「朝霞町（まち）」と命名した。さすがに「朝香」という宮号はそのまま使うことはできず、「朝霞」としたということである。皇族の名前にちなんで命名された地名は珍しい。昭和42年（1967）「朝霞市」となった。

②浦和（うらわ）　「浦」というのは海の入り江を指す地名で、海のない埼玉県になぜ「浦和」という地名があるのか？　これは一見不思議に思えるが、答えは意外に単純だ。今から数千年前の縄文時代には「縄文海進」という現象が生まれていた。今の海岸線よりもずっと海は深く内陸に入り込んでおり、現在の標高10メートル近くまで海だったと考えられている。それを理解すると、この地に「浦和」という地名ができたことが理解できる。それほど古い地名だったということになる。

　この説とは別に、日光御成街道が主要な街道で、浦和はその裏道に当たる中山道に面する「裏の集落」だったので「浦和」と呼ばれたというものもあるが、たぶんこれは当たっていない。

③ **大宮（おおみや）**　「大宮」とは全国各地に見られる地名だが、いずれも「宮」に対する敬称である。中でも埼玉県大宮市（今はさいたま市大宮区）は全国切っての有名な地名で、ここに鎮座する氷川神社に由来する。「大宮」という地名は南北朝期からの地名であるが、氷川神社は古来武蔵国の一宮として「大いなる宮居」として「大宮」と称されてきた。
　現在のご祭神は以下の三柱である。
　　須佐之男命（すさのおのみこと）
　　稲田姫命（いなだひめのみこと）
　　大己貴命（おおなむちのみこと）
いずれも出雲系の神々である。景行天皇の御代に、出雲の氏族が須佐之男命を奉じてこの地に移住したと考えられており、出雲系の人々によってこの一帯が開拓されたものと見られる。

④ **川越（かわごえ）**　古くは「河越」「河肥」とも書かれたが、現在は「川越」で統一されている。吉田東伍の『大日本地名辞書』では「河越」をトップに挙げ、「川越」ともある。由来としては入間川を越えていくところから「川越」となったとされるが、「越」は「渡し」の意味もあったとも言われる。一方では、入間川の氾濫によって土地が肥えたことによるとの説もあるが、これは「河肥」という漢字にひっかけて解釈した説と言ってよいだろう。古くから城下町として栄え、小江戸として今も多くの人々に親しまれている。

⑤ **熊谷（くまがや）**　熊谷駅前に熊谷直実の勇壮な像が建てられている。幼少から弓の達人として知られ、後に坂東一の武将として名を馳せた。熊退治として伝承に残るのは、この直実の父熊谷直貞であったという。直貞が熊退治をした事蹟が刻まれているのは、宮町一丁目の住宅地の一角にある「熊野社跡碑」である。伝承なので真偽は定かではないが、当時この地に熊が出没したという事実はあったであろうことは十分推測できる。もともと「熊野」は神武東征時に熊を退治したことに由来するという説もあり、この熊谷も熊退治に由来するとも考えられる。この地に勢力を張った熊谷氏にちなんだ地名であることは明らかである。一ノ谷で幼い平敦盛を討ち取ったことで戦いの非情と無常を悟った直実は出家し、「熊谷寺（ゆうこくじ）」を

開いたことはよく知られている。
　地名学的には、「くま」は「隈」あるいは「曲」と表記することが多い。「隈」は奥まった暗いところという意味だし、「曲」は川の「曲流」している部分を指すことが多い。近くを流れる荒川にちなんで「熊谷」となった可能性も否定できない。

⑥志木(しき)　東武東上線沿いにある小都市だが、ここには古代新羅の歴史が隠されている。この地は古代の「新座郡(にいくらのこおり)」の「志木郷」に当たっている。6～7世紀の頃、武蔵国一帯にも、高句麗・新羅・百済の渡来人が多数移住したが、『志木史　通史編上』によれば、「七～八世紀における新羅からの渡来人の武蔵国移住は、持統元年(687)22人、持統4年(690)12人、天平宝字2年(758)131人、貞観12年(870)5人で、天平宝字2年(758)の移住に際しては武蔵国の『新羅郡』が建郡された」とある。この「新羅郡」は後に「新座郡」と改称される。
　古代の地名が表に出たのは、明治7年(1874)に「引又宿(ひきまた)」と「館本村」とが合併することになった時、両者譲らず、結局「新座郡志木郷」から地名を採用して「志木宿」と改称したことがきっかけであった。「志木」のルーツは古代「新羅」にあったことは長く記憶に残したい。

⑦鳩ヶ谷(はとがや)　平成23年(2011)、川口市との合併で市名はなくなってしまったが、美しい名前の市であった。武蔵国足立郡(あだちのこおり)の内で、『和名抄』では「発度(はっと)」と記されている。この「発度」が「鳩」に転訛したことは疑いないところである。ではその「ハット」が何であったかだが、間違いなく「ホト」に由来すると考えてよい。地形の奥まったところを指す地名だが、もとの意味は女陰である。同種の地名は神奈川県の「保土ケ谷」、岐阜県白川郷「鳩ケ谷」などに見られる。大宮台地に荒川低地の谷地が食いこんでいる地形から生まれたものだが、それを「鳩ケ谷」という美しい地名に転訛させるあたりに古人の知恵を伺うことができる。

⑧蕨(わらび)　人口7万人余りの小都市だが、由緒ある地名を残したことでも知られる。全国の市の中でも面積が最も狭く、人口密度は一番高い。そして日本の市町村を50音順に並べると最後になるという都市で

ある。江戸時代の初期にすでに中山道の宿場として栄え、明治22年（1889）に蕨宿と塚越村が合併して「蕨町（まち）」が誕生し、昭和34年（1959）に「蕨市」となった。

「蕨」の由来については、僧慈鎮（じちん）の「武蔵野の草葉にまさるさわらびの塵かとぞみる」の歌によるという説もあるが、はたしていかがか。『角川日本大地名辞典 埼玉県』では「沖積低湿地帯で焚物の樹木不足のために、藁で煮炊きや暖をとったことによる」としている。たぶん、このへんが落とし処であろう。源義経が立ち昇る煙を見て「藁火村」と名づけたとか、在原業平が藁を焚いてもてなしを受けたことから「藁火」と名づけられたとかいう説があるが、これらはいずれかの時期に誰かが創作したものと考えたい。

平成の大合併で川口市・鳩ケ谷市・蕨市の合併案があったが、新市名として「武南市」（武蔵国の南という意味）が合併協議会で可決されるに及び、川口市民が反発し合併構想は消えた。そのことによって由緒ある「蕨市」は存続することになった。

難読地名の由来

a.「道祖土」（さいたま市） b.「仏子」（入間市） c.「美女木」（戸田市） d.「脚折」（鶴ケ島市） e.「十二月田」（川口市） f.「男衾」（大里郡寄居町） g.「越生」（入間郡越生町） h.「如意」（入間郡越生町） i.「勅使河原」（児玉郡上里町） j.「父不見山」（群馬県との県境）

【正解】
a.「さいど」（塞の神［道祖神］に由来する） b.「ぶし」（東日本に多く見られる地名で、小平地域を指すが、トリカブトの塊根を意味する「ぶし」（付子・附子）に由来するという説もある） c.「びじょぎ」（京都から美麗の官女数人がこの地に来たことに由来すると『新編武蔵国風土記稿』にある） d.「すねおり」（「膝折（ひざおり）」「肘折（ひじおり）」も同系の地名で、坂を下りることにちなむと考えられる） e.「しわすだ」（12月にキツネが田植えのまね事をしていたとの伝承がある。一種の豊作信仰と思われる） f.「おぶすま」（鎌倉後期、武蔵国に男衾三郎・吉見二郎という兄弟を主人公にした絵巻物語による） g.「おごせ」（尾根や峠を越えていくことから「尾根越せ」が転訛したも

のとみられる）**h.**「ねおい」（ご当地にある如意輪観音像に由来する）**i.**「てしがわら」（勅使河原という姓の発祥地。河川の開発に勅使が送られたともいうが、不明）**j.**「ててみずやま」（平将門が亡くなった時、その子が「もう父を見ることができない」と嘆いたという伝承がある）

千葉県

名族「千葉氏」の本拠地

　現代ではマンガ家のちばてつや、幕末では剣豪千葉周作など、「千葉」姓を名乗る人は多い。この「千葉」という姓は遠くたどれば、今の「千葉県」の県名になっている「千葉氏」につながっていると考えられる。

　千葉市の中心にある猪鼻山に、今は城の形をした郷土館が建つが、ここに居城したのが千葉氏であった。千葉氏はもともと桓武平氏の流れを汲む豪族だったが、源頼朝が伊豆石橋山で敗れて房総に逃げ延びた際、千葉常胤（1118〜1201）が頼朝を助け、結果として鎌倉幕府を開くことに貢献したことにより、一躍歴史に登場した。とりわけ、文治5年（1189）の奥州戦争には東海道大将軍として参戦し、多大な貢献をなしたことにより、全国各地に勢力を伸ばした。東北地方に千葉姓が多いのはそのような歴史的経緯によっている。

　現在の千葉県は、南から言うと「安房国」「上総国」の全域、および、「下総国」のかなりの部分を合わせた広さを誇っているが、3つ以上の国を統合してできた府県は、千葉県を除けば静岡県・三重県・京都府・兵庫県・岡山県しかない。

　廃藩置県を経て、千葉県には明治4年（1871）11月、「印旛県」「木更津県」「新治県」ができるが、「新治県」は茨城県に統合されていき、残された「印旛県」と「木更津県」が統合されて「千葉県」となったのは明治6年（1873）6月のことである。県庁は千葉町に置かれたが、この辺りがいちばん適当と判断されたのだろう。

　それまで1,000年以上も続いた政治の中心地は館山（安房国）、市原（上総国）、市川（下総国）であった。そのうち館山は余りにも遠すぎた。また市川ではあまりにも東京に近すぎる。とすると地理的には房総半島の要に位置する現千葉市辺りが適当と判断されたのであろう。当時千葉町は佐倉藩の管轄にあり、人口2,000人くらいの小さな漁村であった。「千葉県」

の名称の由来は、この地一帯が下総国の「千葉郡」であったことによる。

とっておきの地名

① 行行林（おどろばやし）

昭和30年（1955）まで船橋市にあった町名だが、今は「鈴身町」となっている。「行行林」と書いて「おどろばやし」と読む。江戸時代から「行行林村」とされていた。どうやっても読めない難読地名だが、この「オドロ」は間違いなく「棘」、つまり「草木が乱れ茂っている状態、またはその場所」の意味である。「棘」は古語の「おどろおどろし」につながる。今は開発が進んで草木も少なくなっているが、数十年前まではまさに「おどろおどろしい」状態であった。

「私がここに嫁に来た頃は、行っても行っても林だったですよ」──その当時現地で聞いた古老の話である。

② 木下（きおろし）

明治22年（1889）に「木下町（きおろしまち）」が成立し、昭和29年（1954）に「印西町」となり、平成8年（1996）「印西市」となって今日に至っている。古来、利根川は「坂東太郎」と呼ばれて江戸湾に注いでいたが、家康が江戸に幕府を開いたことにより、江戸を護るという意図で、利根川を銚子方面に流れていた常陸川につけ替えた。

木下は利根川を利用した舟運の根拠地で、「木下河岸」はとりわけ銚子と江戸を結ぶ中間地帯にあって賑わった。銚子から運ばれた魚はこの木下河岸で下され、ここから松戸を経て日本橋に陸路運ばれた。これが今に残る木下街道である。

「木下」と書いて「きおろし」と読んだのは単純な事実からで、この周辺で伐採された木材を利根川に下して、舟（千石船）で江戸方面に送ったということに由来している。

③ 酒々井（しすい）

こんな伝説がある。

昔々、印旛沼の近くの村に年老いた父親と孝行息子が住んでいた。父親はとてもお酒が好きで、孝行息子は毎日酒を買いに出ていたそうだ。ところが、ついにお金が底を突き、お酒が買えなくなってしまった。困った息子が一人歩いていると、どこからともなくプーンとお酒の香りが漂ってきた。近くに寄ってみると、井戸の中にお酒が湧いているでは

ないか。息子はその酒を持って家に帰り、その後も親孝行をした――という話である。

酒が湧くという話は全国どこにでもある。湧いてほしいという人々の願望のなせるわざである。酒々井町は栄町とともに、印旛郡ではただ2つ残された町の1つである。

④蘇我(そが)　日本武尊が相模国から上総国に渡る時に嵐に遭い、その海神を鎮めるために、同行していた弟橘媛が入水し、そのお蔭で日本武尊が無事上総国に渡れたということは記紀に書かれている通りである。結局弟橘媛は亡くなってしまったのだが、その弟橘媛とともに5人の姫も海に身を投じたとされる。そのうちの1人が蘇我氏の娘であり、その娘は無事に今の千葉市の浜にたどりついて「我蘇り！」と叫んだという伝承がある。

「我蘇り！」と叫んだというのはフィクションだが、15代応神天皇はいたく感激し、蘇我氏の一族を特別に国造として派遣し、この地を治めさせたという。今の蘇我には「蘇我比咩(そがひめ)神社」が鎮座し、その伝承を今に残している。

⑤匝瑳(そうさ)　全国でも有数の難読地名。平成18年（2006）、八日市場市と匝瑳郡野栄町(のさかまち)が合併して「匝瑳市」が誕生した。古来あった下総国匝瑳(そうさのこおり)郡の郡名から命名した。大化の改新以前は「狭布佐」と記されており、「布佐」は「総」であり、麻のことである。ここは麻の産地として全国的に名高かった総国の中でも良質の麻の産地だったと推測される。奈良時代初期の二字好字政策で「匝瑳」と変えた。

⑥習志野(ならしの)　明治天皇が明治6年（1873）近衛師団の演習を視察した際、今後の演習が成功裡に進むことを願って命名したと言われる。演習場は現在の習志野市・八千代市・千葉市・船橋市に広がる広大なエリアで、この台地の地形が大陸の地形に似ているところから演習場として利用され、習志野連隊が置かれたことでも知られる。

⑦二十世紀が丘

松戸市に「二十世紀が丘」が頭につく町名が7つある。「二十世紀が丘柿の木町」に始まって、以下「一戸山町」「一中松町」「一梨元町」「一萩町」「一丸山町」「一美野里町」である。中でも「二十世紀が丘梨元町」に注目してみよう。「梨元」というように、この地は二十世紀梨誕生の地である。

松戸では古くから梨の栽培が行われていたが、明治21年（1888）当時、高等小学校の生徒だった松戸覚之助が、ゴミ捨て場に芽を出していた梨の種を発見して育てたという。10年後に、ついに従来の褐色系のものとは違う黄緑色のみずみずしい実を実らせることに成功し、明治37年（1904）に二十世紀のあけぼのを告げるという意味で「二十世紀」という品種名が与えられた。今では二十世紀といえば鳥取県が有名だが、本家は千葉県であった。

⑧初富

明治になって職を失った武士たちのために、明治政府は下総台地の牧場で開墾に当たらせた。千葉県北部の下総台地は江戸時代は小金牧・佐倉牧として馬の生産地として知られ、広大な荒れ地が広がっていた。「初富」を第一の開墾地として、以下「二和」（船橋市）「美咲」（船橋市）「豊四季」（柏市）「五香」（松戸市）「六実」（松戸市）「七栄」（富里市）「八街」（八街市）「九美上」（佐原市）「十余一」（白井市）「十余二」（柏市）「十余三」（成田市）と13番目まで続く。

この地名のつけ方を見ると、苦しい開墾生活を余儀なくされた武士たちの切なる気持ちが伝わってくる。

⑨富津

「富津」という地名は、古く江戸時代からあった地名で、いくつかの村を合併して「富津町」が成立したのは明治30年（1897）のことである。戦後さらに合併を重ね、昭和46年（1971）に「富津市」になった。

中世には「古戸」と書かれているが、これは「古津」の意味で、市原郡にあった「今津」に対応するものだと言われている。東京湾はこの富津と対岸の横須賀（神奈川県）を結ぶ線で「内湾」と「外湾」に分かれている。古来、この線が東海道のルートで、かの日本武尊もこのルートを渡って上総国に入ったと伝えられる。

⑩**真間**(まま)　真間の手児奈伝説で知られる。
　その昔、市川の真間に手児奈という美しい娘が住んでいた。身なりは素朴だったが、その美しさの余り、多くの若者が求婚した。しかし二人の若者の愛に応えることはできないとして真間の入り江に身を投げてしまった——という話である。

「真間」というのはもともと「崖」の意味である。昔はこの辺りまで海が浸食しており、手児奈は崖の上から身を投げたとされる。手児奈霊神堂の後ろの亀井院という寺院には、手児奈が水を汲んだと伝わる井戸が残されている。

難読地名の由来

a.「海土有木」(市原市)　**b.**「廿五里」(市原市)　**c.**「不入斗」(市原市)　**d.**「神々廻」(白井市)　**e.**「犢橋」(千葉市)　**f.**「生実」(千葉市)　**g.**「三ヶ月」(松戸市)　**h.**「東風谷田」(富津市)　**i.**「安食」(印旛郡栄町)　**j.**「猫実」(浦安市)

【正解】
a.「あまありき」(海に面した「海士村」と山にある「有木村」が合併したことによる)　**b.**「ついへいじ」(鎌倉から25里の地にある)　**c.**「いりやまず」(貢租を納めるまでに至らない小集落を意味する)　**d.**「ししば」(野性獣が駆け回る土地を意味する)　**e.**「こてはし」(「こて」「こっとい」は牛の古称)　**f.**「おゆみ」(古代、麻績連(おみのむらじ)が管掌していたことによる)　**g.**「みこぜ」(千葉氏の家紋の月星紋に由来する)　**h.**「こちゃやつだ」(「こちゃ」は東風のこと)　**i.**「あじき」(渡来人の「阿自岐(あじき)」族に由来するか)　**j.**「ねこざね」(洪水防止のために松を植え、津波がそれを越えないようにと「根越さね」といったことに由来するという)

13 東京都

東京の不自然さ

　東京都という地域は極めて不自然な構成になっている。もともと江戸の街の文化は今でいう下町に育った。日本橋から浅草・銀座といったところが江戸の街の中心で、江戸城から北・西にいたる地域は大名屋敷や寺社が立ち並ぶといったエリアであった。

　今からおよそ100年前の地図を見ても、隅田川を越えた両国・向島あるいは深川辺りまでは街並みがあるものの、それより東はほとんど田んぼが広がっているだけで、街らしきものは存在していない。江東区・墨田区・足立区・江戸川区・葛飾区のエリアはそのほとんどが下総国に属しており、江戸の範疇には入らなかった。これらの地域が東京に組み込まれても、なお何十年間かは東京の街並みに至っていなかったのだが、戦後の経済復興によって、これらの地域は変貌を遂げていった。今や、これらの地域だけでも250万以上の人々が住んでいる。

　一方、東京の不自然さは西の方にもある。東京都は島嶼の地域を除くと、西に大きく伸びている。それは、ある時期から「三多摩」と呼ばれる地域が東京都に編入されたからである。

　明治5年（1872）、武蔵国多摩郡のうち、後の「南多摩郡」「北多摩郡」「西多摩郡」は神奈川県に移管されていた。一方、現在の杉並区・中野区に当たる地域は東京府に移管され、明治11年（1878）に「東多摩郡」となり、明治29年（1896）には「豊多摩郡」と改称されている。

　「三多摩」が神奈川県から東京府に移管されたのは明治26年（1893）のことだった。その理由の1つは、東京の飲み水である玉川上水の水源を確保することだったが、実はその裏には別な要因も働いていたという。それは多摩地区の自由民権運動にからんだ歴史である。

　三多摩地区は自由民権運動の一大拠点となったところで、明治憲法の草案なども発見されている。板垣退助を筆頭とする自由党がその先頭を切っ

ており、神奈川県下でも当局への強い抵抗を示していた。そこで、時の神奈川県知事の内海忠勝は密かに三多摩を東京府に移管する案を提出し、東京府もそれを受容するという話でことは進んでいたのである。

これはそれなりによくわかる話だし、政治的なかけひきで今日の現実が生まれているということの証しになっている。

三多摩が東京に移管されることで、現在の東京都が完成することになるが、それ以前、明治9年（1876）に小笠原諸島が、さらに明治11年（1878）には伊豆諸島が静岡県から移管されていたことを忘れてはならない。よく東京は「下町」と「山の手」から成っていると言われるが、それに加えて「三多摩」「小笠原諸島」「伊豆諸島」の5つのエリアから成り立っているのである。

しかし、繰り返しになるが、現在の東京都はまとまりのつきにくいエリアになっている。神奈川県・埼玉県・千葉県のいわゆる首都圏と呼ばれる地域のほうがはるかに「東京」に近いと言える。

とっておきの地名

①秋葉原（あきはばら）

秋葉原をなぜ「あきはばら」と読むのかと一度くらいは疑問に思った方も多いだろう。近年、若者たちの間では「アキバ」という呼称が浸透していて、いかにもこれが正しいかのように思われている。だが、この秋葉原の真実はやはり「アキハ」なのである。

ことの発端は明治2年（1869）12月12日に起こった大火にあった。神田相生町から出火した火災は神田一帯を焼き尽くして、罹災戸数は1,000軒に及んだ。大火の後、政府はここに火除け地を設け、その中心に火伏の神として知られる秋葉神社を勧請した。この「秋葉神社」から「秋葉原」という地名が生まれたのだが、問題はこの「秋葉神社」、何と呼ばれているかである。関東ではとかく「アキバ神社」と読んでしまうのだが、正式には「アキハ神社」と称している。

このことを電話で直接確認したのだが、念のために静岡県の秋葉神社を訪問してみた。浜松駅から遠州鉄道に乗って終点に着き、さらに50分もバスに揺られてようやく秋葉神社の下社に着いた。その間、周囲の声に耳を傾けてもみたが、すべて「アキハさん」「アキハ神社」であった。

② **王子**　北区は下町の風情のあるところだが、この王子は何となく違った雰囲気を持っている。この付近は、かつては「岸村」と呼ばれていたが、紀州牟婁郡の熊野若一王子（にゃくいち）を勧請したことによって生まれた地名である。王子とは、京都から熊野に至るいわゆる熊野詣での拠点となる熊野神社の末社のことである。王子には今も立派な王子神社が鎮座している。

王子神社から石神井川を隔てて続く山が飛鳥山で、これも紀州新宮の飛鳥明神を勧請したことにちなんでいる。この地に桜を植えたのは8代将軍吉宗だったが、この吉宗、実は紀州藩の出身である。そんな背景があって、この王子はどことなく異国の風情を感じさせる。

③ **大塚**　「大塚」というと、誰もが山手線の「大塚駅」周辺をイメージするが、本来の「大塚」は地下鉄丸ノ内線の「茗荷谷駅」近くにあった。駅の近くの三井住友銀行の研修所の敷地内に「地名『大塚』発祥の地」という石碑が建てられている。それによると、この地にかつて先史時代の古墳があって、「大塚」と呼ばれていた。さらに、滝沢馬琴の南総里見八犬伝に出てくる「大塚の里」はこの地であったという。

結城の戦に出向いた「大塚番作」が大塚の里に戻ってみたら、すでに家督を奪われていたため、「大塚」を「犬塚」に変えたのだという。その息子が主人公の一人「犬塚信乃」である。

ミョウガが栽培されていたという「茗荷谷」の一角にある深光寺（じんこうじ）という浄土宗のお寺の境内に、滝沢馬琴は妻とともに眠っている。

④ **恋ケ窪**　国分寺市にその名も麗しい「恋ケ窪」という地名がある。「恋ケ窪」というのだから「窪地」であることはわかるが、問題は「どんな恋なのか」ということだ。

昔、鎌倉時代に畠山重忠という人物がいた。秩父に居城していた重忠は、鎌倉に赴く時に必ずこの地に足をとめたのだという。この地は鎌倉から府中を経て奥州に向かう街道筋に当たり、妓楼も軒を連ねていたらしい。ここに夙妻太夫（あさづまたゆう）という遊女がいて、重忠は次第に心を寄せていった。

ところが、重忠は頼朝の命で平家追討のために西国に出陣することになり、戦死してしまった。その知らせを聞いて太夫は「姿見の池」に身を投

じて死んでしまったという話である。

　里人は太夫の死を悼んで墓の脇に松の木を植えたが、その松は重忠を思ってか西へ西へと伸びていったという。今も新しい松はあるが、西には伸びていない。

⑤柴又（しばまた）　寅さんの故郷である。この柴又の「柴」は「嶋」のことだとするのが通説である。古くは奈良時代の正倉院文書にも「嶋俣」と書かれている。「島（嶋）俣」から連想される光景は、多くの川が入り組んで流れ、点々と島がつながっているといったところだ。昔は今のような堤防もなく、川の流れは自在で、人々は小高い土地（島）に住んでいたと思われる。

　島俣が「柴又」に変わったのは室町期以降のこととされ、それ以降「柴亦」「芝俣」「芝亦」「柴又」などと書き分けられてきたが、意味は同じである。街並みの正面にある帝釈天は日蓮宗の寺院で、下総国中山法華経寺の日忠上人によって寛永6年（1629）に創建された。

⑥高田馬場（たかだのばば）　「高田馬場」と言えば、今では山手線の「高田馬場駅」の周辺を指して呼ばれるが、もともとの「高田馬場」は早稲田大学の近くにあった。「馬場」というのは馬術の訓練の場を指す言葉だが、その馬場は今の早稲田大学の裏手に続く台地の上にあった。高い場所にあったので「高田」と呼ばれた。ここは元禄7年（1694）、堀部安兵衛が仇討ちを果たしたところとして知られるようになった。

　JRの今の高田馬場駅が開業したのは明治43年（1910）のことだが、当初駅名を地元の地名にちなんで「戸塚駅」にしようとした．ところが同名の駅が神奈川県にあったため使えず、やむを得ず「高田馬場駅」にしようとした。しかし、この駅名には旧高田馬場の人々から「高田馬場からかなり離れているのに、高田馬場という名をつけるのはけしからん」というクレームが相次いだ。

　そこでひねり出したのは、そちらの高田馬場は「たかたのばば」だが、駅名は「たかだのばば」と呼ぶことにするという、知恵であった。これは悪知恵だったかもしれぬが、そのまま駅名は「高田馬場」になったという次第である。今はこちらのほうが有名になってしまった。

⑦業平橋(なりひらばし)

　　東京スカイツリーの開業に伴って東武伊勢崎線の「業平橋駅」は「とうきょうスカイツリー駅」に改称された。これはこれでやむを得ないことであろう。実はスカイツリーからほんの至近距離に「業平橋」という橋が今も存在する。この「業平」は、平安初期を代表する歌人で六歌仙・三十六歌仙の一人である在原業平（825～880）にちなんでいる。業平はここで都に上ろうとして舟に乗ったのだが、その舟が転覆し、溺死したというのである。『江戸名所図会』によると、ここにかつて南蔵院という寺があって、その境内に霊を祀る業平神社があったのだという。

⑧八王子(はちおうじ)・千人町(せんにんちょう)

　　「八王子」の地名はここに鎮座する八王子権現社に由来する。延喜年間（901～923）というから10世紀の初めごろになる。この八王子市に「千人町」という町名がある。これはこの地に「千人同心」が置かれたことによる。家康は江戸に入ると、この地に八王子千人同心と関東一八代官の陣屋を設置した。同心とは下級武士のことで、奉行や所司代などの下で庶務・警察の役割を負っていた。

　同心はその多くが甲斐武田氏の旧臣で、いざという際に幕府を護るために戦うことが義務づけられていた。

⑨日暮里(にっぽり)

　　日暮里から谷中一帯はいつの頃からか「谷根千」と呼ばれ、レトロな東京の情緒を楽しむ人々で賑わっている。江戸の後期からこの辺りは「日暮らしの里」と呼ばれ、多くの文人が通った地域でもある。

　だが、もともとは16世紀の中頃に、遠山弥九郎の知行の中に「新堀」を築いたことによるものである。江戸時代にはずっと「新堀村」だったのだが、この山一帯の風景が余りにも美しく見事だったので、次第に「日暮里」という表記が広がって、また「日暮らしの里」とも呼ばれるようになった。「谷根千」とは「谷中・根津・千駄木」を省略したものだが、「谷中」は「谷の中」、「根津」は「本郷台地の根」、「千駄木」は「多くの木材を出したこと」に由来する。

⑩両国(りょうごく)

　文字通り、武蔵国と下総国を結ぶ両国橋ができたことにちなむ地名である。両国橋が架けられたのは万治2年（1659）とも寛文元年（1661）とも言われるが、そのきっかけは、明暦3年（1657）に起こったいわゆる明暦の大火であった。死者の数は10万人にも上るとされ、激しい炎から逃げようとする何万という人々が、隅田川を渡れず命を落としたという。

　幕府はもともと江戸を護るために、川に橋を架けることを原則として許してこなかったのだが、この大参事に直面して橋を架けることに踏み切ったのであった。

難読地名の由来

a.「御徒町」（台東区）**b.**「横網」（墨田区）**c.**「尾久」（荒川区）**d.**「碑文谷」（目黒区）**e.**「蠣殻町」（中央区）**f.**「狸穴」（港区）**g.**「石神井」（練馬区）**h.**「軍畑」（青梅市）**i.**「分倍河原」（府中市）**j.**「人里」（西多摩郡檜原村）

【正解】
a.「おかちまち」（徒士という下級武士が住んでいたことによる）**b.**「よこあみ」（両国なので「よこづな」と読んでしまいがちだが、「網」にちなむ）**c.**「おぐ」（荒川区に「西尾久」「東尾久」がある。JRの「尾久駅」は北区にあり「おく」と読む。大食いに由来するか）**d.**「ひもんや」（街道筋に梵字を描いた石碑があった）**e.**「かきがらちょう」（文字通り貝殻があったことによる）**f.**「まみあな」（アナグマがいたとされる）**g.**「しゃくじい」（石の神信仰による）**h.**「いくさばた」（地元の三田氏と北条氏が戦った場所）**i.**「ぶばいがわら」（新田義貞が鎌倉幕府軍と戦った場所として知られる。六所の神を分配して祀る六所分配宮に由来するともいう）**j.**「へんぼり」（国境などを護る「辺防の里」か）

14 神奈川県

「神奈川」って何？

　よくよく考えてみると、「神奈川県」という県名は不可思議である。「横浜」「鎌倉」「湘南」「川崎」など高名な都市名や地域名がたくさんあるのになぜか「神奈川」である。その謎を解いてみよう。

　「神奈川」の名前は慶長6年（1601）に幕府が伝馬の制の制定と共に「宿場」を設定したことに始まる。「神奈川宿」は東海道五十三次の1つで、「日本橋」「品川」「川崎」と来て、その次が「神奈川」だった。今の「東神奈川駅」周辺がその宿場であった。

　この神奈川宿が一躍脚光を浴びることになったのは、安政5年（1858）に締結された「日米修好通商条約」であった。この条約によって当時すでに開港されていた「箱舘」と「下田」に加えて、新たに「神奈川」「長崎」「新潟」「兵庫」の4港が開港されることになった。これらのうち、「神奈川」「長崎」「新潟」「兵庫」が今でも県名として使用されている。

　ところで、以上の経緯からすれば、「神奈川宿」に港を開くのが筋であった。が、当時絶大な権力を振るっていた井伊直弼が神奈川開港に異議を唱えた。井伊直弼は、神奈川宿のように多くの武士や一般の人々が往来する宿場に開港することはきわめて危険だと考えた。現にその数年後にはこの近くの生麦村でイギリス人商人が薩摩藩士に殺傷されるといったいわゆる生麦事件（文久2年（1862））が起こっている。これはある意味、正しい判断であったろう。

　そこで、幕府は条約上では「神奈川」となっているにもかかわらず、あえて少し離れた「横浜」に港を建設することにした。当時の横浜は戸数が100戸程度の小さな港に過ぎなかった。

　当然のこととして条約を結んだハリスはクレームをつけたが、幕府の説明は「横浜は神奈川の一部である」ということで押し切ったという。今から考えれば、なかなかの外交手腕である。実は神奈川から横浜までは海を

隔てて7キロメートルも離れているのである。それを「横浜は神奈川の一部である」と言い切ったのだから、ほめてあげたい気持ちにもなる。

冷や汗ものの苦しい説明で「横浜は神奈川の一部である」と言ってしまった以上、もう後には引けない。

慶応4年（1868）全国に10の「府」を置いたが、「神奈川府」もその1つであった。後に「府」は「東京府」（後に「東京都」）・「京都府」・「大阪府」の3つに絞られるが、「神奈川府」はその3つの次に位置づけられる高い位置にあった。

廃藩置県の後の明治4年（1871）11月には「神奈川県」と「足柄県」が並立していたが、明治9年（1876）に「神奈川県」に統一されている。県西部の地域と横浜方面では風土も意識も違っているのは、このような歴史的経緯によっている。

今でも「横浜は神奈川県の一部である」ことは揺るぎない事実である。

とっておきの地名

①伊勢原（いせはら）

江戸時代、関東の多くの農民の信仰を集めた大山詣での入口に当たる。「伊勢原」というだけあって、伊勢国にちなんだ地名である。

元和6年（1620）、伊勢の曾右衛門という人物が大山詣でに来て、千手が原というところ（現在の千津公園）に泊まったところ、水の音を聞いて開墾に適していると考え、開墾に着手した。しだいに街並みが整ってきたので、伊勢の神様を勧請して鎮守として祀ったという。

江戸時代は「伊勢原村」だったが、明治22年（1989）の町村制の施行により、「伊勢原村」「板戸村」「東大竹村」「田中村」「池端村」が合併して「伊勢原町（まち）」が成立し、戦後の昭和46年（1971）に「伊勢原市」になって今日に至っている。

②関内（かんない）

「桜木町」駅から「関内」「石川町（ちょう）」に至るまで、JRの線路に沿って今も堀がある。この堀にクロスする形で桜木町寄りには大岡川が東京湾に注いでいる。また、石川町寄りには中村川という川が注いでいる。この3つの堀と川によって区切られた地域を「関内」と呼ぶ。幕末から明治の初めにかけて日本の文明開化の舞台となったところである。

横浜港が開港したのは安政6年（1859）のことだが、当時はまだ日本人による外国人殺傷事件などが相次いで起こっていた時期であり、幕府は川と堀で囲んだ地域をつくり、そこへ出入りする橋のたもとに関門を設けてチェックした。その内側が「関内」であり、その外が「関外」であった。今の伊勢佐木町界隈は「関外」だったことになる。
　関内の中心は波止場と運上所（税関）で、その東側一帯が外国人居留地、西側が日本人の住宅地区に当てられていた。

③**鵠沼**（くげぬま）　藤沢市に鵠沼という町名がある。藤沢駅から江ノ島に至る一帯だが、一般には「鵠沼海岸」という名前で知られている。かつては「鵠沼村」と称していたが、『新編相模国風土記稿』では「久々比奴末良」（くぐいぬまむら）と読ませている。
　「鵠」とは白鳥の古称である。昔は白鳥のことを「鵠」と呼んでいた。鵠にちなんだ地名はこの藤沢が有名だが、その他にも、徳島県に「鵠」（くぐい）、茨城県に「鵠戸」（くぐいど）などがある。
　江ノ島電鉄の「柳小路駅」の近くに、かつて白鳥が飛来したという池がまだ残されている。

④**小動岬**（こゆるぎみさき）　鎌倉市腰越にあり、江ノ島を望む小さな岬である。腰越は元暦2年（1185）5月、源義経が兄頼朝の怒りを買い、鎌倉入りを許されなかったため、兄に心情を訴える腰越状を書いたところとして知られ、万福寺には関係の展示もされている。
　弘法大師がこの頂に登った際、風がないのに松の木が揺れたというところから「小動」という地名がついたとされる。江ノ島から七里ケ浜に向かう境に位置する岬で、小さな山が張り出しているだけのものだが、古来伝承の地として知られる。

⑤**酒匂川**（さかわがわ）　富士山の東斜面の水を集めて小田原市を通って相模湾に注ぐ河川。古くは「逆川」と記され、海水が逆流して渦を巻いていたことがうかがえる。「逆勾」（さかがき）の文字が原義に近いとされるが、「勾」は「かぎ」であり「曲がる」意味である。「逆」の文字を縁起のよい「酒」に変えて「酒匂川」としたと考えてよい。

⑥ 逗子（ずし）

いくつかの説があるが、いちばん知られているのは、延命寺というお寺にある地蔵尊を安置する「厨子」に由来するという説である。

その他、荘園に属する「豆師」（図師）（荘園などの収税を管理する役人）が住んでいたという説や、「辻子」（辻のことで、交差点に人の集まる所）という説もある。

⑦ 二階堂（にかいどう）

鎌倉市にある地名。その昔、頼朝が奥州平泉に赴いた際、二階建ての堂を見てびっくりし、鎌倉に二階建ての堂宇を建設したことにちなむという。

「二階堂」という建物は平泉・鎌倉ともに存在していないが、「二階堂」という地名と姓は現在も存続している。

二階堂氏はもと藤原姓だったが、二階堂があった鎌倉の永福寺近くに屋敷を構えたことから二階堂を名乗り、代々鎌倉幕府の政所執事の役職を担う要職にあった。

⑧ 走水（はしりみず）

日本武尊が相模国から上総国に渡る際、暴風に遭い、弟橘媛が入水して日本武尊を助けたという話は記紀にも記されているので、よく知られている。浦賀水道の潮の流れが速く、水が走っているようなところから「走水」という地名が生まれたとされている。この地から見ると、房総の地は手に取るように間近に見え、その水道を流れる水が速いのでこの地名がついた。他方、横須賀市の水源にもなって、湧水が豊富であることにちなむという説もあるが、ちょっと苦しい。

同地に走水神社が鎮座していることからみても、日本武尊の伝説にちなむものであると言ってよい。

⑨ 平塚（ひらつか）

桓武天皇の孫に当たる高見王の娘の政子が東国に下向した際、病で倒れ、この地で亡くなったという。人々は姫の死を悼み、塚を築いて弔ったという。しかし、いつの間にか塚も平らになってしまい、「平塚」と呼ばれるようになったという。

政子は桓武平氏の祖といわれる高望王の妹に当たり、平家にちなんで「平塚」としたという説もある。このほうが信憑性が高いかもしれない。

塚があった場所は現在の平塚四丁目の日蓮宗要法寺の西隣で、1メートルほどの塚が築かれ、政子が葬られてから三代目という松が植えられている。

難読地名の由来

a.「明津」（川崎市）**b.**「砂子」（川崎市）**c.**「伯母様」（伊勢原市）**d.**「纏」（平塚市）**e.**「松田庶子」（足柄上郡松田町）**f.**「寄」（足柄上郡松田町）**g.**「姥子温泉」（足柄下郡箱根町）**h.**「名古木」（秦野市）**i.**「化粧坂」（鎌倉市）**j.**「大鋸」（藤沢市）

【正解】
a.「あくつ」（圷のことで、低湿地帯を指す）**b.**「いさご」（仏像が海浜に打ち上げられた時、砂子をかき寄せて安置したという伝承がある。単純に砂地であったことによる）**c.**「おばさま」（昔、武内宿禰の伯母様が住んだという）**d.**「まとい」（まとわりつく地形からか）**e.**「まつだそし」（「庶子」とは中世、「惣領」に従属していた一門の子弟のことで、松田氏の流れを汲む。「松田惣領」という地名もある）**f.**「やどりき」（7つの村が寄り合って成立したことにちなむ）**g.**「うばこおんせん」（傷めた金太郎の眼を、山姥が湯で洗って治したという伝説がある）**h.**「ながぬき」（「なごぬき」とも読み、何らかの意味で地形によるものと思われる）**i.**「けわいざか」（討ち取った首に化粧して実検したといわれる）**j.**「だいぎり」（昔、大工職人が居住したことによる）

15 新潟県

重視された「新潟港」

　新潟市は北陸では金沢市に次ぐ大都市で、古来日本海の港として重要視されていた。この地が一躍脚光を浴びるようになったのは、幕末の安政5年（1858）の日米修好通商条約によって、全国5港のうちの1つとして新潟が開港と決定されたことであった。この条約は、幕府が自由貿易を認めてアメリカと結んだ最初の条約であった。

　箱舘・神奈川・長崎・新潟・兵庫の5港を開港、さらに江戸・大坂の開市を取り決めた条約で、幕府はその後同様の条約を蘭・露・英・仏とも締結することになる。これらは一括して安政五カ国条約とも呼ばれたが、周知のように我が国にとっては不平等条約であった。しかし、この時点で、新潟が箱舘・神奈川・長崎・兵庫と並んで重視されていたことは特筆に値する。

　明治政府がこの新潟港を重視した背景には、もう1つの謎がある。新潟港が本格的に開発されたのは、長岡藩の外港として整備された17世紀以降のことである。それまでは単なる寒村でしかなかった。長岡藩主堀直寄はそれまで砂丘上にあった新潟町を現在地に移し、町割りを決めて新しい街づくりに尽力した。その後、河村瑞賢が開発した西廻り航路での主要港として栄えた。

　そこに特別な意味が付されたのは、戊辰戦争であった。鳥羽・伏見の戦いで勝利をおさめた官軍は、東海道・中山道・北陸道の三手に分かれて江戸へ兵を進めた。慶応4年（1868）3月15日、北陸道軍は高田藩に到着し、ここで越後11藩の代表を集めて新政府への帰順を求めた。ここで長岡藩は拒否し、ここに長岡藩と官軍との戦いは必至となった。長岡藩を中核にして、越後の村上・黒川・三日市・村松・新発田の各藩も奥羽越列藩同盟に参加して抵抗の姿勢を見せた。

　北越戦争はその後4か月にわたって展開され、特に長岡城の争奪戦など

激しいものがあり、膠着状態が続いていた。実は当時、新潟港は米沢・会津・庄内・仙台各藩の共同管理下にあり、オランダの商人が外国の商品を同盟軍に供給する機能を果たしていた。そこに目をつけた官軍は新発田藩を懐柔し、ついに同盟軍から離脱させ、新潟港を占拠することに成功した。ここを拠点にして新政府軍は再度長岡城を占拠し、北越戊辰戦争は政府軍の勝利となった。

いわば、新政府の拠点となったのが新潟町であり、そこに政治の中心地を置くことになり、「新潟県」という県が成立したのである。

とっておきの地名

①糸魚川(いといがわ)

これもなぜ「いといがわ」と読むか、よくよく考えればわからない地名である。説としては、大きく分ければ2つある。

1つは、古代、新羅からの渡来人が但馬(兵庫県)の地を開き、その一族が「糸井造(いといのみやつこ)」の姓をもってこの地に来たことによるという説である。もう1つは、「糸魚」という魚がいたことによるものだという説である。「糸魚」は「いとうお」とも読むが、「いとよ」と呼ばれる小魚で、トビウオ科の淡水魚である。「糸魚」という魚が実際にこの地に生息していたとなると、やはりこの「糸魚説」に軍配が上がりそうだ。

「糸魚川」という川は存在せず、「姫川」がそれに当たると推測される。姫川は信州から流れ来る川であるが、『古事記』に国譲りに貢献した大国主命が越国(こしのくに)の沼河姫(ぬなかわひめ)に恋したという話が細かく記されており、この沼河姫にちなんで「姫川」という美しい河川名が誕生した。

②親不知(おやしらず)

糸魚川市の西に当たり、もう少し行くと富山県との県境になる。JR北陸本線青海駅から市振駅間に位置する断崖絶壁で、古来北陸道最大の難所と言われてきた。その実態を『大日本地名辞書』ではこう描いている。

「市振駅と外波村の間、直径五十町許の海岸にして、断崖陡界を成す、北陸道第一の険阻にして、古来其名著る、俗に親不知子不知と唱ふ、古は寒原と曰へり。

二十四輩順図会云、越後に入り市振外波青味(イチフリトナミアヲミ)まで浜辺四里の間、天下無双の難所にて、親知らず子しらず、駒かへり犬もどりなど、すべて此辺に

有り、右の方は嶮山幾重ともなく聳え連り、彼仏岳立山に続き、岩石は屏風を立たるが如く、人力を以て道を開くことは能はず、僅に波打際の危き道を往還す」

またこんな伝承もある。

平清盛の弟平頼盛は壇ノ浦の戦い後、越後国蒲原郡五百刈村に隠遁したが、その夫人が後を追ってここを通りかかった際、2歳の愛児をふところからとり落とし、波にさらわれてしまった。悲しみのあまり詠んだ歌が、

　　　　　親知らず子はこの浦の波枕
　　　　　　　　　越後の磯のあわと消えゆく

であった。それ以来、この地を親不知子不知と呼ぶようになったという。

現地を歩いてみれば、まさにそのようなことがたくさんあったのではないかと痛感させられる。

③ 胎内（たいない）　北蒲原郡の中条町（まち）と黒川村が合併して平成17年（2005）に誕生した新しい市である。それにしても、「胎内」とは思い切った名前をつけたものである。初めて耳にした時、ちょっと異様な（？）感じを受けた印象はぬぐえない。ただし、この地区には「胎内川」という川が流れており、地元で聞きなれていると、それほど違和感はないのだろう。

由来としては、夏になると川の水が枯れて地下水になって流れるところが胎内に似ているからという説もあるが、これはいかにも俗説である。これはやはりアイヌ語によるものである。「ナイ」とはアイヌ語で「川」を意味し、アイヌ語地名の大前提になっているもの。「タイ」はアイヌ語で「森」を意味するので、「森の中を流れる清い川」という意味になる。このような意味ならば「胎内」もうなずける地名となろう。

④ 燕（つばめ）　全国に「燕」がつく地名はかなり多くあるが、その大半が「燕口（つばめくち）」（青森県五所川原市）、「燕岳（つばくろだけ）」（長野県大町市）のように2文字で表記している。「燕市」のように「燕」1字で表記する例は極めてまれである。

燕市のホームページには、燕の由来となった伝説と学説が1つずつ紹介されている。

まずは伝説。その昔、5月・6月の雨季になって濁流が渦を巻いて流れ

るように、小さな祠が流れてきた。ところが、宮の浦で祠は流れようとしない。よく見ると、その祠を守るようにたくさんの燕が群れをなしていた。そこで、この地を燕の村と呼ぶようになった。

そして学説。510年ほど前のこと、水原憲家という人物がその子に「お前に津波目の土地を与える」という手紙を出している。このことから燕は昔「津波目」と書かれていたことがわかる。「津」は港という意味であり、「目」は中心という意味で、このことから津波目は信濃川を通る港で、近くの村々から米を集めて運んだところという意味になる。「津波目」がいつ頃「燕」に変わったかはわからない。

かつては「津波目」と書かれていたことは実証されているので、この学説に従うことになろう。

⑤八海山（はっかいさん）

「八海山」と言えば、新潟を代表する銘酒で、全国でもトップクラスの人気を誇っている。その銘柄のもとになったのがこの八海山（1,778メートル）である。南魚沼地方にある木曽御嶽信仰の霊山で、越後三山の1つとしても知られる。かつては薬師如来の霊山であったというが、江戸時代に木曽御嶽信仰を中興した人物の1人普寛が八海山を開山してから、御嶽信仰の霊山になったという。

この地に8つの池があることや、8つの険しい峰が連なっていることに由来するなどの説がある。「八」は峰が8つあったことにちなむと考えてよい。問題は「海」だが、いわゆる「海」ではなく、「開」（信仰を開く）の意味ではないかと推測される。

⑥三面川（みおもてがわ）

山形県境の朝日山地に発し、村上市に流れる2級河川だが、鮭の川として全国にその名が知られている。「三面」という河川名は朝日山地の岩船郡朝日村三面に源を発していることによる。旧三面集落は42戸、人口150人という山の中の小さな集落だったが、奥三面ダム建設のため昭和60年（1985）村上市松山地区に集団移転し、三面集落は消えてしまった。今は「三面ありき」の石碑だけがその痕跡を残している。

「三面」の名は、川にちなむということで、戦国期に「三表」と書かれていることから「水の表」即ち「水面」に由来するという説がある。これ

では余りにも単純で、このような地名にはもっと深い何かが隠されていそうだ。そこで調べてみると、この地域は平家の落人伝説もあるとのことだが、小池・高橋・伊藤の3つの苗字しか存在していなかったとのこと。三者が面を合わせてきたことから「三面」となったという説があり、これが事実ならこんなに面白い地名はない。

⑦山古志（やまこし）

平成16年（2004）の新潟県中越地震で一躍有名になった村である。律令時代、越後国には「岩舩」「古志」「三島」「蒲原」「沼垂（ぬたり）」「魚沼（いをぬ）」「頸城（くびき）」の7つの郡があったが、中でも「古志郡」は重要な役割を持っていた。『大日本地名辞書』ではこう書いている。

「按に高志国、越国とて上代より名だかきは、北陸出羽までの総称なれど、本来は此古志郡の地を根として、遠く拡布したるごとし、国軍制置の際に古志郡の名を立てられしは、其根本を明示したるに他ならず」

要するに、古志郡は、北陸から出羽にいたるまでの「越国」の中核であったと言っているのである。また「高志」と書いた背景には海を隔てた高麗との交流があったことをも示唆している。かつての古志郡は今の長岡市を含む信濃川の右岸一帯を指しており、その地の「山」の部分を「山古志」と呼んだと考えられる。

大地震の翌年、長岡市に合併されて「山古志」も地図の表面から消えてしまった。

⑧両津（りょうつ）

佐渡の玄関口として長く親しまれてきた「両津市」も平成16年（2004）の大合併でなくなってしまった。両津市を含む佐渡全域が統合されて「佐渡市」となった。この合併によって、「相川町（あいかわまち）」「赤泊村」などの由緒ある町村名も表面からは消えたことになる。

この「両津」も、かつては由緒ある地名を消して登場したものであった。江戸時代の末期に、当時あった「夷（えびす）」「湊（みなと）」両町の2つの港（津）を合して「両津」となったという。文政年間（1818～30）の文献に「夷町・湊町をこめて両津という」とある。（『新潟県の地名』）昭和29年（1954）、それまであった両津町を中心に、近辺の村々を合併して両津市が成立した。

「両津」という苗字は珍しいが、秋本治の人気マンガ『こち亀』の主人公「両津勘吉」巡査長の苗字はこの両津に由来すると言われている。

難読地名の由来

a.「**草水**」(阿賀野市) **b.**「**沼垂**」(新潟市) **c.**「**中束**」(岩船郡関川村) **d.**「**一之渡戸**」(長岡市) **e.**「**一日市**」(新潟市) **f.**「**五十公野**」(新発田市) **g.**「**頭山**」(糸魚川市) **h.**「**美守**」(妙高市) **i.**「**莇平**」(十日町市) **j.**「**勝木**」(村上市)

【正解】
a.「くそうず」(臭水のことで原油の意味) **b.**「ぬったり」(古代の淳足(ぬったり)の柵に由来し、アイヌ語によるという説もある) **c.**「なかまるけ」(作物を背負って運ぶ際、途中で束ね直す必要があったともいう) **d.**「いちのはた」(刈谷田川の渡し場があったことによる) **e.**「ひといち」(毎月一のつく日に市場が立ったことによる) **f.**「いじみの」(初代藩主が新発田入封の際、仮住居を敷いたことによる) **g.**「つむりやま」(文字通り、頭を「つむり」「つぶり」と言ったことによる) **h.**「ひだのもり」(古代国境を守る軍事的長の名称による) **i.**「あざみひら」(植物のアザミによると思われる) **j.**「がつぎ」(マコモという草の名を当地ではガツギと呼んだことによる)

16 富山県

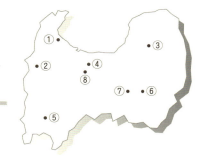

「外山」から「富山」へ

　今では「富山」が当たり前になっているので、何となく「富んだ山」というイメージがあり、そういえば富山市から見る立山連峰は素晴らしい、と思ったりしている。しかし、もとを探ると中世においては「外山」と表記していたという。

　「外山の初見は、応永5年（1398）5月の『外山郷地頭職』の寄進状（富山郷土博物館蔵）であり、元来、富山のあった地域は外山郷といわれた土地であった」（『富山県の歴史』山川出版社）

　さらに『越中旧事紀』『富山領古城記』には、「佐々以降の富山城下が、（中略）普泉寺と改称される富山寺の土地に建設したために富山と名づけられた」ことが記されている。「外山の地に所在したために、外の字を佳名の富と改めて寺名にした寺院の名が、富山の地名になったのである」とも記述している。

　佐々成政が富山城主についたのは天正9年（1581）のことで、天正15年（1587）には熊本城主になっているので、佐々氏の時代はちょうど秀吉全盛の時期であった。当時、この地には「富山寺」という寺があり、「ふせんじ」と呼ばれていた。その「富山寺」（後に「普泉寺」）の土地に城郭を建設したために、「富山」という地名が生まれたということである。

　103ページの図でわかるように、明治4年（1871）7月の廃藩置県によって、「富山藩」は「富山県」に横滑りするものの、同年11月には「新川県」と名前が変わり、その後明治9年（1876）には石川県に統合されてしまい、明治16年（1883）に独立を勝ち取るまでの7年間は「富山県」は消えたままであった。

　このような背景には、「富山藩」と「加賀藩」との関係が大きな要因となっていた。近世を通じてこの越中国を支配したのは、前田利家（1538～99）を藩祖とする加賀藩とその支藩であった富山藩であった。加賀藩

主3代目の前田利常の時代に、藩の存亡を問われる事態に直面し、利常は48歳の若さで引退し、次男利次に富山藩（10万石）を付与し、さらに3男利治に大聖寺藩（7万石）を付与した。この時点で加賀藩と富山藩の上下関係が成立し、富山藩には一歩下がって対処するといった傾向が生み出されていった。これは富山県の県民性にもかなり重要な影響を及ぼしていると言える。

とっておきの地名

①雨晴海岸（あまはらしかいがん）

「雨晴」という行政地名は存在しないが、通称地名として多くの人々に親しまれている。北陸地方の気候は変化が激しく、晴れの日が少ない現実の裏返しで、少しでも晴れてほしいという地元の人々の願いのようなものが込められている。

JR氷見線の「雨晴駅」は明治45年（1912）4月に開設されたもので、すでに100年以上も前から「雨晴」を願っていたことがわかる。11月から3月頃まではここから富山湾越しに見える立山連峰や日の出の写真を撮るカメラファンが押し寄せるというが、そのほとんどの場合晴れないという笑えない話も耳にする。

地名の由来は昔、この地を通った義経と弁慶が雨宿りしたという「雨宿岩」があったことによるという。真偽は別として、このような伝説を長く伝えてきた人々の心のほうを大切にしたい。

②今石動（いまいするぎ）

小矢部市に「今石動町（いまいするぎまち）」の他に「石動町（いするぎまち）」という町名がある。ルーツをたどれば「今石動町」のほうが古いので、まずこちらから解説しよう。

今石動町は富山県の西端に位置し、かつては旧北陸街道の宿場として栄えた。天正10年（1582）、前田利秀が石動山の伊須流岐比古（いするぎひこ）神社の本知仏である虚空菩薩を木舟城の移転とともに当地に移転させたことによる。「石動山」は「いするぎやま」とも呼ばれ、越中と能登の境にある山であった。「今」というのは、現代で言えば「新」ということになろう。「新石動」である。

明治の初めまでは「今石動町」だったが、明治22年（1889）の町村制の施行によって「石動町」（砺波郡）となり、その後も町の名としては「石

動町」が続いたが、昭和37年（1962）西礪波郡砺中町と合併して、「小矢部市」となって今日に至っている。

③宇奈月（うなづき）

富山県下一の温泉として知られる宇奈月温泉の町として知られたが、平成18年（2006）の合併で黒部市の一部となった。由緒ある町名だったのに残念だ。「宇奈月」という漢字もよいが、「うなづき」という音も情緒たっぷりで捨てがたい魅力があった。『富山県の地名』では、黒部市三日市の辻徳法寺（つじとくほうじ）の縁起を紹介している。

「内山村ノ奥ニウナツキ谷ト云フ処アリ、往昔ハ如何ナル霊処ニヤ水ノ音風ノ響モイト殊勝ニシテ心ヲウナツキ身モ清ラカニ覚エケレバウナツキ谷ト申スナリ」

水の音、風の響きに心もうなずき、身も清らかになる——など何と風流なことか。「うなづき」とは「うなずく」意味で、心も十分納得いくという意味である。このような美しい地名を残したのも先人の知恵と言うべきだろう。

このような説以外に、「ブナ」や「ツキの木」（ケヤキ）が群生していたことによるとする説もあるが、余りに平板な解釈と言うべきだろう。ここが開けたのは大正12年（1923）黒部鉄道が宇奈月に延び、そこに上流7キロメートルからの引き湯により宇奈月温泉ができたことに始まる。

④呉羽山（くれはやま）

富山県の人々にとっては、立山よりもこの呉羽山のほうが重要な意味を持っているに違いない。富山県はこの呉羽山によって東西に分かれ、「呉東」と「呉西」に分かれ、文化的にも異なっているとさえ言われる。呉東は富山藩、呉西は高岡藩のエリアと言ってよい。通称「呉羽山」と言っているが、「呉羽山」は呉羽丘陵の標高80メートルの山で、正式には「呉羽丘陵」と言うべきだろう。

「呉羽」の由来は、古代の職業集団「呉服部」「呉織部」（いずれも、「くれはとりべ」と読む）によるものだというのが定説になっている。「呉服部」は、雄略天皇の時代に中国の呉から渡来し、大和朝廷に貢献した機織技術者のことである。

呉羽山から見る雪の立山連峰は見事で、富山県を代表する景色となっている。

⑤ 五箇山(ごかやま)　この「五箇山」は、関東ではアクセントを入れず「ゴカヤマ」と平坦に発音してしまうが、地元では「ゴカヤマ」と「カ」を強く高く発音する。アクセントは地名研究ではとても重要で、これだけは現地を訪れてみないとわからない。「五箇山」といえば、平成7年（1995）に飛騨の白川郷とともに世界文化遺産に指定されたことで知られる。言うまでもなく、合掌づくりの集落が山の中に立ち並ぶことで有名なところだ。

五箇山の由来ははっきりしていて、庄川沿いに「赤尾谷(あかおだん)」「上梨谷(かみなしだん)」「下梨谷(しもなしだん)」「小谷(おたん)」「利賀谷(とがだん)」の5つの谷間に集落が点在し、「五ケ谷間(ごかやま)」と呼ばれていたのが「五箇山」に転訛したものである。この地には30戸余りの合掌づくりの民家が残されている。相倉(あいのくら)集落が有名だが、菅沼集落もある。

五箇山は、その山の深さから平家の落人伝説があることでも知られる。この場合の源平の戦いは壇ノ浦のそれではなく、木曽義仲と戦った倶利伽羅峠での敗戦であった。日本を代表する民謡「麦屋節」「筑子節(こきりこ)」は、この平家の落人伝説から生まれたものだという。

⑥ 称名滝(しょうみょうだき)　立山連峰を源流とする落差日本一の滝で、日本の滝百選に選定されている。日光の華厳の滝も熊野の那智の滝もすごいが、スケールの大きさではやはりこの称名滝が一歩も二歩も上である。標高1,600メートル以上ある弥陀ヶ原の山地から一気に350メートルの落差を流れ落ちる滝は壮観そのものである。滝は4段に分かれ、1段目70メートル、2段目58メートル、3段目96メートル、4段目126メートルで、計350メートルにも及ぶ。

「称名」とは念仏を唱えることで、この滝の音が南無阿弥陀仏という称名念仏に似ているということから、法然にまつわる伝説もある。これは越中国の人々の信仰心の現れと考えてよいだろう。古来、立山は信仰の山で、弥陀ヶ原という地名も阿弥陀信仰の現れとみることも可能であり、さらに、称名滝から流れ落ちた川が「成願寺川」となることからも、富山県人の信仰の篤さを感じ取ることができる。

⑦ 美女平(びじょだいら)　立山駅からケーブルカーに乗って到着する駅が標高977メートルの「美女平」。周囲にはブナ林をはじめ樹齢300年と

言われる立山杉の原生林が広がっている。なぜこんな山の上に「美女」にちなんだ地名があるのか。そこにはこんな伝説が残されている。

古来、立山は女人禁制の霊場であり、女性が登ることは固く禁じられていた。その昔、若狭国小浜の「止宇呂」という尼僧が壮女一人、童女一人を連れてこの山に登ろうとした。ところが神の怒りに触れ、壮女が杉の木になり、美女杉と呼ばれるようになった。

全国に「美女」のつく地名はかなりあり、それらに共通する解釈として「ビショビショ」つまり湿地帯にちなむものだという説もあるが、それで終わりにするのは余りにももったいない地名だ。

⑧ 婦中

「婦中町」は「婦負郡」にあった町。平成17年(2005)に八尾町などとともに合併して富山市になった。ルーツは、昭和17年(1942)に「速星村」と「鵜坂村」が合併したことによって、「婦中町」が成立したことによる。当時の思惑を推測するに、「婦負郡」の中心地だったということで「婦中」と命名したものと思われる。婦負郡は古来越中国の郡名で、当時は「婦負郡」と呼ばれていた。『万葉集』には「売比」と訓じられ、この郡には女性の神にまつわるエピソードが多くある。鵜坂神社に祀られる「鵜坂姉比咩神」によるとの説もある。また、「中」については、かつての戸長役場が「中名村」にあったので、「婦負郡」の「婦」と「中名村」の「中」をとって「婦中」にしたという説もある。

難読地名の由来

a.「山女」(魚津市) b.「総曲輪」(富山市) c.「眼目」(中新川郡上市町) d.「頼成」(砺波市) e.「湯神子」(中新川郡上市町) f.「鼠谷」(富山市) g.「三女子」(高岡市) h.「生地」(黒部市) i.「四十物」(黒部市) j.「戸破」(射水市)

[正解]
a.「あけび」(普通、アケビは「木通」「通草」と書くが、ここでは「山女」。女性の隠し処に似ていることから) b.「そうがわ」(富山城の外堀が「曲輪」と呼ばれたから) c.「さっか」(もともと「がんもく」だったが、藩主前田利常が立山寺の山号「さっか」を宛てたという) d.「らんじょう」(中

世の名田に由来するか）**e.**「ゆのみこ」（温泉が湧いていたから）**f.**「よめだに」（野ネズミの被害が大きかったので、「嫁」という字を当てた）**g.**「さんよし」（もとは「三好」だったが、「三女子」に転訛した）**h.**「いくじ」（砂礫地や軟石の地盤の弱いところを「イクチ」と呼ぶことから）**i.**「あいもの」（塩で処理した魚の総称）**j.**「ひばり」（飢饉の時、雨乞いをしたら戸を破るような大雨が降ったという伝承がある）

●北陸三県域の変遷 (『知らなかった! 都道府県名の由来』、東京書籍、2010)

17 石川県

「金沢県」のほうが存在感がある?

　北陸3県の明治時代の変遷は余りにも複雑なので、103ページの図で示しておいた。この3県が現在の状態に定着するのは明治16年（1883）5月のことで、それまでは現在の石川県を中心に、まさに紆余曲折を繰り返してきたということになる。

　石川県の問題は、まず「石川県」という県名に存在感が薄いということである。全国的に見て「金沢」という市名は誰でも知っているが、「石川」というと余りにもありふれ過ぎていて印象が薄い。私自身にもその経験があるが、思わず人前で「金沢県」と言ってしまう人をまま見ることがある。

　明治4年（1871）7月の廃藩置県によって、「金沢（加賀）藩」は「金沢県」に、「大聖寺藩」は「大聖寺県」となる。「金沢藩」はいわずと知れた「加賀百万石」だが、「大聖寺藩」は3代藩主前田利常が「富山藩」とともに置いた支藩であった。つまり、金沢藩の下に「大聖寺藩」と「富山藩」が置かれたことになる。

　ところが、明治5年（1872）2月に、金沢県大参事の内田政風は県庁を金沢から「美川」に移してしまった。それは能登地方が「七尾県」として独立し、そうなると金沢は北に偏しているという判断であった。

　この「美川」という地名は、「能美郡」の「美」と対岸の「石川郡」の「川」を合成したほとんど意味のない地名である。そして県庁を明治5年（1872）2月に美川に移し、県庁所在地の石川郡の石川をとって「石川県」とした。「石川郡」は古代よりある郡名だが、その由来はここを流れる「手取川」が「石の多い川」であったことを示すもので、文化的な意義はほとんど皆無である。

　翌明治6年（1873）には県庁が金沢に戻されることになったが、県名はそのまま「石川県」を踏襲してしまった。

　やっぱり「金沢県」という県名を残してほしかった——それは他県の人々

の思いでもある。

とっておきの地名

①安宅(あたか)　その昔、源義経が弁慶とともに奥州平泉を目指してこの関を通りかかった際、義経を見破りはしたものの富樫泰家の温情で通過できたという歌舞伎「勧進帳」で有名になった安宅の関で知られる。

明治19年（1886）に「安宅町(あたかまち)」となり、昭和15年（1940）の町村合併により小松市安宅町となって現在に至っている。梯(かけはし)川の河口に位置し、古来交通の要地であった。もと「寇(あだ)が浦」と記され、異国人が来襲した地というのが定説になっている。

②金沢(かなざわ)　金沢の地名伝説として「芋掘り藤五郎」が知られている。その昔、この地に住んでいた藤五郎という若者に大和国から美しい娘が嫁いできて仲むつまじく暮らしていた。余りにも貧しかったので、実家から砂金の袋を送ってきたのだが、そんなものは芋を掘ればいくらでも手に入ると言ったという話である。

もともとこの地では金が獲れるということを話にしただけのことではあるが、この木立野(こだつの)台地で砂金採掘を行ったことは事実のようで、今でも金沢の金箔は有名である。

吉田東悟の『大日本地名辞書』によると、ここを訪れた高麗系の朝鮮人金氏が風景を愛でたとあり、金氏によるという説も可能性なしとしない。

天文15年（1546）、この地に金沢御堂が完成し、加賀を統治する拠点となり、天正11年（1583）前田利家が入城し、以降明治2年（1869）の版籍奉還まで287年の長きにわたって金沢は前田氏の城下町として繁栄した。

③倶利伽羅峠(くりからとうげ)　倶利伽羅峠というと、寿永2年（1183）に源義仲が平氏方の追討軍を破ったという戦いで余りにも有名である。義仲軍は角に松明をつけた牛で平氏軍を攻めたとも言われ、平氏没落のきっかけになった戦いであった。

この峠は標高277メートルで、加賀国と越中国を結ぶ要地で、「倶梨伽羅」とも、「倶利迦羅」とも「栗殻」とも書かれている。地名の由来はこの地にあった倶利伽羅堂に納められていた倶利伽羅明王（不動尊）によると言

われている。倶利伽羅という言葉は、サンスクリット語で「剣に黒龍を巻いた不動尊」という意味で、山頂近くの倶利伽羅不動寺に前立不動尊が祀られている。

④ 珠洲(すず)　旧能登国の郡名で、今は「珠洲市」としてその名をとどめる。『大日本地名辞書』には、『和名抄』では「須々」と記されており、岬名を「須々」と呼んだことに由来するという説のほか、「篠」に由来する説を紹介している。

　しかし、ここではただし、この地にある「狼煙」という地名との関連で説いてみたい。「狼煙」とは文字通り、警報・合図のために火を焚いて煙を上げることを意味するが、『日本書紀』ではこれを「烽(すすみ)」と記しており、この「烽」の「すすみ」に由来するのではという説である。能登半島の突端にあって、いかに海上交通の要地であったかを示している。

⑤ 七尾(ななお)　旧能登国の国府が置かれた重要な拠点地域である。15世紀の初め、この地に能登国守護の畠山満慶が城を築いたが、その山が「松の尾」「梅の尾」「竹の尾」「菊の尾」「虎の尾」「亀の尾」「竜の尾」の7つの尾根から成っていたので、この名がついたとされる。

　天正5年（1577）、上杉謙信の侵攻によって能登畠山氏は滅亡し、その後は前田家の支配に委ねられた。

⑥ 根上(ねあがり)　旧能美郡にあった「根上町(ねあがりまち)」だが、平成17年（2005）の合併によって能美市となり、「根上」という行政上の町名は消滅した。手取川の河口の南に位置し、『三州志』には、ここに一本の老松があり、加賀国の住人井家二郎範方がこの場所で討たれたと記している。

　また明智光秀の歌も残されている。
　　　みつしほのこしてや洗ふあらかねの
　　　　　土もあらはに根上の松

⑦ 羽咋(はくい)　旧能登国を形成していた郡名であり、今は羽咋市にその名をとどめる。羽咋郡の群域は、7世紀までこの地を本拠地とした羽咋公(はくいのきみ)の支配領域であった。羽咋市にある羽咋神社はその羽咋公のルーツ

に当たる神社で、式内社であった。主祭神は「石衛別命(いわつくわけのみこと)」で、垂仁天皇の第十皇子である。

　垂仁天皇の皇子「本牟智和気命(ほむちわけのみこと)」が「マコトトワズ」（言語障害）で、白鳥を見て声が出たところから天皇が鳥取部を設けたことは有名だが、この羽咋神社もそれに何らかの関わりがあると考えられる。古くは「羽喰」とも書かれていたことを考えると、白鳥伝説にかかわっていたと言えよう。

⑧輪島(わじま)　輪島塗や朝市で知られる奥能登の中核都市で、江戸時代には金沢の前田氏の支配に最後まで抵抗した温井氏の本拠であった。この種の地名はそのほとんどが地形から説明されることが多い。つまり、地形が輪のような入り江になっていたとか、輪のような島になっていたとかである。

　ところが、この「輪島」に関しては面白い伝説がある。その昔、ここに鷲の悪鳥が住んでいたという話である。つまり、「鷲魔」から「輪島」に転訛したというのだ。『能登名跡志』（昭和6年、石川県図書館協会）には「昔鷲の悪鳥住しより鷲魔の名あり」と書かれている。

　実はこの輪島は『デビルマン』で知られるマンガ家永井豪の故郷でもあり、本人にこの「鷲魔」の話をしたら、いたく感動していた。やはり「デビルマン」はこの「鷲魔」で生まれるべくして生まれたと言ってよいか…。

難読地名の由来

a.「動橋」（加賀市）b.「分校」（加賀市）c.「雲津」（珠洲市）d.「一青」（鹿島郡中能登町）e.「廿九日」（鹿島郡中能登町）f.「九折」（河北郡津幡町）g.「子浦」（羽咋郡宝達志水町）h.「左礫」（白山市）i.「鳳至」（輪島市）j.「主計」（金沢市）

【正解】
a.「いぶりはし」（川に架けられた丸太橋が揺れ動いたことから）b.「ぶんぎょう」（班田制における校田──田畑の調査──に由来するとされる）c.「もづ」（毛須とも書いたが、雲の美しい津か）d.「ひとと」（シトトという鳥が沼にいたことによる）e.「ひずめ」（樋詰とも馬のひずめからともいうが、「廿九日」を当てたのは、月末の意味による）f.「つづらおり」（坂

道が曲りくねっていることに由来する）**g.**「しお」（江戸時代は「志雄町」と書いたが、明暦年間に「子浦」と改めた。由来不詳）**h.**「ひだりつぶて」（平家の落人が雪合戦をした時、小石入りの雪玉で左眼を失明したとの伝承がある）**i.**「ふげし」（「オオトリが来る」という意味で、悪鳥を退治した神の名によるともいう）**j.**「かずえ」（加賀藩士・富田主計の屋敷があったことに由来する）

福井県

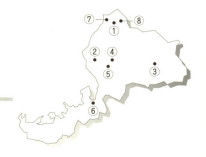

> 「福井」は「福居」だった！

　福井県の抱える最大の問題は、結果的に旧越前国と若狭国が統合されて1つの県になったことである。この2つの国の間には「木ノ芽峠」という標高628メートルの峠があり、それが両地域を分断する働きを持っていた。今でもこの峠を境に「嶺北」「嶺南」という呼び方で個性を競っている。

　明治4年（1871）11月には「福井県」と「敦賀県」が並立する形になるが、その後一時期「敦賀県」となり、最終的には明治14年（1881）に「福井県」に統一される。（詳しくは103ページの図を参照）若狭地域から反対運動が起こったものの、それは県庁を福井から若狭に移せというものではなく、滋賀県と一緒になりたいという声であった。ここに微妙な心理が伺える。

　もともと若狭は豊富な漁獲量で知られ、古くから京都の御食つ国として知られたところ。小浜から京まで続く鯖街道などはことに有名である。京都には直結した身近な存在だったのである。

　ところで、「福井」という県名はそれなりに素晴らしい。福井の町を開いたのは信長の家臣・柴田勝家であった。天正3年（1575）、越前の一向一揆を平定した信長は、この地を柴田勝家に統治させた。勝家が築城した城は「北ノ庄城」と呼ばれた。しかし、勝家は信長亡き後、賤ヶ岳で秀吉に敗れ、最後は北ノ庄城でお市の方と自刃して、その生涯を閉じることになる。天正11年（1583）のことだから、北ノ庄城はわずか8年の命だったことになる。

　江戸時代になって3代藩主松平忠昌が越後高田から入った時、「北ノ庄」は縁起がよくないという理由で「福居」に改称した。なぜ「北ノ庄」が縁起がよくないかというと、「北」という文字が「敗北」につながるという理屈だった。確かに「北」という漢字は左右に背く形をしており、語源をみると「にげる」「そむく」と読むこともあるようだ。

「福居」を「福井」に変えたのはおよそ元禄年間(1688～1704)の頃だと言われている。福井城址にある県庁の裏手に「福の井」なるものがあり、それが福井の地名の由来と書かれているが、それは後代の人の創作である。

とっておきの地名

①芦原(あわら)　関西の奥座敷として知られる「あわら温泉」で有名。もとは「芦原町(あわらちょう)」だったが、平成16年(2004)に隣の金津町と合併して「あわら市」となって、その意味すらわからなくなった。竹田川沿いに阿原と呼ばれる地があり、明治に入ってそこに温泉が掘られ、その湯が良質であったことから「芦原」と呼ばれるようになったという。文字通り「芦(葦)の生える原」と解してもよい。

②織田(おた)　丹生郡のほぼ中心地に「織田町(おたちょう)」は位置していた。平成17年(2005)、丹生郡の「朝日町」「宮崎村」「越前町」と合併して「越前町」となったため、「織田町」の町名は消滅してしまった。

「織田町」は、かの織田信長で知られる織田一族発祥の地として知られてきた。織田氏の祖先は代々劔神社の神官忌部氏であり、越前の守護大名である斯波氏と主従関係にあった。応永7年(1400)頃、時の守護大名斯波義重が尾張の守護大名を兼ねることになり、それがきっかけで織田常松(じょうしょう)も尾張に進出することになった。これが織田氏が尾張に勢力を張るに至った経緯である。

③九頭竜川(くずりゅうがわ)　越前・美濃国境にある油坂峠(あぶらざか)付近を水源とし、ほぼ西北流する県内最大の川である。9つの頭を持った竜のように流れる川といえば、確かにイメージが湧きやすく、いかにも福井県らしいミステリアスな河川名である。色々な伝説が生まれている。八重巻にある白山社安置の像を川に浮かべたところ、「一身九頭」の竜が立ち現れて、黒龍神社の対岸に流れ着いたという伝説が残っている。

また、承平の頃(931)、国土を護るために、東国の鹿島、西の安芸の厳島、紀伊の熊野に並んで、越前に黒竜大明神を置いたことに由来するという説もあるが、時期的に他の神社はさらに古いので信憑性はない。

15世紀の資料に「崩河(くずれかわ)」とあり、両岸が崩れた川で、そこに黒竜伝説

がかぶさったというのが真実の姿であろう。

④**鯖江**（さばえ）　武生盆地の北部に位置する商工業都市で、全国にその名を知られる。建長2年（1250）の「九条道家初度惣処分状」にある「鯖江庄」が初見とされ、『太平記』にも「鯖江ノ宿」として記されている。魚の鯖と関係するか否かで説が分かれるが、盆地であることを考えると、鯖にちなむというのは考えにくい。ただし、「沢の江」と考えてしまうと、あえて「鯖」という文字を使った意図が見えなくなってしまう。

　その昔、崇神天皇が送ったとされる四道将軍の一人、大彦命がこの地を通りかかって敵と戦った時、空から矢が落ちてきて敵将に当たって勝利をおさめたが、その矢の形が鯖に似ていたところから「鯖江」という地名が生まれたという伝承がある。ただし、これは記紀には記されておらず、単なる伝承に過ぎない。

⑤**白鬼女の渡し**（しらきじょのわたし）　「白鬼女」というと、いかにも恐ろしげな地名ではある。鯖江市舟津町と武生市家久町を結ぶ「日野川」にかかる白鬼城橋付近にあった渡しである。このミステリアスな地名から、嫉妬の余りこの川に身を投げて鬼となった女が僧によって助けられる話など多くの伝説が生まれているが、この地名のルーツは日野川の水源地近くにある「戸羅池」（夜叉池）にあると言われている。そこからほど近いところにある新羅神社は白城神社とも呼ばれており、明らかに新羅からの渡来人によって建立された神社である。

⑥**敦賀**（つるが）　古来内外の交通の要地として知られ、かつては「角鹿」（つぬが）と呼ばれた。記紀にも登場し、『古事記』には応神天皇が宴を催した際、

　　この蟹や　いづくの蟹
　　百伝ふ（ももづた）　角鹿の蟹
　　横去らふ　いづくに到る

と歌を詠んだと記されている。「百伝ふ」は角鹿の枕詞であり、この時代すでに角鹿の蟹は有名だったことがわかる。

　また『日本書紀』には垂仁天皇元年の条に、崇神天皇の御世に、額に角

がある人物が越国の笥飯浦(敦賀市曙町)に停泊したので、この地を「角鹿」と名づけたという話が記されている。

和銅6年(713)に「角鹿」は「敦賀」に改称されたと言われる。明治の町村制の施行により、明治22年(1889)に敦賀郡「敦賀町」となり、戦後の昭和30年(1955)には敦賀郡の町村を合併して「敦賀市」となり、敦賀郡は消滅した。

⑦ 東尋坊

福井県を代表する観光名所である。この不思議な地名には、こんな話が隠されている。

その昔、荒木別所(福井市)に次郎市という若者がいた。次郎市は比叡山に登って修行し、後に平泉寺(勝山市)に招かれて「当仁坊」と称した。しかし、平泉寺には悪い僧も多くいて、春になって安島浦(今の東尋坊)で酒盛りをやっていた際、崖の上から当仁坊を海に突き落とした――という話である。

時は4月5日、それ以降毎年4月5日になると、どんなに晴天であっても、必ず激しいつむじ風が吹き、海が荒れるという。その風は常に西から東に向かって吹くので、当仁坊はいつのころからか、「東尋坊」と書かれるようになった――。

⑧ 嫁威

「嫁威」と聞けば何やらミステリアスな話が頭をよぎる。姑の嫁いびりが福井県にもあったのか? 所は蓮如上人が浄土真宗の復興を願って建てた吉崎御坊の地である(現在のあわら市吉崎)。

昔、ここに与三次という若者が住んでいた。妻のきよと二人の子どもに恵まれたが、与三次も子どもも病で亡くなってしまった。世のはかなさを感じたきよは吉崎で教えを広めていた蓮如上人のもとに連夜のように教えを聞きに行った。

それを面白く思わない婆さんは、嫁の吉崎参りをやめさせようと、鬼の面をつけて途中の小谷で威したという。しかし、きよは何もなかったように「なむあみだぶつ」と唱えて立ち去ったという。婆さんは家に帰って面をとろうとしても、面が顔にくっついてしまって剥がれない。そこに帰ってきたきよが再び念仏を唱えると、鬼の面はぽこりと剥がれた――という話である。

それ以降、この地は嫁威と呼ばれるようになった。

難読地名の由来

a.「免鳥」（福井市） b.「計石」（福井市） c.「小樟」（丹生郡越前町） d.「立待」（鯖江市） e.「公文名」（敦賀市） f.「土布子」（大野市） g.「丈競山」（坂井市） h.「父子」（大飯郡おおい町） i.「無悪」（三方上中郡若狭町） j.「塩坂越」（三方上中郡若狭町）

【正解】
a.「めんどり」（「海取（メトリ）」で、海藻の採集地をいうか） b.「はかりいし」（白山神社にある石ますが由来とも） c.「ここのぎ」（小さな「樟（くす）」の木から） d.「たちまち」（「立間」で地形に由来するか） e.「くもんみょう」（中世の荘園の荘官に由来する） f.「つちふご」（農業に関する地形に由来するか） g.「たけくらべやま」（2つの峰が高さを競っていることに由来する） h.「ちちし」（古代の神々の父子関係をいうか） i.「さかなし」（坂の足元という意味で「さかあし」からの転訛と思われる） j.「しゃくし」（塩を運んで越える峠の意味）

19 山梨県

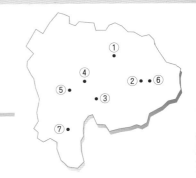

山梨県の一体感

　今の山梨県に「甲斐府」が置かれたのは明治元年（1868）11月のことである。その後の経緯を見ると、明治2年（1869）7月に「甲府県」、そして、明治4年（1871）7月の廃藩置県を経て同年11月に「山梨県」が成立して今日に至っている。これほどスムースに移行したのは全国でも山梨県だけである。それだけ山梨県というのは内部的軋轢がほとんどなく一体感によって成り立っていると言ってよい。

　歴史的背景には、かの武田信玄がこの地で他を圧倒する勢力を占め、対抗勢力が育たなかったことが挙げられる。さらに、江戸時代においても幕府の直轄地で、江戸に直結していたという背景もあった。

　『山梨県の百年』（山川出版社）の中で、山梨県出身の有泉貞夫氏が、隣の長野県と比べて山梨県の特徴を述べているのに注目した。有泉氏は「江戸時代後期に大部分幕領だった当地は、廃藩置県（はいはんちけん）前後に行政区画の変動がなかった唯一の県である」と述べたあと、「長野では10をこす幕領・旗本（はたもと）領・藩領が合併して県となったことによる諸困難が、県民統合への意識的な努力を不可欠なものにした」のに対して、「山梨では、長野のような困難とその克服の努力の必要がなかったことが、すべてにつけ、地縁・血縁のなかで理屈ぬきに馴（な）れあって（無尽（むじん）の盛行）事を処理できる一方、譲るべからざるものへの固執も自信も育たないことから、政治と風俗での『中央直結』が早くから抵抗なく受け入れられたのではないか」という。

　確かに甲斐国には江戸時代、よその県にあったような大きな藩が存在しなかった。享保9年（1724）に柳沢由里（柳沢吉保の子）が大和郡山に転封になった後は、甲斐国全体が徳川幕府の天領となった。正確に言うと、徳川家本家に最も近い御三卿（田安・清水・一橋家）の領地となっている。

　廃藩置県においても、甲斐国には「藩」がなかったため「県」になることはなく、冒頭で述べたように、「甲斐府」「甲府県」はすんなりと「山梨

県」となった。「山梨県」となったのは、単純な事実によるもので、「甲府」は「山梨郡」にあったからである。「山があっても山梨（無）県…」と揶揄されたものだが、「山梨」は「梨」とは無関係で、「山を成す」つまり「山の形をなしている」という意味に解釈したほうがよい。「甲斐」がもともと「狭い」を意味していることを考えれば、妥当な解釈と言ってよい。

とっておきの地名

①塩山（えんざん）

昭和3年（1928）に「塩山町（えんざんちょう）」が成立し、昭和29年（1954）「塩山市」になったが、平成17年（2005）「勝沼町（ちょう）」「大和村」と合併して「甲州市」が成立した。地名の由来は北西部にある「塩の山」にちなむとされる。同所にある向嶽寺の山号が「塩山」となっており、岩塩が採れたという説もある。

この「塩の山」は和歌の歌枕としても詠まれており、『古今和歌集』にこんな歌がある。

　　　しほの山さしでの磯（いそ）にすむ千鳥
　　　　　君がみ代をばやちよとぞ鳴く

「さしでの磯」とは「差出の磯」のことで、山梨市万力（まんりき）公園近くを流れる笛吹川右岸に突き出る断崖を指している。

②大月（おおつき）

桂川およびその支流の笹子川の合流地点にある都市で、古くから「大月」で知られている。江戸期は甲州街道の「大月宿」であり、昭和8年（1933）に「大月町」、昭和29年（1954）に「大月市」になり今日に至っている。

地名の由来は三島神社の境内にあったとされる「大欅」にあったとされる。姓で「大槻さん」という方がいるが、「槻」とは「欅（ケヤキ）」の古称であり、全国に散在する「大月」という地名はそのほとんどが「大槻」であり、この場合も同様なケースと言ってよい。

③上九一色（かみくいしき）

山梨県南部の西八代郡にあった村名。平成18年（2006）の合併により、北部の梯（かけはし）・古関地区は甲府市に、南部の精進・本栖・富士ケ嶺地区は富士河口湖町（まち）に編入された。

平成7年（1995）、オウム真理教による東京地下鉄サリン事件の発生後、

当地にあったサティアンが取り壊されることになり、一躍「九一色」という地名が全国的に有名になった。

中世、この地には九一色衆と呼ばれる武士団が住み、戦功によって諸役免除の朱印状を受けたといわれる。「一色」とは「一種」のことで、複数の租税の内一種類の税だけで、他は免除されたということの証しである。戦功によって他の税は免除されたという意味である。「九一色」という地名は全国に多く分布しており、ほとんどが同様な意味を持っている。

④甲府(こうふ)　「甲府」という地名は「甲斐府中」の略である。同様な地名に「駿府」があるが、こちらは「駿河府中」の省略形である。「府中」というのは一般に古代律令時代に国の政治の中心地を意味していた。東京の「府中市」は武蔵国の中心地、千葉県市川市の「国府台」は下総国の国府が置かれた所、といった具合である。

ところが、『甲府市史』によれば、「甲斐府中」の「府中」は古代の政治の中心地とは関係ないという。それによると、甲斐国の「国府」は東山梨郡春日居町(かすがいちょう)大字国府とし、「国衙(こくが)」は東八代郡御坂町(みさかちょう)大字国衙にあったというのが通説になっている。春日居町と御坂町は平成16年（2004）の合併によって笛吹市になっているが、旧春日居町は今の甲府から東へ数キロ、また御坂町は南東方面に数キロの位置にある。

甲府の由来は古代の「府中」ではなく、武田信虎が躑躅ケ崎(つつじがさき)に館を移し、そこを「府中」と呼んだのが始まりだという。

⑤巨摩(こま)　山梨県には現在5つの郡があるが、そのうち「中巨摩郡」と「南巨摩郡」の2つの「巨摩郡」が残っている。平成18年（2006）に小淵沢町が北杜市に編入されて消滅するまで、「北巨摩郡」も存続していた。それだけに「巨摩」という地名は山梨県にとっては大きな意味を持つ地名である。

「巨摩」については、以前は「駒」の産地にちなむという説が強かったが、現在は古代朝鮮の「高句麗」からの渡来人に由来するというのが定説になってきている。『続日本紀』霊亀2年（716）に、駿河・甲斐・相模・上総・下総・常陸・下野の7つの国から1,799人の高麗(こま)人を武蔵国に移して「高麗郡」を置いたとあり、その流れで甲斐国にも高麗人が多く移住したと考

えられている。

⑥猿橋(さるはし)
大月市にある旧宿駅の名前であり、桂川に架かる橋名でもある。橋は木曽の桟、周防の錦帯橋とともに日本の三大奇橋の1つに数えられている。

伝説によれば、百済国の造園師が何匹もの猿が連なって川を渡っているところを見て「猿橋」としたとされるが、本当のところは、「猿」は「狭い沢」のことで、狭い沢を渡る橋といった程度の地名である。全国に「猿」地名は数多くあるが、基本は沢のことで、「猿」という漢字に合わせてそれぞれ多くの伝説を生んでいる。この「猿橋」もその1つ。

⑦身延(みのぶ)
日蓮が身延山に入山したのは文永11年（1274）のことだが、それまでは「糞夫」と書かれていた。山容が糞をつけた農夫に似ていたことによるものである。日蓮が入山後、「身を延びる山」、即ち寿命・無量・延寿の山として改名したといわれる。

一方で、この地域が後に岩手県の南部に勢力を張る「南部」氏のルーツといわれ、「水の辺」にちなむという説もある。

難読地名の由来

a.「忍野」（南都留郡忍野村）**b.**「木賊」（東八代郡にあった旧「木賊村」）**c.**「薬袋」（南巨摩郡早川町）**d.**「右左口」（甲府市）**e.**「朝気」（甲府市）**f.**「精進湖」（南都留郡富士河口湖町）**g.**「蝙蝠穴」（南都留郡鳴沢村）**h.**「春米」（南巨摩郡富士川町）**i.**「御勅使川」**j.**「切差」（山梨市）

【正解】
a.「おしの」（明治7年、忍草村(おぼくさ)と内野村合併の際、1字ずつとって命名）**b.**「とくさ」（山中に自生するシダ植物に由来する）**c.**「みない」（信玄が薬籠を失くして探させたが、見つけてきた者が「袋の中を見なかった」ことを讃えたという伝承がある）**d.**「うばぐち」（甲斐と駿府を結ぶ中道往還の宿名で、右左に街道を開いたことによるという）**e.**「あさけ」（その昔、日本武尊が通りかかった時、地元の人が「朝餉(あさげ)」（朝食）を出したという伝承がある）**f.**「しょうじこ」（富士参詣者が湖で沐浴して精進したという説もあ

るが、富士の背にあることから「背地(せのち)」に由来すると考えられる）**g.**「こうもりあな」（コウモリの生息地による）**h.**「つきよね」（「舂米(つきよね)」という言葉は古く古代にまでさかのぼり、米を租として治める舂米部がいたことにちなむという）**i.**「みだいがわ」（古代に水害が起こった際、甲斐国国司の奏上のもと、朝廷から勅使が下向したことにちなむ）**j.**「きっさつ」（古くは「霧指」と称して霧が深い意味だったが、後に「切差」に転訛したという）

20 長野県

「長野県」と「信州」

「信濃の国」という県歌の一番の冒頭は「信濃の国は十州に　境つらぬる国にして」とある。信濃の国が10の国（州）と境界になっているという意味だが、これだけでもこの国の難しさがよく伝わってくる。日本を代表する高い山々に囲まれ、よその国とはおよそ隔たった地域に「松本・伊那・佐久・善光寺」の4つの平（たいら）と称する盆地が広がっている。

古来、よくぞ1つの国としてまとまってきたものだと感心するほどである。「信濃の国」が県歌に制定されたのは戦後の昭和43年（1968）のことだが、それ以前から長野県下の学校では事あるごとに歌われてきた。作詞は明治32年（1899）、作曲は翌33年（1900）であった。よく言われることだが、長野県民が一体感を確保できたのはこの歌のお蔭である。

もともとは「信濃国」で、ほぼそのままの地域が「長野県」になった。全域が「長野県」になったのは明治9年（1876）8月のことだったが、それまでの数年間（正確には明治4年（1871）11月～明治9年（1876）8月まで）、今の長野県の北半分に「長野県」、南半分と飛騨地方を含めた「筑摩県」が並立していた。この2つの県が「長野県」に統一されたのだが、「統合」された側の「筑摩県」にはその後第二次大戦が終わっても、なおかつ「長野県」への違和感が残ったという経緯がある。

長野市と松本市の県庁争奪戦は、しばしば「信州の南北戦争」とも揶揄され、長野市に県庁が置かれた後も、県庁移転をめぐって両者に多くの確執を残してきた。

昭和23年（1948）1月のある早朝、長野県庁が全焼したことをきっかけに、またぞろ移庁論・分県論が再燃した。同年3月、もめにもめた県議会で県庁問題を議することになり、議事堂の内外は長野派の人々と松本派の人々で埋め尽くされたが、議論伯仲で結論は見えてこない。やむなく休憩の後審議再開となった時、会場のいずこからともなく「信濃の国」の歌声

が起こり、みるみる会場いっぱいに歌声は広がっていった。

　移庁・分県のやりとりを見ていて、ごく自然に「長野県（信州）は1つなのだ」という気持ちがつのって、この歌の合唱につながったのである。

　この後、記したように、信州のそれぞれの地域には古代史にまつわる古い歴史が息づいている。『信州 地名の由来を歩く』（ベスト新書）では、「多民族国家」だと表現したが、それにふさわしいほど多様な氏族がこの山の中に移住してきていることは確かだ。

とっておきの地名

①安曇野（あずみの）

　平成17年（2005）、南安曇郡の豊科町（とよしなまち）・穂高町（ほたかまち）・堀金村・三郷村と、東筑摩郡の明科町（あかしなまち）が合併して「安曇野市」が誕生した。臼井吉見の大河小説『安曇野』で一躍「安曇野」という地名は全国に知られるようになったが、そのルーツは海洋民族である安曇族に由来する。もともと安曇族は古代海士部を統括した豪族であり、その拠点としたのは、金印が発見されたことで知られる福岡市の志賀島（しかのしま）であり、そこに鎮座する「志賀海神社（しかうみ）」が安曇族の拠点であったとされる。古代安曇族はこの安曇野だけでなく、長崎県対馬・安曇川（滋賀県）・渥美半島（愛知県）などに広がっており、安曇野の安曇族は糸魚川から姫川沿いに上ってきたとみられる。

②伊那（いな）

　県歌「信濃の国」に「松本伊那佐久善光寺」と詠われているように、「南信」を代表する地名である。『日本書紀』応神天皇31年の条に、こんな話が記されている。──古い船の材木を焼いて塩を焼かせようと、全国から500艘の船が武庫水門に集められたが、隣接していた新羅の宿所から火が出て多くの船が焼失してしまった。そこで、新羅王が多くの有能な大工職人を送り、修復に当たらせた。これが猪名部の始祖である。

　新羅→摂津→信濃国　というルートで定着したのが現在の伊那地方であると言われている。

③鬼無里（きなさ）

　信州の誇る最もミステリアスな地名である。この里に「鬼女」伝説があり、そこからこの地名が生まれたという。

「紅葉」という主人公は会津で生まれ、両親が魔天に祈って生まれたところから、特殊な能力を持っていたらしい。天暦6年（952）、上洛して源経基に仕えることになったが、妖術を巡らせて正室を病の床に着かせたという疑いをかけられ、信濃国の戸隠に流されてしまう。
　紅葉は都が忘れられず、水無瀬の里に「東京」「西京」を配して京を偲んだという。紅葉は地元では高貴な女性として崇められたが、都には悪い風評が伝えられ、ついに平維茂に命じて討伐させることになった。最初は維茂の軍を斥けたものの、ついに維茂の矢によって討たれてしまった。紅葉、享年33歳であった。鬼がいなくなったから「鬼無里」になったというのだが、もともとこの地は「水無瀬（みなせ）」だったことによるとも伝えられ、その魅力は尽きない。

④ 真田

　上田市に合併される平成18年（2006）までは小県郡真田町であった。「真田三代」とは「初代」真田幸隆（1513〜74）「二代」真田昌幸（1547〜1611）「三代」真田信之（1566〜1658）・幸村（1567〜1615）を指しているが、初代幸隆が真田の地に居を構え、真田一族の基礎を作った。「真田」とはもともと「早苗田」であったと考えられる。「春、苗を植える田」といった程度の地名であったが、米が「実る」という意味で「実田」と書かれ、さらに「真田」に転訛した。「実」と「真」は「真実」という言葉があるように、ほぼ同じ意味を持つ漢字である。
　上田城を築き、天下に名を知られるようになったのは、二代・昌幸の時である。幸村は大坂の陣での活躍により、真田一族の名声を高めた。

⑤ 諏訪

　『古事記』に、諏訪大社が祀るご祭神「建御名方神」が出雲の国譲りの際、力比べで負けて「科野の国の州羽の海」まで逃げてきて、「この土地から一歩も出ないので、許してほしい」と言って懇願して、この地に定着したという話が記されている。
　諏訪大社は7年に一回の御柱祭でも全国に知られ、その支社は全国に2万5,000社もあると言われている。また『古事記』には大国主命が越の国の「沼河姫」に恋をして歌を詠みあう場面が事細かに書かれている。その両者の間に生まれたのが建御名方神であったとされている。姫川沿いに点在する多くの諏訪神社は、諏訪一族が逃げ延びてきたというルートを指し

ていると考えられる。
　「諏訪」は『古事記』では「州羽」、『続日本紀』では「諏方」と書かれているが、「須波」と書かれることもあり、「砂浜のある湖」という意味と考えられる。

⑥**善光寺**（ぜんこうじ）　「善光寺縁起」によれば、インドの月蓋（がっかい）という男が一人娘の如是姫（にょぜひめ）の病を治すために祈って得た阿弥陀如来がご本尊であり、その仏が百済国にわたり、さらに日本最古の仏像として日本に伝来したが、政争に巻き込まれ放置された仏像を信濃国の本田善光という人物が信濃（今の飯田市）の「元善光寺」に持ち帰り、さらに今の長野市にある善光寺に安置したことが「善光寺」の由来である。長野市一帯は「善光寺平」と呼ばれてきた。

⑦**寝覚の床**（ねざめのとこ）　昔から木曽の山間のこの地に浦島太郎伝説が伝えられてきた。浦島太郎が竜宮城から帰ってきて、各地を行脚しているうちにこの地に辿りつき、玉手箱を開けてみたら一気に老人になってしまった——という話である。
　そんなことが果たしてあったのかとどうしても合点がいかないが、吉田東悟の『大日本地名辞書』に面白いことが書かれている。それによると、昔ここに「見帰翁」（みかりおう）と呼ばれた「河越三喜」という人物が住んでおり、それがモデルになって、この伝説が誕生したのではないかというのである。武蔵国の川越にいた河越三喜という医者は晩年木曽に住み、この地を愛してしばしば釣糸を垂れ、悠々自適の生活を送っていた。翁は3度この地を離れようとしたが、離れられず、3度とも帰ってきたという。そこから「見帰りの里」と呼ばれるようになったという。寝覚の床に続く町名は「見帰（みかり）」となっている。このような人物の存在から地名伝説が生まれたということ自体が面白い。

⑧**松本**（まつもと）　松本城はもともと「深志城」と呼ばれていた。この地一帯が「深瀬」であったことによっている。この城は信濃有数の名門小笠原長時の直轄になっていたが、天文17年（1548）に塩尻峠で信玄に惨敗を喫し、小県の村上義清、さらには上杉謙信を頼るもかなわず、会津

で命を落としている。武田が滅びた後、天正10年（1582）に長時の弟の貞種が深志城に戻ることになったが、長時の三子の貞慶が家康に助けられて城主に収まることになった。32年間武田に支配されてきた深志城を取り戻した貞慶は「今後、深志を改めて松本と号す」と宣言したという。「松本」と命名したのは、「待って本懐を遂げた」ところとする説がある。

難読地名の由来

a.「犀川」 b.「麻績」（東筑摩郡麻績村） c.「接待」（小県郡長和町） d.「読書」（木曽郡南木曽町） e.「栂池高原」（北安曇郡小谷村） f.「為栗」（下伊那郡天龍村） g.「坂城」（埴科郡坂城町） h.「独鈷山」（上田市） i.「燕岳」（大町市・安曇野市） j.「善知鳥峠」（塩尻市）

【正解】
a.「さいがわ」（犀竜になって土地を開いた小太郎伝説による） b.「おみ」（麻を績む職業集団がいたことによる） c.「せったい」（和田峠に置かれた接待の施設から） d.「よみかき」（明治7年、与川村・三留野村・柿其村の頭にある音を合成して成立） e.「つがいけこうげん」（「栂池」という池の名前による。栂とはマツ科ツガ属の常緑高木を指す） f.「してぐり」（水でえぐられたところとの説がある） g.「さかき」（明治19年、江戸期以来の「坂木村」を改称して成立） h.「とっこざん」（仏具の独鈷に似ていることによる） i.「つばくろだけ」（春の雪形がツバメに似ていることによる） j.「うとうとうげ」（ウトウという鳥と猟師の伝説がある）

21 岐阜県

信長の命名による岐阜

　岐阜県は旧美濃国と飛騨国とで成り立った県である。しかし、この2つの国は地理も歴史も風土もかなり異なっている。いわば高山を中心とした飛騨地方は別世界のような位置にあるということだ。

　もともと飛騨は旧幕府領で、慶応4年（1868）5月には「飛騨県」となっている。その後「高山県」となって、長野県松本市を中心に成立した「筑摩県」の一部になったのは廃藩置県を経た明治4年（1871）11月のことであった。

　その飛騨域が岐阜県に統合されて現在の岐阜県が確定したのは明治9年（1876）8月のことである。廃藩置県によって「岐阜県」が誕生したわけではなかった。もともと岐阜県には「岐阜藩」という藩は存在していなかった。この地域の最大の藩は大垣藩10万石であった。

　「岐阜」という名前は、一般に織田信長が命名したとされている。信長が斎藤氏を滅ぼして金華山の稲葉山城に入ったのは永禄10年（1567）のことで、信長は城下に「楽市楽座」を設けるなどして商業発展政策を講じ、大いに栄えることになった。尾張の政秀寺を開山した沢彦宗恩が進言した「岐山・岐陽・岐阜」の3つの地名から、信長が「岐阜」を選んだとされる。これは中国の故事にならったもので、周の時代に岐山というところに都を置き、ここを拠点にして殷の国を滅亡させた縁起のよい地名とされていた。

　「岐」という漢字は「岐路」「多岐」という用語を見てもわかるように、「枝道」とか「分かれる」という意味を持っている。それに加えて「阜」は「大きい」とか「丘・岡」の意味であり、「岐阜」とは「岐路に立つ大きな岡」という意味になる。金華山の上からは濃尾平野が一望され、まさに西から東まで見渡せる絶好のポジションである。信長が天下を見渡すには最もふさわしい地点であったのである。

　都道府県名を決めるに当たり、旧郡名をつけるところが多かったのに対

して、岐阜県は信長の意思を尊重したということになり、まずはあっぱれと言うべきだろう。

> とっておきの地名

①大垣（おおがき）　西濃地方に位置する都市で、岐阜県では岐阜市に次ぐ人口を擁する。明治22年（1889）、町村制施行による「大垣町（おおがきちょう）」が成立し、大正7年（1918）に「大垣市」になっている。

「大垣」という地名は南北朝時代から登場しているが、当初は「大柿」と記されていた。この地名を名字にしたのが「大柿氏」であった。「大柿」という表記は15世紀の初め頃までで、それ以降は「大垣」に移行していったものと見られる。

「大垣」の由来は、古来この地は多くの洪水に悩まされてきた地域で、その難を防ぐために大堰堤を築いたことによるという。

②可児（かに）　名鉄広見線の終着駅「御嵩駅（みたけ）」の前に願興寺（がんこうじ）という古刹があり、そこに有名な蟹薬師が祀られていることから、「可児」という地名が「蟹」に由来するという説もあるが、実は時代が少しずれていて正しくない。蟹薬師が歴史に登場するのは平安中期のことだが、実は美濃国の「可児郡（かにもりのつかさ）」は奈良時代にすでに確認されている。

最も信憑性の高いのは「掃部寮」に由来するという説である。「掃部」は後に「かもん」と読まれることになり、もともとは「蟹守」とも書かれていたらしい。「掃部」とは役所の名前で、宮中の掃除を担当した部署を意味していた。この「可児」はその転訛したものである。

③各務原（かかみがはら）　「各務原」ほど多様に読まれている地名は珍しい。「各務原市」は正式には「かかみがはら市」だが、通常は「かがみはら」で通っている。JRの「各務ケ原駅」は「かがみがはら駅」だが、「各務原高校」は「かかみはら高校」である。

各務原市が、稲葉郡「那加町（なかちょう）」「鵜沼町（うぬまちょう）」「蘇原町（そはらちょう）」「稲羽町（いなはちょう）」を統合して成立したのは昭和38年（1963）のことである。市名は古代よりあった美濃国各務原郡から採用した。「各務」というのは、金属による鏡（銅鏡）などを作る鏡作部がいたことによる地名であることは、ほぼ定説になって

東海地方　125

いる。

④郡上(ぐじょう)

平成の大合併で、また有名な郡名が消滅した。「郡上郡」は斉衡2年（855）、美濃国武儀郡から分かれて成立した由緒ある郡であった。地形的に見て、武儀郡の「上」に位置していたことによって、「郡上郡」と命名されたのだった。

平成16年（2004）、同郡にあった「白鳥町(しろとりちょう)」「八幡町(はちまんちょう)」「大和町(やまとちょう)」「高鷲村(たかすむら)」「美並村(みなみむら)」「明宝村(めいほうむら)」「和良村(わらむら)」が合併されて「郡上市」となり、「郡上郡」は歴史から姿を消した。

中でも「八幡町」は「郡上八幡」の名で、とりわけ「郡上おどり」で全国にその名を知られていた。

⑤下呂温泉(げろおんせん)

下呂温泉といえば有馬温泉・草津温泉と並んで日本三大名泉の1つとされている。美濃国には古代の東山道が通っており、以下の駅を経由して信濃国につながっていた。

不破→大野→方懸(かたがた)→各務(かかみ)→可児→坂本

この方懸駅の東から分かれて、飛騨川沿いに飛騨国府があった。東山道から飛騨国府までには「菅田駅」と「伴有駅(とまり)」があったことが確認されているが、その間の距離が長すぎたので、宝亀7年（776）、その中間に新たに「下の伴有駅」を置いた。これは別に「下留駅(しものとまり)」と呼ばれるようになった。そしてもともとの「伴有駅」は「上留駅(かみとまり)」となった。

この「下留」が音読みで「ゲル」になり、さらに「ゲロ」と変化して「下呂」に転訛したというのである。それに対して「上留」は「上呂」に、さらにその中間には「中呂」という駅ができたのである。ちょっと複雑だが、わかってみれば合点がいく。

⑥関ケ原(せきがはら)

言わずと知れた天下分け目の戦いの舞台である。「不破郡関ケ原町」の通り、「不破関」に由来する。東海道の鈴鹿関、北陸道の愛発関(あらちのせき)と共に畿内を護るための三関(さんげん)と呼ばれた。壬申の乱（672）の際には、大海人皇子（後の天武天皇）によって関に至る「不破の道」を閉鎖され、激戦の地となった。

明治22年（1889）の町村制施行によって「関ケ原村」が成立し、昭和3

年（1928）に「関ケ原町」になっている。「関ケ原」の「ケ」は全角の「ケ」を使用している。

⑦垂井（たるい）

「垂井宿」は中山道の宿の1つだが、この地域にとって重要なのは、東海道の熱田宿（宮宿）とを結ぶ美濃路の分岐点であることである。東海道と中山道を結んでいたのが美濃路だったのだが、この垂井宿は中山道と美濃路の分岐点に位置していた。古来交通の要衝として知られ、当地には美濃国一宮の南宮神社も鎮座している。

「垂井」の由来は、この地にある「垂井の泉」によるものとされている。相川扇状地にあるこの地には多くの伏流水が湧き出ており、「垂井の大ケヤキ」の根元から豊富な水が湧き出ている。こんな歌が残されている。

　　　昔見し井の水はかはらねど
　　　　　　うつれる影ぞ年をへにける

時の流れの無常を詠ったものである。松尾芭蕉のこんな句もある。

　　　葱白く洗ひあげたる寒さかな

⑧養老（ようろう）

『続日本紀』によると、奈良時代の初期に、元正天皇がこんな話をしたという。「朕は今年9月、美濃国不破の行宮に赴き、数日間逗留した。その時、当耆郡（たぎ）の多度山の美泉を見、手や顔を洗ったところ、肌が滑らかになるようであった。また、痛いところを洗うと、痛みが全く除かれてしまった。私の体にとって大きな効き目があった。また聞くところによると、これを飲んだり浴びたりする者は、白髪が黒くなったり、禿げ頭にあらたに生えたり、あるいは見えない眼が見えるようになったという。その他永らくの病気もすべて治ったという」

そして、この美泉にちなんで霊亀3年（717）を「養老元年」とし、天下の老人で80歳以上の官人に位を一階加えたという。

元正天皇がめでたのが養老の滝で、今日でも多くの観光客を集めている。現在は養老郡養老町である。天皇が直々に命名した地名が今も健在というのは稀有なケースである。

難読地名の由来

a.「日置江」（岐阜市）　**b.**「尻毛」（岐阜市）　**c.**「上手向・下手向」（恵那市）

d.「石徹白」(郡上市) **e.**「苧ケ瀬」(各務原市) **f.**「安楽満」(中津川市) **g.**「外渕」(大垣市) **h.**「祢宜ケ沢上」(飛騨市) **i.**「廿原」(多治見市) **j.**「七五三」(本巣市)

【正解】
a.「ひきえ」(洪水に悩まされてきた地域なので、水に関連して生まれたことは確かである) **b.**「しっけ」(河川敷の湿気からといわれる) **c.**「かみとうげ・しもとうげ」(「手向」を「とうげ」と読ませるところに知恵がある) **d.**「いとしろ」(白山信仰にちなむ石灯籠に由来するか) **e.**「おがせ」(麻糸が血に染まったという伝承がある) **f.**「あらま」(「荒れ間」の意味か) **g.**「そぶつ」(「外の淵」の意味か) **h.**「ねがそれ」(神社の祢宜に由来する) **i.**「つづはら」(「廿」は20を意味するので、数値に関する地名) **j.**「しめ」(もともと「七五三」は「しめ」と読む。全国的に分布)

22 静岡県

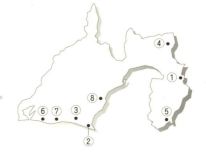

「賤ケ岳」改め「静岡」に

　静岡県は旧国名でいうと、伊豆国・駿河国・遠江国の三国にまたがっている。東海道五十三次のうち、現在の静岡県にあった宿駅は22に及んでいる。その中心はやはり家康の本拠地とした駿河国だったが、東の伊豆国と西の遠江国との関係は微妙に難しい。

　静岡藩は明治4年（1871）7月の廃藩置県によって「静岡県」となったが、同年11月、駿河を母体とする「静岡県」と遠江国を母体とする「浜松県」が並立することになる。しかし、5年後の明治9年（1876）に一本化されて、「静岡県」に統合されてしまう。

　そこに「伊豆」の問題がかぶさってきた。明治に入って旧藩士のために伊豆国の半分を静岡県に編入させようとする動きがあったが、反対の運動が起こり、いったんは立ち消えになった。当時、伊豆国では「足柄県」と「韮山県」が並立していたが、「足柄郡」のうち現在の伊豆半島の部分だけが静岡県に統合されることになった。

　伊豆七島はもともと伊豆国に属していたのだが、経済面でのつながりは東京のほうが強くなっており、七島の裁判事務が東京管轄になったことを機に、明治11年（1878）1月に東京府に編入されることになった。結果として伊豆国は、神奈川県、静岡県、東京都に分割されることになった。

　さて、「静岡県」の由来となった「静岡」はどのような経緯でつけられたのか。そこにはこんなストーリーがあった。

　「駿河藩」の正式な名称は「府中藩」だったのだが、徳川家達の家臣が「府中」は「不忠」につながるということで縁起が悪いと考えた。そこで、城の北側にある「賤機山」の名前にちなんで「賤ケ丘」と名づけたという。ところが、駿府学問所の向山黄村が、「賤しい丘」ではよくない、新しい時代を迎えたのだから「賤」を「静」に変えて「静岡」にしたらという提言を行い、「静岡」という地名が生まれたとされる。

とっておきの地名

①網代(あじろ)　中世においては「網代郷」と呼ばれ、江戸期からずっと「網代村」だったが、大正13年(1924)に「網代町」、昭和32年(1957)に熱海市に編入されて今日に至っている。「網代」とは「網に代わる物」という意味で、一般的には川で魚を獲る簗のような仕掛けを言うが、海でも同じような仕掛けがあったのであろう。地名はこの地の生業が漁労であったことにちなむ。「京大坂に江戸網代」と言われたほどに江戸への海路の要衝としてにぎわった。

②御前崎(おまえざき)　平成16年(2004)に榛原郡「御前崎町(おまえざきちょう)」と小笠郡「浜岡町(ちょう)」が合併して「御前崎市」が成立した。

　岬の先端に駒形神社があり、その前方3キロメートルの海上に「御前岩」という岩が露呈していて、古来多くの海難事故を引き起こしてきたという伝承がある。多くの藩の御用船が難破したため、幕府は寛永12年(1635)に灯明台を設置し、海難防止の観音堂を建てたという。「御前崎」とは神社の前にある岬という解釈である。

　もう1つ別の説は、「御厩崎(うまやざき)」の転訛したもので、古来この地は馬の生産地として知られてきたというのが根拠になっている。しかし、素直に考えれば「御前の先(岬)」というのが妥当な解釈であろう。

③掛川(かけがわ)　古来、懸川・懸河・懸革とも書いた。地名の由来は逆川(さかがわ)に面して崖の欠けたところに立地していたので、「崖川」と呼ばれ、それが転訛して「掛川」になったとされる。

　鎌倉時代には「懸川」とされ、葛布(くずぬの)の産地として知られていた。葛布は「裃(かみしも)」の素材として珍重されており、頼朝が鶴岡八幡宮で静御前の舞を見た時、ある武将の裃を見て懸川の産だと見抜いたというエピソードも残っている。

④御殿場(ごてんば)　江戸期から「御殿場村」としてあったが、大正3年(1914)に「御殿場町(ごてんばちょう)」、昭和30年(1955)に「御殿場市」に昇格している。

江戸時代に入り、御厨周辺を中心に町作りが行われたが、大坂夏の陣（1615）を契機に、江戸・駿府間の交通路の整備を行い、この地に御殿を設けたことにより、「御殿場」という地名が起こったとされている。御殿が置かれたのは現在の御殿場高校辺りと比定されている。

⑤下田（しもだ）　伊豆半島の最南端に位置する観光・温泉・港湾都市である。古来、多くの地震と津波で被害を受けてきた地域でもある。安政元年（1854）に日米和親条約が締結されると、箱館と共に開港され、吉田松陰の渡航失敗、ハリスと唐人お吉など、数々の歴史的エピソードを生んだ。

稲生沢川（いのうざわがわ）沿いの低地に市街が広がり、「下田」の地名は川の上流にある本郷集落が「上田」としたのに対して、下流にあるので「下田」としたという。

⑥浜松（はままつ）　『万葉集』に「波麻末都（はままつ）」とあり、古代においてすでに「ハママツ」と呼んでいたことは確かである。奈良時代に「浜馬津」と書かれていたらしい。当時は海岸線が今よりずっと内陸にあって、今の浜松市あたりに「津」があったものと考えられる。

もともと、この地は「曳馬（ひくま）」と呼ばれていた。街道筋だったので、「馬を曳く」という意味が込められていた。家康がこの地に入ったのは元亀元年（1570）だったが、その時「曳馬」を浜辺に美しい松が並んでいたことにちなんで「浜松」と改称したと言われる。

⑦袋井（ふくろい）　南北朝期からみえる地名で、江戸時代には袋井宿として東海道五十三次の宿に数えられた。かつては福路井とも書かれ、文字通り水に囲まれた袋状の地形による。JR東海道線の袋井駅のすぐ南には弥生時代の掛ノ上遺跡の跡がある。

昭和33年（1958）に「袋井市」となり、平成17年（2005）、磐田郡浅羽町と合併し、新「袋井市」がスタートした。

⑧焼津（やいづ）　『日本書紀』の記述をなるべく忠実に現代語に訳せば、次のようになる。

今年、日本武尊は初めて駿河に入る。すると、地元の賊が服従したふり

東海地方

をして、欺いてこう言った。

「この野には、大鹿がたくさんいます。その吐く息は朝霧のようで、足は茂った林のようです。お出かけになってはいかがでしょう」

日本武尊はこの言葉を信じて野の中に入って狩りをされた。賊は日本武尊を殺そうと野に火を放った。

日本武尊は騙されたと知って、すぐに火打ち石で火を起こし、迎え火で難を逃れることができた。日本武尊は「すっかり騙されてしまった」と言われ、すぐにその賊たちを焼き殺された。それで、そのところを焼津と言った。

たぶんこのような事件がかつてあったのだろう。伝説によるものだが、妙に現実的な話である。

難読地名の由来

a.「三ケ日」（浜松市） **b.**「水窪」（浜松市） **c.**「地名」（榛原郡川根本町） **d.**「渡」（静岡市） **e.**「用宗」（静岡市） **f.**「盥岬」（下田市） **g.**「大晦日」（富士宮市） **h.**「小土」（焼津市） **i.**「孕石」（掛川市） **j.**「須津」（富士市）

【正解】
a.「みっかび」（三ケ日堂に由来する説、三日池の伝説などがある） **b.**「みさくぼ」（水の窪地という意味で、水が豊富な土地を示す） **c.**「じな」（「地名」と書いて「じな」と読む珍地名。「地穴」で窪地のある土地の意味か） **d.**「ど」（川の渡しの意味） **e.**「もちむね」（「持舟」の転訛か） **f.**「たらいみさき」（水を入れる容器のたらい舟に利用した「盥舟」に由来か） **g.**「おおづもり」（「大晦日」を「おおつごもり」ともいうので、その転訛） **h.**「こひじ」（「ひじ」は土・泥の古称で、水田地帯を指す） **i.**「はらみいし」（安産を祈る孕石天神社による） **j.**「すど」（「須」は「待つ」の意味で、船を待つ港の意味）

23 愛知県

「愛知」の意味

　愛知県の難しさは、尾張藩・犬山藩を中心とした尾張国と、岡崎藩を中心とした三河国とが統合されてできたところにある。しかも、「愛知」という県名は「愛智郡」という尾張国の郡名によるものなので、そのぶん、三河から見ると面白くないという気持ちになるのもなずける話なのである。

　尾張国の中心地名古屋は東西日本の中間どころにあって微妙だが、実は美濃や伊勢に向かっている地域で、どちらかというと西を向いていると言ってよい。それに対して、三河はむしろ東に向いており、明治の初めには、一時期だが、「伊那県」（後の長野県）に組み込まれたこともある。

　明治4年（1871）4月の廃藩置県によって、尾張には「名古屋県」「犬山県」の2県、三河には「岡崎県」「豊橋県」「刈谷県」「挙母県」など10県が林立することになったが、同年11月には「名古屋県」と「額田県」に整理された。ところが、翌明治5年（1872）には「名古屋県」を「愛知県」に改称し、さらに「額田県」を廃止して、「愛知県」に一本化してしまった。もともと、このエリアは尾張国と三河国であったので、尾張に統一された格好になった三河地域には思うものが残ったであろう。

　この「愛知」という地名は「知を愛する」ということで、イメージとしてはすこぶるよい。だが、本来の意味は「知を愛する」ではなかった。古くから「あゆち」と呼ばれていて、「愛智」の文字があてがわれていた。「愛智」が定着するまでは、「吾輪市」「年魚市」「鮎市」「阿伊知」などと表記されていた。

　「あゆち」については大きく2つの説があった。1つは「湧き出る」という意味の古語で、良い水を「小治田」（尾張の田）に利用したという説だが、無理がある。

　もう1つの説は、「東風」を意味するとの考えによったものである。知

多半島から名古屋に向けて続く海岸沿いの一帯は昔から「あゆち潟」と呼ばれてきた。『万葉集』に、

年魚市潟潮干にけらし知多の浦に
　　　　朝こぐ舟も沖に寄る見ゆ

という歌があるが、この海辺に東風が吹いていたことから命名されたものと考えられる。

とっておきの地名

①犬山

天下の名城「犬山城」で多くの観光客を呼んでいる犬山だが、その由来として、犬狩りをするのに適地であったなどの説もあるが、いわば俗説と言ってよい。歴史的に最も深い解釈は、犬山城に鎮座する針綱神社にまつわるものである。犬山市の楽田に大縣神社という立派な神社があるが、その神社の祭神の大荒田命は針綱神社の祭神の一人玉姫命の夫君に当たり、この大縣神社から針綱神社は「戌亥」の方角（北西）にあるというところから「犬山」となったという。ほぼ地理的には合致している。

さらに重要な指摘は、大縣神社と対をなしている田縣神社である。田縣神社は男根を、大縣神社は女陰を祀り、両社併せて安産の神であり、さらに犬山の針綱神社も安産の神様である。犬はもともと安産祈願の神様のような存在で、今も針綱神社には安産を祈願する人々が絶えない。

②桶狭間

永禄3年（1560）5月、信長が今川義元を討ったことで余りに有名な古戦場だが、なぜ信長が勝利を収めたか。その背景には信長の地形への読みがあった。『信長公記』にこんな記述がある。

「今川勢は運の尽きた証拠だろうか。桶狭間という所は狭く深く入り組んで、深田に足をとられ、草木が高く・低く茂り、この上もない難所であった。深い泥田へ逃げ込んだ敵は、そこを抜け出せずに這いずりまわるのを、若武者どもが追いかけ追い着き、二つ・三つと手に手に首を取り持って、信長の前へ持参した」

信長はこの「桶狭間」という地形の意味を知っていたのだろう。「桶」とは「ホケ」のことで、「崖」のことである。そして「狭間」は「狭い谷」のことだから、そこに追い込めば深田に足を取られて逃げられないという

ことを知っていたのだと思う。さすが信長である。この勝利によって信長は尾張一帯の支配を手中に収めることになる。

③吉良(きら)

「吉良町(きらちょう)」は昭和30年（1955）に「横須賀村」と「吉田町」が合併されて成立したが、平成23年（2011）には西尾市に合併されて現在に至っている。この地は「忠臣蔵」などで知られる高家吉良上野介義央公のおひざ元である。吉良の代々の墓は華蔵寺(けぞうじ)にあり、いつ行っても線香の香が絶えない。地元では「黄金堤(こがねづつみ)」を築くなど名君として知られる。

もともと吉良家のルーツは清和源氏で、足利義康を初代としている。義康は下野国足利庄（今の栃木県足利市）を拠点として活躍したが、義康の孫に当たる足利義氏が三河国吉良庄を与えられて赴任したのが、吉良家の走りである。義氏は姓を「足利」から「吉良」に変えたのだが、それは近くで「雲母」が産出したことによると言われている。「雲母」はアルカリ性金属・鉄・アルミニウムなどを含む六角板状の結晶で、その光沢の美しさから「きらら」とも呼ばれている。つまり、「雲母」＝「きらら」なのである。

④極楽(ごくらく)

名古屋市の名東区に「極楽」という町名がある。もともとこの中心地は「高針村(たかばり)」と呼ばれていたところで、「高い開拓地」を意味していた。「針」は名古屋に多くみられるが、「ハリ」「ハル」のことで、開墾地を指している。

「極楽」という町名は昭和54年（1979）に猪高町大字高針から「極楽」になったということで、比較的新しい町名だ。名古屋の西側は西庄と呼ばれる低地が続き、木曽川・庄内川などの度重なる洪水で多くの被害を被ってきた。そこで、住民は安住の地を求め、山深からず、水多からずのこの高針を発見して、ここを安住の地すなわち「極楽」としたという。

町中に「極楽のりば」というバス停がある。これは「極楽行きのバス停」かと思いきや、「極楽で乗るバス停」であった。

⑤小牧(こまき)

今川義元を討った信長が次に目指したのは美濃攻めだったが、その拠点にしたのが小牧山であった。標高86メートルのこの山

は濃尾平野では特別に目立つ山であった。後に秀吉と対峙した家康軍の根拠地になったことでも知られる。

「小牧」については従来2つの説があった。1つは、古代においてはこの近くまで海が入り込んでいて、この山を目当てに「帆を巻いた」ことから「帆巻」となり、それが転訛して「小牧」になったという説である。もう1つは、ここに昔、馬の市が開かれ、「駒が来る」ということから「駒来(こまき)」と呼ばれ、さらに「小牧」に転訛したというものである。

後者の「来る」というのが「来(き)」に転訛するというのは考えにくいので、前者の考えが妥当である。『小牧町史』には「抑も此山は太古の世西麓附近にまで海水湾入して船舶の出入昌んなりし時、舟人等は此山を目標にして帆を巻くのが例であった」と書かれている。

⑥ 知立(ちりゅう)

「知立」の起源が知立神社にあることはほぼ定説となっている。知立神社の祭神は「伊知理生命(いちりゅうのみこと)」だと言われているが、これがどんな神様だったのかは明らかではない。もともと知立神社は式内社で、三河国の二宮であった。社伝によれば、日本武尊が東国平定の折、当地で祈願し、無事大役を果たしてここに四柱の神を祀ったのが始まりとされる。

江戸時代になると「池鯉鮒」という表記が一般的となった。その背景にはこの地が東海道の宿場となり、この知立神社の池に多くの鯉や鮒が飼われていたから「池鯉鮒」という漢字があてがわれたのではないかと伝えられる。きっとこの地の川魚が美味で、旅人があの宿に入ればうまい鯉や鮒が食べられる、という思いでつけられたのであろう。

⑦ 鶴舞(つるま、つるまい)

名古屋を代表する「鶴舞」の読み方が混乱している。JRと地下鉄鶴舞線の「鶴舞駅」は「つるまい」。ところが、駅前の「鶴舞公園」とその中にある「鶴舞中央図書館」の読み方は「つるま」である。どちらが正しいのか？

昔はこの辺りは田畑が広がる土地であった。ところが、明治38年（1905）に始まった精進川の改修工事によってできた土砂を埋め立てて公園をつくることになった。その公園名を、この地にあった「ツルマ」という字名を充て、「鶴舞」という漢字にした。これがすべての始まりであった。

「ツル」という地名は「水が流れるところ」という意味である。「水流さん」という名前の方もいる。だから、「ツルマ」は本来「鶴間」と書いた方が正しかった。一方で、町名は「鶴舞」と読ませたために混乱が生じたのである。歴史的経緯から言えば「つるま」に軍配！ 現実には「つるまい」が支配しているというところだろう。

⑧ 長久手（ながくて）

秀吉 vs 信雄・家康の戦いは、一般に「小牧・長久手の戦い」とされている。小牧では両軍膠着状態が続いていたが、その延長上に長久手での戦いがあった。

長久手古戦場駅から北の方に小高い山並みが見えるが、そこが家康の陣取った色金山（いろがねやま）である。その山から駅に至る一帯が長久手の古戦場である。「長久手町」は明治39年（1906）に「上郷村」「岩作村（やさこ）」「長湫村（ながくて）」の3つの村が合併して成立した。以来「長久手」という表記に統一されたが、それ以前は「長湫」という表記が用いられていた。

「湫（しょう）」というのは、「じめじめして水草などが生えている低地」を意味している。だから、「長湫」とは文字通り「長い湿地帯」を意味するのだが、「湫」のイメージを変えるために「長久手」と表記するようになったということである。

⑨ 名古屋（なごや）

「名古屋」の由来は間違いなく「根古屋」に由来すると言ってよいだろう。「根古屋」は「根小屋」とも表記され、中世における豪族の「根城」を意味している。名古屋一帯は戦国期には多くの名将を生んでいるだけあって、ちょっと小高い丘はほとんど「根古屋」であった。

今の名古屋城の二の丸に「那古野城跡」という記念碑が建てられている。この「那古野」は「なごや」と読んでいる。もともと今川氏が居城していた城だったが、信長の父の信秀が策略をもって奪ってしまったという歴史を持っている。これも「根古屋」の1つであった。

慶長15年（1610）、徳川家康の命によって、廃城になっていたこの地に名古屋城の築城を開始し、併せて清洲から町全体を移して名古屋の町の基礎が作られた。いわゆる「清洲越し」である。「名古屋」という表記が一般的になるのは、この清洲越し以降である。

難読地名の由来

a.「御器所」(名古屋市) **b.**「味鋺」(名古屋市) **c.**「呼続」(名古屋市) **d.**「毛受」(一宮市) **e.**「百々」(岡崎市) **f.**「幡豆」(西尾市) **g.**「設楽」(北設楽郡設楽町) **h.**「曲尺手」(豊橋市) **i.**「前飛保」(江南市) **j.**「社辺」(常滑市)

【正解】

a.「ごきそ」(熱田神宮に土器を献上したことによる) **b.**「あじま」(物部氏ゆかりの味鋺神社による) **c.**「よびつぎ」(友をよびついだ浜辺に由来する) **d.**「めんじょ」(百舌鳥氏にちなんで「毛受(もず)」と名づけたか) **e.**「どうど」(水がとどろく音から) **f.**「はず」(三河国幡豆郡(はずのこおり)より。日本武尊の東征の際、「旗頭(はたがしら)」を務めた建稲種命(たけいなだねのみこと)による) **g.**「したら」(三河国設楽郡(したらのこおり)より、山尾根の垂れ下がったことによるか) **h.**「かねんて」(曲尺のように曲がった所) **i.**「まえひほ」(樋を設置した「樋保(ひほ)」によるか) **j.**「こそべ」(神社に奉仕する部民による)

三重県

「三つ重ね」の餅のように

　現在の三重県はその大部分を「伊勢国」と「志摩国」が占めるが、その他「伊賀国」「紀伊国」の一部をも含んでいる。「三重県」の県名は、伊勢国の「三重郡」の名をとったものである。

　明治政府は慶応4年（1868）7月、神領・幕府領支配のために「度会府」を置いた。言うまでもなく「度会郡」によっている。翌明治2年（1869）7月には「度会県」ができた。さらに、明治4年（1871）7月の廃藩置県によってできた「桑名県」「亀山県」「津県」などを統合して、同年11月には「安濃津県」なる不思議な県ができた。「安濃津県」は翌年「三重県」と改称され、さらに「度会県」を統合して、明治9年（1876）4月に現在のもとになった「三重県」が成立した。

　さて、この「三重」という県名には倭建命にまつわるドラマが隠されている。

　『古事記』によれば、倭建命は長い東国への遠征から都に帰ろうと帰路についていた。美濃国から伊勢国に入り、「尾津の崎」（旧桑名郡多度町、現桑名市）の一本松にようやく着き、次の歌を詠んだという。

　　尾張に　ただに向へる
　　尾津の崎なる　一つ松　あせを
　　一つ松　人にありせば
　　太刀はけましを　きぬ著せましを
　　一つ松　あせを

　意味はおよそこうなる。尾張に向かって尾津に立っている一本松よ、もし一本松が人であったなら、太刀をはかせ、着物を着せようものを、なあお前。

　こう詠んだ後、命は「三重の村」に着き、こう言ったという。

　「あが足は、三重の匂のごとくして、いと疲れたり」

つまり、「自分の足は、三つ重ねにねじり曲げた餅のように、大変疲れてしまった」というのである。ここからこの村を「三重」と呼ぶようになったという話である。民俗学者谷川健一は、この近くで水銀がとれたという事実をつきとめ、足が曲がったのは水銀の毒によるものだとして『青銅の神の足跡』を書いた。たぶんそのようなことがあったのだろう。命はその後「能褒野(のぼの)」(現亀山市)で亡くなり、白鳥になって飛んでいったという話になっている。

　三重県で注目すべきは県庁所在地の「津」という町である。全国に漢字1字の都市名は「柏市」(千葉県)「関市」(岐阜県)「堺市」(大阪府)など10個あるが、「津」のように1音の都市はここしかない。ここはもともと「安濃郡(あのうのこおり)」だったところで、「安濃津」だったのだが、それが「津」に簡略化されただけのことである。

とっておきの地名

①英虞湾(あごわん)　志摩市の志摩半島の湾で、リアス式海岸で知られる。志摩国の郡の1つで「英虞郡(あごのこおり)」と呼ばれてきた。明治中頃御木本幸吉が真珠の養殖に成功し、世界的に有名になった。

　持統天皇6年(692)に「阿胡行宮(あごのかりみや)」が置かれたことが『日本書紀』に記されており、この時点ですでに「あご」という地名が使われていた。「英虞」という漢字は単なる当て字とみてよい。問題は「あご」という地名がなぜ生まれたかである。

　『角川日本地名大辞典 三重県』では「網」「網児」にちなむのではないかという説を出している。古語辞典で見ると、「網子(あご)」の「あ」は「網」、「ご」は「人」を指すとあり、「地引き網を引く人」とある。この地では地引き網はできそうもないが、「網」にちなんだ地名と考えることもできる。

　しかし、私はもっと決定的な説を提案したい。それは「阿古屋貝」である。この貝から採れる珠を「真珠」という。古来、この地が真珠の産地として知られるのは、この阿古屋貝から採れる真珠であったことを考えれば、「英虞」のもとは真珠ということになり、歴史的経緯と一致する。

②員弁(いなべ)　他県からみると難読地名の1つだが、「員弁」という地名は失ってはいけない三重県の財産である。「員弁郡(いなべのこおり)」は伊勢国の郡

名の1つで、近代に入っても「員弁郡」が存在した。岐阜県との県境にある養老山地の南一帯である。員弁郡にあった町村が次第に合併され、かつての「員弁町(いなべちょう)」を中心に「いなべ市」が発足したのが平成15年（2003）のこと。この平成大合併によって員弁郡には「東員町(とういんちょう)」のみ残ることになった。千数百年続いた「員弁郡」は風前の灯といった状態にある。

応神天皇31年に、武庫水門(みなと)に集められた船が炎上し、その責任をとって、新羅王が優れた大工技術者を日本に送って修復に当たらせたことは長野県の「伊那」の項目で述べた。（120ページ参照）東員町にある「猪名部神社」の縁起によると、この技術者は法隆寺・石山寺・興福寺などの建設にも関わったとされる。

③亀山(かめやま)

江戸時代には亀山藩の城下町として、また東海道で鈴鹿峠を越える手前の亀山宿として栄えた。明治22年（1889）「亀山町(かめやまちょう)」が成立し、昭和29年（1954）「亀山市」に昇格した。「亀」という縁起のよい地名なので、こんな伝承もある。

敏達天皇の時代（6世紀後半）、百済王朝の僧、日羅が来朝し、石亀3匹を朝廷に献上した。その亀を山城国（京都市右京区）と丹波国（亀岡市）、伊勢国（亀山市）の3か所に放し、それぞれ「亀山」と呼んだ…。

これは幕末の天保4年（1833）に出された「勢陽五鈴遺響」という地誌に出されたもので、明らかに当時存在していた「亀山」を結びつけて解釈したものである。「亀」にちなむ地名はそのほとんどが、「亀の形」にちなんだもので、単純に「亀の形をした山」によるものであろう。

④鳥羽(とば)

旧志摩国の政治・経済・文化の中心地だった町。海岸はリアス式海岸で多くの島嶼によって絶好の泊地をなしている。もともとは「泊浦(とばうら)」「留泊浦(とばのうら)」と呼ばれていたものが「鳥羽(トバウラ)」に転訛したというのが定説になっている。「志摩国旧地考」には「泊浦ハ今ノ鳥羽浦ノ事ニテ往古ヨリ渡船海路ノ碇泊所ナル故ニ泊浦ト呼ベルヲ（中略）何ノ頃ヨリカ泊ヲ鳥羽ノ二字ニ作レリ」と記してある（『三重県の地名』）。

一方で、地元の賀多(かた)神社の縁起には、天照大神の八王子神が鷲の羽の舟に乗って天下ったという伝承も残されている。

⑤ 名張(なばり)　三重県西部、大阪都市圏へ近鉄線で約60分の位置にあり、大阪や奈良県のベッドタウンとして発展している。「名張」の由来としては「隠り」という上代語にちなむものというのが定説になっている。古語辞典等では「隠り」で「隠れること」とある。『万葉集』に次の歌がある。

　　　吾背子はいづく行くらむ沖つ藻の
　　　　　名張の山を今日か超ゆらむ

　意味はこうだ。——私の夫は今頃どのあたりを旅しているだろうか。沖の藻のなばる（隠れる）ではないが、名張（隠）の山を今日あたり越えているであろうか。

　岩波文庫版では「名張の山」と訳しているが、原語（漢字）では「隠乃山」である。この歌でみる限り、山の中に入って隠れることを「隠り」と呼んでいたようだが、「張」には「墾(はり)」という意味もあり、「隠された田畑」という意味もあると考えられる。

⑥ 久居(ひさい)　「久居町(ひさいちょう)」が誕生したのは明治22年（1889）のことで、昭和45年（1970）には「久居市」になっている。しかし、平成の大合併によって、平成18年（2006）に「津市」の一部になって消滅してしまった。
　藤堂高虎(とうどうたかとら)（1556〜1630）は、もと秀吉に仕えたが、関ケ原では東軍に与し、慶長13年（1608）に津に転封して初代津藩主となり伊賀・伊勢両国を領有した。二代目藩主藤堂高次の隠居に際して次男高通(たかみち)（高虎の孫に当たる）へ5万石の分地が認められ、今の久居に館を築いたという。その時、高通が「永久鎮居」の意味を込めて「久居」と名づけたという。

⑦ 二見浦(ふたみがうら)　「ふたみのうら」とも読む。古来伊勢神宮への参拝者が身を清め、宿をとることで有名。五十鈴川右岸から夫婦岩のある立石岬(たていしみさき)までの約5キロメートルの海岸を指す。「二見」という特徴ある地名については、倭姫命が尾張田中島から伊勢国桑名野代宮へ行幸した際、海上から当地を見、さらに伊勢五十鈴川のほとりに斎宮を建て、再び見たということから「二見」と呼ばれるようになったという伝承がある。（『角川日本地名大辞典 三重県』）

「二見潟」「二見の浦」は古来歌枕としても使われてきた。
　　　二見潟月をもみがけ伊勢の海の
　　　　　　　清き渚の春のなごりに　　（後鳥羽院集）
有名な「夫婦岩」も「二」に関連しており、何らかの意味を持たしているのであろう。

難読地名の由来

a.「村主」（津市）**b.**「能褒野」（亀山市）**c.**「波切」（志摩市）**d.**「安楽島」（鳥羽市）**e.**「生琉里」（伊賀市）**f.**「国崎」（鳥羽市）**g.**「朝熊」（伊勢市）**h.**「朝明」（四日市市）**i.**「采女」（四日市市）**j.**「相差」（鳥羽市）

【正解】
a.「すぐり」（古代の姓の1つ。朝鮮系の渡来人と言われる）**b.**「のぼの」（日本武尊終焉の地として知られる。由来は不詳）**c.**「なきり」（鰹節の産地だが、波を防ぐ意味であろう）**d.**「あらしま」（「荒島」の意味であろう）**e.**「ふるさと」（単純に「ふるさと」の意味であろう）**f.**「くざき」（国の先端という意味）**g.**「あさま」（浅く曲った川に由来するか）**h.**「あさけ」（伊勢国の旧郡名で、朝明けの美しさによるものと考えられる）**i.**「うねめ」（天皇皇后に仕えた采女に由来する）**j.**「おうさつ」（海女の町として知られる。鯨の背中に乗った観音様に関連するか）

25 滋賀県

京の都の奥座敷

　現在でも滋賀県は京の都の奥座敷である。京都駅からわずか十数分で大津駅に着いてしまうし、そこから美しい琵琶湖が広がっている。それが「近江」（都に近い湖）の意味でもある。

　廃藩置県を経て半年後の明治4年（1871）11月、現在の滋賀県には「大津県」と「長浜県」が成立した。「大津県」はその直後「滋賀県」になり、明治5年（1872）9月には今の県域全てが「滋賀県」となった。「滋賀県」という県名になったのは、ほかならぬ「大津」が古来「滋賀郡」のうちであったからである。『延喜式』によれば、近江国の郡名は以下の通りであった。

　「滋賀」「高島」「伊香」「浅井」「坂田」「犬上」「愛智」「神埼」「蒲生」「甲賀」「野洲」「栗太」

　ここでも「滋賀郡」は筆頭に挙がっている。現在は「滋賀」と書くが、それ以外にも「志賀」「志我」「斯我」など多様である。大津にはかつて都が置かれたことがあるが（667〜673）、それ以前にも、この地に都が置かれた可能性がある。

　京阪石山本線に「穴太」と読む駅がある。記紀によると、景行天皇・成務天皇・仲哀天皇の三代が営んだという「高穴穂宮」があったとされる。『日本書紀』には「近江国に幸して、志賀に居しますこと三歳。高穴穂宮と謂す」とある。

　歴史的には疑問も出されてはいるが、近江国の中でもこの滋賀郡に歴史が豊かに残されていることは事実だ。

　さらに、湖西線沿いに北上すると、「安曇川」という地域がある。ここには「安曇川」という川が流れているからこの地名がついたのだが、これは古来海洋民族を支配した「安曇族」にちなんでいる可能性がある。安曇族のルーツは金印で有名な志賀島だが、信州の「安曇野市」以外にも、愛

知県の「渥美半島」など東国に多くの足跡を残している。

そして、この地にある石山寺は真言宗東寺派の別格本山で、古来『源氏物語』など多くの文学作品が書かれたことも知られる。また、何と言っても比叡山延暦寺のお膝元である。最澄が開いた延暦寺がなかったら、鎌倉以降の仏教は生まれなかった。そういう意味でも、滋賀県は日本文化のふるさとであることは間違いない。

とっておきの地名

①伊吹山(いぶきやま)

滋賀県米原市、岐阜県揖斐郡揖斐川町(いびがわちょう)、不破郡関ケ原町(ちょう)にまたがる伊吹山地の主峰（1,377メートル）だが、山頂部は米原市に属し、正確には滋賀県の山である。「いぶきやま」と読むのが通例だが、「いぶきさん」と読むケースもある。『古事記』では、東国を征討してきた倭建命(やまとたけるのみこと)が尾張に戻り、この伊吹山に賊を討ちに行くくだりがある。『古事記』では「伊服岐(いぶき)」と表記されている。命は伊吹山に武器を持たずに「素手」で戦いに挑むが、伊吹の山の神は大雨を降らせ、ついに命は退却を余儀なくされる。

「伊吹」の由来は「息吹(いぶき)」にあることは疑いを入れない。季節風が集束して強風になることから、それを神の息吹になぞらえたことによるとみてよいだろう。

②延暦寺(えんりゃくじ)

「比叡山延暦寺」と呼ばれているが、それぞれの由来については意外に知られていない。「延暦寺」という寺号を嵯峨天皇から賜ったのは、最澄（767～822）没後の弘仁13年（822）（翌年という説もある）のことであった。「延暦」は桓武天皇時の元号であり、元号を寺号として下賜したという点に、いかに朝廷が延暦寺を重視していたかが表れている。

最澄が薬師如来を本尊とする「一乗止観院」を建てたのは延暦7年（788）のことで、それ以降、この比叡山に三塔十六谷の堂塔が建立され、天台宗総本山となった。言うまでもなく、その後に鎌倉仏教に花を開く、法然・親鸞・栄西・道元・日蓮などが輩出されていく。

延暦寺という寺号を賜ったのは最澄没後のことだとすると、それまでは何と呼ばれていたのか。意外に知られていないが、「比叡山寺」という名

前だった。この「比叡山」の由来は、「日枝の山」で、「日枝」が転訛して「比叡」となったと言われる。「日枝神社」は「日吉神社」に通じており、それを考えると比叡山の麓に日吉大社が鎮座している意味もわかってくる。

③信楽（しがらき）

昭和5年（1930）に成立した「信楽町（しがらきちょう）」だったが、平成16年（2004）、平成の大合併によって「甲賀市」の一部に編入され、信楽町は消滅。今は甲賀市信楽町として残る。いわゆる「信楽焼」で知られるが、「信楽」をなぜ「しがらき」と読むかはこれまで明解はない。

奈良時代においては「紫香楽」と書かれていたことは判明している。天平12年（740）、聖武天皇は突如奈良の都を離れ、現在の京都府相楽郡加茂町に新しい都をつくり始めた。これを「恭仁京（くにきょう）」と呼んでいる。そして、その恭仁京から甲賀郡紫香楽村に通じる道が開かれ、天皇はこの紫香楽村に離宮をつくることになった。しかし、この紫香楽を京としたものの、直後に宮まわりでしきりに火災が起こり、天皇は早々に平城京に戻ってしまうということになった。聖武天皇は、後に東大寺につくることになった大仏もこの紫香楽につくろうと考えたという。ちょっと理解に苦しむ行動ではある。

すでに述べたように、奈良時代には「紫香楽」と書かれていた。この場合、「紫香」を「しが」と読ませ、「楽」を「らき」と読ませていることに注目したい。隣の京都府に「相楽郡」がある。「相楽」は「そうらく」と読んでいる。これは『和名抄』では「さからか」と訓じている。つまり、「楽」は「らか」と読まれていた。

「紫香」が「信」に転訛することは十分考えられる。問題は「楽」を「らき」と読むかどうかである。しかし、「相楽」の例で考えれば、「楽」は十分「らき」とも読めることになる。「紫香」はいったい何かという疑問も残るが、「志賀」もしくは「滋賀」という可能性もある。

④膳所（ぜぜ）

かつて滋賀郡にあった「膳所町（ぜぜちょう）」は、現在でも駅名や高校名として残っている。明治22年（1889）に「膳所町」として成立したが、昭和8年（1933）に大津市に合併されて膳所町は廃止された。

「膳」は「お膳」の「膳」だから「ぜ」と読むことはできる。問題は「所」をなぜ「ぜ」と読むのかである。「所」は音読みにすると「ショ」「ソ」に

なるので、「セ」と読んでそれに濁点が加わったとみると、少し納得がいくようにも見える。奈良県の「御所」は「ごせ」と読んでいる。

　この地名の由来は、平安時代に置かれた御厨であるとされている。御厨とは天皇などに魚介類などの食事を調理する所領のことである。「膳所本町」駅の近くにある膳所神社はその御厨の跡地であると言われる。社伝によると、天智天皇が大津の宮に遷都した際、この地を御厨と定めたとある。

　ご祭神は文字通り、食物の神の豊受比売命（とようけひめのみこと）である。そう大きな神社ではないが、社殿の両サイドに米俵が3俵ずつ奉納されている。

⑤**虎姫**（とらひめ）　かつて東浅井郡の「虎姫町（とらひめちょう）」として存在した町。全国の市町村で唯一「虎」がつくことから、平成15年（2003）、阪神タイガースが優勝した時に一躍有名になった。

　もとは明治22年（1889）の町村制施行により「虎姫村」ができ、昭和15年（1940）には「虎姫町」となった。しかし、平成22年（2010）に長浜市に編入されて虎姫町は消滅した。

　「虎姫」という町名は町の北部にある「虎御前山（とらごぜんやま）」に由来する。こんな伝説が残されている。

　昔、この山の麓に虎御前という美しい姫が住んでいた。ある時、姫が旅に出た帰り、道に迷っていると、青年が「よければ、私の家にお泊りなされ」と声をかけてくれた。それが縁で虎御前は「世々開（せせらぎ）」という長者と結婚することになった。

　二人は幸せに暮らし、子どもが生まれたが、それは蛇のうろこに包まれた小蛇だった。虎御前は人目を避けて外出もしなかったが、ある月の夜、泉に映った我が身が蛇の形をしているのを見て池に身を投げてしまう……。

　虎御前は鎌倉初期に相模国大磯宿の遊女であったと伝えられるが、その人物がこの虎姫であったかは不明である。ちょっと悲しい話ではある。

⑥**彦根**（ひこね）　石田三成が藩主を務めた佐和山城を中心に栄えた町だったが、江戸時代に入ってからは井伊家が治めた。「彦根」の由来は、現在彦根城が建っている彦根山に、天照大神の御子、「活津彦根命（いきつひこねのみこと）」が鎮座していたことによると伝えられる。養老4年（720）に藤原房前大臣の

守護神、金の亀に乗った観音像を本尊とした金亀山彦根寺が建立され、多くの人々の崇敬を受けた。彦根城が別称「金亀城(こんき)」と呼ばれるのも、これに由来する。

⑦ 栗東(りっとう)　昭和29年(1954)に「栗東町(りっとうちょう)」が成立し、さらに平成13年(2001)に「栗東市(りっとう)」となった。「栗東」という地名は難読地名だが、「栗」という漢字は音読みにすると「りつ」となることを知れば、納得いく地名ではある。

　もとをたどれば近江国の郡の1つとして「栗太郡(くるもとのこおり)」があった。当初「くるもと」と読まれていたが、後に「くりた」と読まれることになった。これも必然の流れかもしれない。明治以降も「栗太郡」が続いていたが、「栗東市」の成立によって町村が無くなり、栗太郡も消滅してしまった。

難読地名の由来

a.「**浮気**」(守山市)　**b.**「**朽木**」(高島市)　**c.**「**綵**」(栗東市)　**d.**「**相撲**」(長浜市)　**e.**「**醒井**」(米原市)　**f.**「**口分田**」(長浜市)　**g.**「**男鬼**」(彦根市)　**h.**「**妹**」(東近江市)　**i.**「**西万木**」(高島市安曇川町)　**j.**「**春照**」(米原市)

【正解】
a.「ふけ」(フケで、低湿地帯を指す)　**b.**「くつき」(朽ちた木に由来するか。お盆など木工品で知られる)　**c.**「へそ」(糸巻きと関連するか)　**d.**「すまい」(昔展覧相撲が行われたという)　**e.**「さめがい」(中山道の宿場で、「居醒の清水」による)　**f.**「くもで」(文字通り口分田に由来するか)　**g.**「おおり」(昔、ここに男の鬼がいたということか)　**h.**「いもと」(何らかの「妹」伝説があるか、もしくは「井元」の転訛か)　**i.**「にしゆるぎ」(「万」は「よろず」と読むので、木がたくさんあるという意味になる)　**j.**「すいじょう」(伊吹山の伏流水が出てきた「水上」が転訛した)

26 京都府

なぜ日本海まで「京都」なのか?

「京都」に行くというと、そのほぼ100パーセントが祇園、清水、嵐山などのいわゆる京の都をイメージする。だが、これは現代人の錯覚のようなものだ。

かつて、丹後半島の先端に近い「間人」に取材に行ったことがある。東京から京都駅までは2時間半、ところが、京都駅から間人までは特急とバスを乗り継いで4時間近くもかかって到着した。ここも立派な「京都」なのだ。

現在の京都府は、「山城国」「丹後国」「丹波国」が合併されて成り立っている。北東―南西方向の軸の長さが約50キロメートルなのに対して、逆に北西―南東方向の長さは約150キロメートルと実に細長い地域になっている。その150キロメートルのちょうど中間点に位置しているのが、船井郡日吉町（現・南丹市）の胡麻盆地である。この一帯が分水嶺となっているが、標高が高くないため、流れは時代によって変遷しているらしい。

明治9年（1876）8月、それまであった「京都府」と「豊岡県」が統合されて現在の「京都府」が成立したが、この段階で「宮津」「舞鶴」「福知山」などが京都府の主要な都市として組み込まれている。

なぜ、京都がこのように日本海までテリトリーを広げたのか？　歴史家が説く本にはその回答はなかった。私の推測は以下の通り。

現在の私たちは鉄道で移動することが当たり前になっているので、京の都から日本海まではとてつもなく遠いと思っているが、当時はどちらに行くにも徒歩だったので、単純に距離数で距離感を測ることが可能であった。京の都から天の橋立までは100キロメートル程度。その距離感で別のルートをたどると、東海道では鈴鹿山地あたり、山陽道なら姫路あたりになる。天の橋立はけっこう近いのである。

一方、古代の文化流入のルートは日本海から京の都に至るものが主流で

近畿地方　149

あり、多くの渡来人はこのルートで京に入ったものと思われる。また京都在住の地名研究者・吉田金彦氏によると、京都には多くの出雲の人々が入ってきているという。大和にも多くの出雲族が移住していることを思えば、当然その通過地点である京都にも多くの痕跡があるはずである。

考えてみれば、「丹波国」は「山陰道」の出発点である。京の都を出発して出雲に向かうには「丹波国」を経て「丹後国」を抜けていく必要があった。しかも、古代においては「東海道」よりも「山陰道」のほうが重要なパイプだったのである。

教科書では、京都は東海道五十三次の出発点になると教えられてきているので、京都は東海道の出発点だと思い込んでしまっているが、それ以前はむしろ山陰道に向けての出発点であったのだ。

そんな当たり前のことを「京都府」から教えてもらった。

とっておきの地名

① 化野（あだしの）

「化野念仏寺（あだしのねんぶつじ）」は嵯峨野のいちばん奥まったところにある。この一帯は平安期から東の「鳥辺野（とりべの）」、北の「蓮台野（れんだいの）」と並んで風葬の地であった。京都では「野」という言葉に風葬の地という意味が込められているという。寺伝によれば、この化野に寺が創られたのは1,100年前のことで、弘法大師が五智山如来寺を建立し、野ざらしになっていた遺骸を埋葬したことによるという。

もともと「あだし」は形容詞で、「他し」「異し」「空し」とも書かれた。意味は①「異なっている。ほかのものである。別である」、②「空しい。実（じつ）がない。はかない」（『広辞苑』）である。これを見ると、明らかに「あだし野」という言葉が先に生まれ、それが「化野」に転訛したものと考えられる。

「あだし」に「化」という漢字を当てたのには、多少意味がある。「化」は「かわる」とか「ばける」の意味である。もとの形が変わって別の形になることである。これは生きた人体が死骸になる現実と一致する。

② 一口（いもあらい）

一昔前まで、この「一口」は全国でも難読地名のトップだった。しかし、この難読地名も有名になって、今ではその読み方だけはけっこう知られるようになった。

京都市の南に「久御山町」という町がある。そこに昔から「一口」という集落がある。ここは京都市の西から流れて来る桂川、宇治川の合戦で有名な宇治川、そして奈良県の県境沿いに流れ来る木津川の合流するところで、いわば、京都・奈良方面からの川が一気に淀川に流れ込む地点にあるということだ。

　昔はここに巨椋池という池があって、漁業と水運の要所と言われた地域である。今は干拓されて田んぼだけが広がっているが、見るからに低湿地帯で、洪水時には大変な思いをしたのだろうと思わせる土地である。一口の集落は数メートルの高さの土手の上に広がっており、すでに洪水対策はできているかのようだ。

　この集落の一角に「稲荷大明神」という小さな神社が祀られている。ここに地名の由来の秘密が隠されている。起源は遠く平安時代にさかのぼる。小野篁が隠岐に流罪になって船を出したところ、嵐にあった。その時、「君はたぐいまれな人物なのだから、必ず帰ってくるであろう。しかし、疱瘡（天然痘）を病めば一命が危ない。わが像を常に祀っていれば避けられよう」というお告げがあったという。

　小野篁はその像を祀ってこの一口の地に稲荷神社を置いたとのこと。「一口」の「いも」は「芋」とも書かれるが、疱瘡のことで、これは今や定説になっている。「あらい」は「祓う」の意味で、これもほぼ定説。問題は「いもあらい」になぜ「一口」という漢字を当てたかだが、これは3つの河川が一気に「一つの口」に流れ込むことによるものと考えられる。

③インクライン

　通常この「インクライン」は「インク・ライン」と発音されている。「インク」が何を指しているかはわからずとも、「ライン」とは何か川筋のようなものを感じさせるからであろう。でも、この「インクライン」は正式には「イン・クライン」でなければならない。その理由はこうだ。

　明治になって政治の中心地を東京に奪われた京都は、そのプライドを示すこともあって、京都の産業を興すために琵琶湖と京都を疎水路を結ぶ計画を立て実行に移した。工事は大津から長等山の下をくぐり、山科盆地、蹴上を経て鴨川に至る全長11キロメートルに及ぶ難工事だった。

　トンネル工事の次に難しかったのは、水位問題であった。琵琶湖と京都

では水位が33メートルほど違っているために（琵琶湖が高い）、船を傾斜鉄道で上げ下げしなければならなかった。これが「インクライン」である。工事の最中、アメリカで水力発電が開発されると、担当した田辺朔郎はアメリカに渡って発電を学び、この疎水に世界で2番目の水力発電所をつくり、世界を驚かせた。

「インクライン」（incline）とは、「傾かせる」「傾斜地」という意味の英語である。これを知ればどう発音するかはすでに英語力の問題である。

④太秦（うずまさ）　「太秦」の地に渡来人の秦氏（はた）が定住するようになって、その秦氏は聖徳太子と主従関係を結ぶことになった。当時の秦氏の中心人物・秦河勝（はたのかわかつ）のもとに贈られた仏像が広隆寺の弥勒菩薩半跏思惟像ではないかと言われている。まず、「秦」をなぜ「はた」（はだ）と読むのか。これまで、①秦氏が生産した綿や絹が肌に優しいから、②朝鮮語の海を意味するpataに由来する、③古代朝鮮語のhata（大・巨・多・衆の意）に由来する、などの説があるが、決定打はない。結論的に言えば、大集団で渡来した伽耶（羅）系の人たちを、海を渡ってきた意味のpataと、「多い」の意味のhataの二重の意味で「ハタ」と呼んだのではないかと言われている。

『日本書紀』によると、秦の一族があちこちに散らばっていたので、秦酒公（はたのさけきみ）はうまく統制できないでいた。そこで天皇が詔を出して秦酒公に馳せ参じるべしとしたので、秦氏は感謝の気持ちで天皇に絹を献上し、庭にうずたかく積んだので「禹豆麻佐」（うづまさ）という姓を賜ったという。

⑤祇園（ぎおん）　祇園とは八坂神社に向かって四条通の左右に広がる町一帯を指す地名である。もともとこの地は八坂神社の門前町として発展したところであった。応仁の乱で焼け野原になってしまったが、江戸期に入り、八坂神社や清水寺への参拝者を相手にする「茶屋」が次第にできて、そこに働く女たちが芸を身につけ、やがて芸を見せる茶屋として発展してきた。

祇園は八坂神社との関連を抜きに語ることはできない。祇園の街並みを左右に見て、四条通をまっすぐ進むと八坂神社の赤い西楼門にぶつかる。この八坂神社は明治維新に神仏分離されるまでは「祇園感神院」（かんじんいん）と称しており、神仏混淆であった。この地域は古代においては「八坂郷」と呼ばれ

ており、多くの坂があったことから「八坂」という地名がついたことは間違いない。

『平家物語』に「祇園精舎の鐘の音、諸行無情の響きあり」と書かれた「祇園精舎」とは、古代インドにあった精舎（仏道を修行する寺）であり、梵語では「ジェータ・ヴァナ・ヴィハーラ」というが、これが漢字に訳されて日本に入ってきている。

肝心の「祇園」とは、古代インドの長者が私財を投じて、ジェータ（祇陀）の苑林を買い取って釈迦のために建てた僧坊を意味している。この長者は、貧しい孤独な人々に食を給したので、「祇樹給孤独園」とも訳された。この長い名前の「祇」と「園」をくっつけて「祇園」という名前が生まれたとされる。

⑥蹴上（けあげ）

三条通を東に向かった山の中腹に「蹴上」がある。ここには牛若丸にちなんだ伝説がある。

その昔、源義経が牛若と名乗っていた頃、鞍馬山を出て金売商人の橘次末春に従って東へ出発した。その時この場所で、関原与一とその一行に出会った。その従者10人が誤って水を蹴って義経の衣を汚してしまったという。義経はその無礼を怒ってその従者を斬り捨て、与一の耳鼻を削いで追い払ったという。

義経が血のついた刀を洗ったという大刀洗池は、峠を越えて東に下りたところにある御陵血洗町（みささぎちあらいちょう）にあったという。義経のイメージからするとにわかに信じがたいが、伝承は伝承である。

⑦間人（たいざ）

「間人ガニ」で有名な丹後半島の漁村で、行政的には京丹後市丹後町の地名。時代は聖徳太子の時代にまでさかのぼる。聖徳太子の母親に当たる方は「穴穂部間人（あなほべのはしひと）」といった。用明天皇のお后である。

6世紀の末、仏教に対する考えや皇位継承問題をめぐって争いが激しくなり、混乱を避けるためこの地に滞在されたという。里人の手厚いもてなしを受け、大いに気に入られたが、いよいよ斑鳩に帰られることになった。皇后はこんな歌を残している。

　　大浜の里に昔をとどめてし

　　　　　　　　間人村と世々につたへん

　つまり、自分の名前を村に残したいと考えたのである。しかし、村人たちは皇后様のお名前をいただくことなぞ滅相もないとして、皇后が「ご退座」されたというところから「間人」を「たいざ」と読むことにしたのだという。これはこれで何となく信憑性の高い話ではある。

⑧**先斗町**（ぽんとちょう）　この地はもと鴨川の州であったが、寛文10年（1670）に護岸工事のため埋め立て、町屋ができて、これを新河原町通といった。その後三条一筋南から四条まで人家が建ち並び、俗に先斗町と呼ぶようになった。『大日本地名辞書』にはこう書かれている。

　「先斗　新京極の東にて直に賀茂川に臨む、嘉永四年より遊郭と為り娼家多し、旧名所新河原町と云へるを今はポントとのみ呼ぶ、或は云ふ此地人家皆水に臨み裏は沙磧なれば先許（サキバカリ）の意よりかゝる遊戯の名を命じたりと。新京極先斗町辺は天正年中南蛮寺の在りける地なりとも云ふ」

　これまでの先斗町の解釈では、ここに言う「先ばかり」でほとんどが説明されてきた。つまり、この街が北から南へ先の方に向けて作られてきたという説明である。ところが吉田東伍は「遊戯の名を命じたり」とも書いている。この遊戯とは何かだが、これはポルトガル語のカルタ遊びに由来するという説が出された。pontoではなくpontaという賭博用語に由来するのではという説である。先斗町論争はまだまだ続く。

⑨**六道の辻**（ろくどうのつじ）　一般的には知名度はないが、京都の歴史を知る上では最も重要なポイントと言える。六波羅蜜寺・六道珍皇寺の近くと言えばおよそわかるだろう。この地点は、鳥辺野に死者を送る入口に当たり、いわばこの世とあの世の境である。

　その辻に西福寺という小さな寺院がある。昔は6つの仏堂があったが、今は三仏堂のみ残っている。毎年8月のお盆には伝統行事「お精霊迎え」の六道詣りが数百年も続けられている。

　「六道」（りくどう、とも読む）は、人間が直面する「地獄」「餓鬼」「畜生」「修羅」「人間」「天上」の6つの道のことで、前の3つを三悪道、後の3つを三善道と呼んでいる。西福寺のご本尊は地蔵尊なのだが、このお地蔵さんは六体で祀られていることが多い。その背景には六道の思想がある。

難読地名の由来

a.「帷子ノ辻」(京都市右京区) b.「百足屋」(京都市中京区) c.「深泥池」(京都市北区) d.「納所」(京都府伏見区) e.「貴船神社」(京都市左京区) f.「天使突抜」(京都市下京区) g.「車折神社」(京都市右京区) h.「物集女」(向日市) i.「鶏冠井」(向日市) j.「祝園」(相楽郡精華町)

【正解】
a.「かたびらのつじ」(檀林皇后が亡くなった時、遺体に身につけていた帷子が舞い落ちたという故事にちなむ) b.「むかでや」(昔、百足屋という豪商が住んでいたことにちなむ。ムカデは足(銭)が多くあることから商売の神となってきた) c.「みぞろがいけ」(「みどろがいけ」とも読む。池底に数メートル堆積している泥土層による) d.「のうそ」(淀川を上って集積された様々な物資を保管したことによるという) e.「きふねじんじゃ」(気の立ち上る水の神社として知られる。「きぶね」は間違いで「きふね」が正しい) f.「てんしつきぬけ」(平安遷都の際、「天使の社」として創建された五條天神宮の境内を、秀吉が南北に突き抜ける道を作ったことによる) g.「くるまざきじんじゃ」(貴人が牛車に乗って通りかかった時、牛が倒れて車を引いていた「轅(ながえ)」が割くように割れたことによる) h.「もずめ」(摂津国大鳥郡の「百舌鳥」にいた勢力がこの地に移ったことによる) i.「かいで」(もともと「蝦手井(かえるで)」と呼ばれたが、これは「楓」の木を意味していた。楓の葉は蛙の手に似ていたからである。楓は宮殿の周りに植えられることが多く、縁起のよい木とされた) j.「ほうその」(神職に従事する祝(ほふり)が菜園を作っていたことによるという)

27 大阪府

「大阪」はなぜ「大阪府」か？

　47都道府県の内、「都」は「東京都」ただ1つ。そして「府」は「京都府」と「大阪府」のみである。京都は長く都が置かれていたので、「府」になるのはよくわかるのだが、なぜ大阪が「府」になるのか？

　その背景は慶応4年・明治元年（1868）にさかのぼる。同年4～10月にかけて、政府は全国に以下の10の「府」を置いた。

　　京都府・大坂府・江戸府・箱舘府・長崎府・
　　神奈川府・度会府・奈良府・越後府・甲斐府

「度会府」は伊勢に置かれた。これらはいずれも徳川幕府の直轄地であり、それぞれ政治・経済・港など重要な拠点を押さえようとしたものである。ここに、大坂府は京都府に次いで2番目にランキングされている。宮武外骨は『府藩縣制史』の中でこう述べている。

「府とはアツマルの義、笑府、楽府、怨府等の府もアツマルの義である、役人が集って政治をする所を政府と云ひ、昔は国々の政府を国府と云った、甲斐の甲府は甲斐国府、長門の長府は長門国府の略である、別府と云ふ地名は豊後、肥前、土佐等にあるが、別の国府といふ義であろう

　かかる前例はあったが、地方政庁を府と称することは明治政府の初期（慶応4年明治元年）に起こったのである」

　ところが、明治政府は先に挙げた10の府のうち、大部分を「県」に移行し、東京・京都・大坂のみを「府」として残した。宮武はこう説明する。

「東京は江戸幕府後の維新政府所在地、京都は平安朝以来の旧都、大坂は難波朝以来最も発達した商業都市、これを価値づける為めに小都府を県名に改めたのであろう」

　大阪は奈良・京都に政治の中心地ができる以前に、大和国の玄関先だったところで、いわば難波京を扇の要として奈良や平安京は栄えたのだった。奈良時代・平安時代の前に明らかに「大阪時代」があったのだが、教科書

には「古墳時代」と記されている。

もともと「大阪」は「小坂（おさか）」と呼ばれていた。大阪で台地状になっているのは、今の大阪城から天王寺に至る「上町台地」だけで、その周辺はほとんど低地であった。「谷町（たにまち）」から「上町（うえまち）」にかけて「小さな坂」があったことに由来するが、「小坂」よりも「大坂」のほうがよいということになって「大坂」となる。江戸時代の後期になって「坂」は「土に返る」つまり「死」を意味するので、「大阪」と書かれることが多くなった。「大阪」が正式に使用されるようになったのは、明治時代に入ってからである。

とっておきの地名

①梅田（うめだ）　大阪・神戸間の鉄道が開通したのは明治7年（1874）のことである。明治政府がつくった国営鉄道だから駅名は当然のことながら「大阪駅」であったが、大阪の人々は「梅田ステンショ」と呼んだと記録に書かれている。鉄道は火を噴くので危険だということで、当時は繁華街から外れたところに駅を置くことが多かった。今の大阪駅一帯は「田んぼを埋めた」ところから「埋田」だったのだが、それを好字に変えて「梅田」と呼んでいた。その後、大阪駅の周辺に私鉄・地下鉄が入り込んで大阪のターミナルが形成されたが、JR以外はいずれも「梅田駅」となっている。

②喜連瓜破（きれうりわり）　地下鉄谷町線に「喜連瓜破」というユニークな駅がある。この駅ができたのは昭和55年（1980）のことだが、当初「喜連駅」にしようとしたら、隣合せの「瓜破」から反対運動が起こった。結局、「喜連」と「瓜破」の2つの町名をつなげた天下に誇る駅名が出現した。大阪人の地名愛着の結晶である。

「喜連」という地名は古代の「伎人（くれひと）」が転訛したものとみられる。5世紀の初め頃、中国から集団移住した人々のことである。土木・工芸に秀でていたという。一方の「瓜破」も古い歴史を誇っている。大化年間（645〜650）のこと、道昭という僧が三密教法という修行をしていたところ、ぴかりと光って仏像が落ちてきたという。道昭は有り難く受け取ったが、供え物がないので、手元にあった瓜を供えたのだが、その瓜はぱっと割れてしまったという。瓜破天神社がその瓜が割れた場所だという。

近畿地方　157

③日下（くさか）　たぶん大阪ではこの「日下」という地名が最も重要な地名であると言ってよいだろう。時は『古事記』『日本書紀』の時代にまでさかのぼる。伝承によれば、神武天皇が東征して、大和に入ろうとした時、この地を支配していたナガスネヒコが草香を越えようとした神武天皇を打ち負かしたということになっている。

　東大阪市の東端に位置するこの日下は、西から見るとまさに太陽が昇る真下であり、「草香山」は「日下」とも書かれるようになって、そのような経緯から「日下」は「くさか」と読まれることになった。

　河内国のこの一帯は、神武天皇が来る以前にニギハヤヒの神が支配していた地域で、いわば大和政権以前の重要拠点であった。この「日下」はまた「ヒノシタ」「ヒノモト」とも言われ、そこから「日本」という国名が誕生したとも言われる。

④堺（さかい）　「堺市」は大阪府では大阪市に次ぐ第2の大都市である。「大阪都」構想で話題になった拠点都市でもある。「堺」という地名はすでに平安時代にみられる古い地名である。その由来は単純で、摂津国・河内国・和泉国の「堺」だったところにあったとされる。

　「堺」という漢字を分解してみよう。土偏はもちろん「土地」を意味している。「介」は「人」の下に「八」が付くが、この「八」は「左右に分かれる」ことを意味している。つまり、「介」は「人が左右に分かれる」ことを意味している。さらに「堺」という文字には「介」の上に「田」がついている。したがって、これは人が住む土地の分岐点、つまり「堺」なのだということになる。近くには「三国ケ丘」という駅もあり、「方違神社（ほうちがい）」という方角を占う神社もある。

⑤高槻（たかつき）　「高槻市」は大阪府の東端で、京都府との境に位置している。全国に「槻」「月」地名は多く分布しているが、もとは「槻」で、「月」はその転訛したものである。「槻」は「ケヤキ」の古称で、ここは「槻の木」が自生していたところだと推測される。「槻の木」は神聖な木とされ、古来弓矢の材料として使われてきた。高槻市の「市の木」も「ケヤキ」である。

⑥ 放出(はなてん)　一昔前まで、この「放出」は全国的にも知られた難読地名だった。だが、今はかなり知られるようになっている。放出の由来については、「天の叢雲の剣」を盗んだ僧がここに漂着して剣を放り出したという説や、昔、ここにあった牧に牛馬を放し飼いにしていたという説やらあるが、いずれも俗説の域を出ない。

　この「放出」は沼沢地から水を「放ち出す」ところから出た地名である。ここには幾つもの河川が流入する低地で、そこに集まった水を放ち出さないと危険なため、その出口としてこの「放出」の地点が重要視されたのであった。問題は「出」をなぜ「てん」と読むようになったかである。「出」は「で」と読み、「日の出」というように、ある「地点」を意味している。「放出」の場合、「水を放ち出す地点」といったレベルで考えると納得できるであろう。

⑦ 針中野(はりなかの)　近鉄南大阪線に「針中野」という駅がある。また同名の町名もある。駅から数分のところに今も中野鍼灸院があり、営業している。江戸時代から営業しており、この地に電車が通ることになったとき、この地一帯の土地を寄付して電車の開通に貢献したところから、感謝の気持ちから「針中野」という駅名がつけられたのだという。大阪らしい人情味のある命名である。

⑧ 枚方(ひらかた)　『大阪府全志』に「南遊紀行にいへるが如く、一枚二枚を一ひら二ひらと訓ぜるに同じ。いづれの頃よりか枚方に作るが、後に枚方の改めしといふ」とある。確かに辞典を見ると、「一ひら」は「一片」もしくは「一枚」と書かれている。

　そうすると、問題は「方」のほうになってくる。『古事記』では「白肩」という地名が出ており、それが「枚方」に比定されるとの説もあるが、この地域は「津」とはいえず、この「方」は「干潟」のことであったと思われる。干潟が「一枚(ひとひら)」「二枚(ひたひら)」あったと考えるのが妥当である。

⑨ 福島(ふくしま)　「福島」は大阪でも重要な地名の1つだ。この福島には菅原道真（845〜903）にちなんだ伝承が残されている。菅原道真は右大臣にまで上り詰めた平安前期の公卿・文人であったが、藤原氏の讒言に

近畿地方

より大宰府に流されることになった。道真は途中、河内道明寺に叔母を訪ね、その後、浪華の地から瀬戸内海を通って大宰府に行こうとしたとのこと。失意の道真を人々は歓待し、次の歌を詠んだという。

　　　行く水の中の小島の梅咲かば
　　　　　さぞ川浪も香に匂ふらむ

お世話になった道真がこの地の名前を訊いたところ、「餓鬼島」ということを知り、それではあまりにも…ということで「福島」という名前にしたという。

⑩百舌鳥（もず）　「百舌鳥」といえば、地下鉄やJR阪和線、南海高野線の駅名としてもよく知られている。この地名の由来としては、仁徳天皇の故事にちなむというのが通説になっている。ここにある大山陵古墳は、かつては仁徳天皇陵と呼ばれており、天皇はしばしばこの地で鷹狩を楽しんだという。『日本書紀』によれば、天皇はこの地に自らの陵を定めて工事が始まった。その日一頭の鹿が工事をしている人々の中に飛び込んでいったが、たちまちその鹿は死んでしまったという。人々は怪しんでその鹿の傷を確かめようとしたところ、百舌鳥が耳から出て飛び去って行ったという。そこからこの地を「百舌鳥耳原（もずのみみはら）」と呼ぶようになった。

難読地名の由来

a.「十三」（大阪市淀川区）**b.**「立売堀」（大阪市西区）**c.**「鴫野」（大阪市城東区）**d.**「柴島」（大阪市東淀川区）**e.**「杭全」（大阪市東住吉区）**f.**「私市」（交野市）**g.**「水無瀬」（三島郡島本町）**h.**「布忍」（松原市）**i.**「伽羅橋」（高石市）**j.**「四条畷」（四条畷市）

【正解】
a.「じゅうそう」（淀川に架けられた13番目の渡しに由来する）**b.**「いたちぼり」（伊達藩がつくった堀に、後に木材の立て売りが行われたことによる）**c.**「しぎの」（鴫がいたことによる）**d.**「くにじま」（垣根を意味する「杭根島」から）**e.**「くまた」（杭を打って区別したことによるか）**f.**「きさいち」（「后の地」に由来する）**g.**「みなせ」（水が引いた川瀬から）**h.**「ぬのせ」（神様を布を敷いて迎えたことによる）**i.**「きゃらばし」（伽

羅という香木を売った橋に由来する) **j.**「しじょうなわて」(四条畷神社による)

28 兵庫県

瀬戸内と日本海をつなぐ広さ

　本州の中で、青森県と山口県を除けば、日本海と太平洋（瀬戸内海）に面しているのはこの兵庫県だけである。飛行機を使わずに青森県から山口県まで陸伝いに移動しようとすれば、この兵庫県を必ず通過することになる。

　このとてつもない広がりの原因は、この兵庫県が旧国域を5つも含んで成立したことによっている。しかも、それらの旧国が「畿内」と「山陰道」「山陽道」「南海道」に分かれていたことも大きな特色となっている。すなわち、摂津国は畿内、播磨国は山陽道、丹波国・但馬国は山陰道、そして淡路国は南海道に属していた。これだけ見ても、兵庫県がいかに大きな広がりを持った県かが理解されよう。旧国が兵庫県のどのへんにあったかを大まかに示しておこう（主な都市名のみ）。

　　摂津国…神戸市・芦屋市・西宮市・宝塚市・尼崎市
　　丹波国…丹波市
　　但馬国…豊岡市・養父市
　　播磨国…明石市・加古川市・高砂市・姫路市・赤穂市
　　淡路国…洲本市・淡路市

　淡路を入れて最終的に「兵庫県」が成立したのは、明治9年（1876）8月のことだが、なぜこのような広域（特に但馬・丹波）にまたがったのかについて、『兵庫県の歴史』（山川出版社）で、次のようなエピソードを載せている。

　内務卿大久保利通と出石（いずし）出身の桜井勉（内務省地租改正局出仕）とのやりとりである。

　　大久保利通「鳥取県を豊岡県に合併すべしとの意見もあるがそうか」
　　桜井　　勉「但馬と因幡は地勢的にみて往来が不便である」
　　大久保利通「兵庫県は開港場を持っているので県力が貧弱であって

はならないからこの点も考慮せよ」
　桜井　勉「それでは但馬と丹波二郡を兵庫県に合併したら地勢的にも便宜である」
　兵庫県は港を持っているので但馬と丹波を合併したほうがよいという判断はどこからきたのか、全く理解に苦しむところである。淡路国は別に述べるように、四国につくかつかないかで二転三転した結果、最終的には兵庫県に落ち着いたという経緯もある。
　ちなみに、「兵庫」という地名の歴史は古く、大化改新の際、摂津国境の播磨関を守るために兵器の庫を設置せよという命により、兵器の倉、すなわち「兵庫」が置かれたことによると言われている。

とっておきの地名

①打出小槌町（うちでこづちちょう）

　高級住宅地として知られる芦屋市にある町名で、全国でも最も縁起のよい町名である。ここにはこんな話が伝わっている。
　昔、この打出村に長者が住んでおり、宝の槌を持っていて、この槌を打ちふると願い事が何でもかなったという。今でも静かな夜中に地に耳をつけて聞いてみると、地下の遠くからかすかに饗宴の声が聞こえてくる…。何でもこの小槌はもと芦屋沖に住んでいた龍神が持っていたもので、それが人に化身して聖武天皇に献上したものらしい…。
　「打出」という地名は鎌倉期にみられる地名だが、江戸期から明治22年（1889）までは「打出村」と言っていた。「打出小槌町」という町名は昭和19年（1944）にできたもの。戦後になって「打出親王塚町」とか「打出春日町」がそれぞれ「親王塚町」「春日町」と簡素化される中で、粘り強い住民の声で「打出小槌町」だけが残された。
　『摂津名所図会』では、神功皇后の軍船を破るために、軍をこの浜から討ち出したことから「打出浜」と呼ばれるようになり、やがて「打出」という地名が生まれたとされる。単に陸地が打ち出ていたという地形説もあり、そこに戦記説と打出小槌伝説がからまって生まれたと考えてよい。

②甲子園（こうしえん）

　西宮市にある高校野球のメッカ「甲子園」にちなむ地名。町名としても「甲子園網引町（こうしえんあびきちょう）」「甲子園一番町」など22の「甲

子園〇〇町」が存在する。

　阪神電鉄の甲子園開発構想は、大正11年（1922）に、武庫川の支流の枝川と申川の分岐点にスポーツセンターと遊園地をつくることから出発した。その後、全国中等学校野球大会を開催してきた野球場が手狭になり、新球場の建設に移行した。大正13年（1924）3月、起工式を行い、同年8月に竣工式を行った。6万人を収容できる大スタジアムで、当時は東洋一の野球場として注目を集めた。そして、この大正13年（1924）が干支でいうと「甲子」の年に当たっていたので、「甲子園」と命名したという。

　干支は「十干」と「十二支」を組み合わせたもので、全部で60個できるが、「甲子」はその組合せの最初だということで、特別縁起がよいとされている。

③神戸（こうべ）

兵庫県の神戸が断トツ有名だが、全国各地にある地名。「神戸」（かむべ・かんべ）とは、神社に付属して、租・庸・調をその神社に納めた農民のことである。神戸市の場合は、生田神社であり、この一帯にそのような神戸が多く住んでいたことによる。平安時代には「神戸郷」、江戸期には「神戸村」、明治になって「神戸町」「神戸区」などとなったが、明治22年（1889）「神戸市」となって今日に至っている。

④三宮（さんのみや）

神戸きっての繁華街。町名としては神戸市中央区三宮町一丁目～三丁目だが、一般的にはJRの「三ノ宮」、その他多数の「三宮」駅周辺の町として知られる。

　由来はこの地にある「三宮神社」による。一般に、「一宮」「二宮」「三宮」というと、律令時代以降の当該国の代表的な神社をイメージさせるが、ここの「三宮」はそのケースではない。実際に、三宮神社は小さな神社である。とても国の三番目の神社と呼べるものではない。それではなぜ「三宮」かというと、線路の北側にある生田神社にちなむ命名である。この三宮神社は生田神社の裔神八社のうち、第三番目の神社ということになっている。天照大神が素戔嗚尊と誓約した時に成った五男三女を祀っているが、この裔神八社なのだという。

　「一宮神社」から「八宮神社」まであって、この「三宮神社」は湍津姫命を祀っている。交通の安全と商工業の発展を守る神とのことである。

⑤宍粟（しそう）

どう読めばよいのかわからないという飛び切りの難読地名。「宍粟市」では千葉県の「匝瑳市（そうさ）」と連携し合って、「難読地名で町起こし」に取り組んでいる。

「宍粟」のルーツは古代の播磨国宍粟郡（しさわのこおり）にまでさかのぼる。こちらは「しさわ」と読んでいる。郡名は国づくりを終えた伊和大神が巡行した際、矢田村で舌を出した大きな鹿に遇い（＝シシアワ）、「矢がその舌にある」と言ったことに由来するとも言われるが、もっと単純に「シシ」とは四足の動物のことで、「宍」「猪」「鹿」とも書いたことを理解すれば難しい話ではない。

「宍粟」は、現在も残っている「鹿沢（しかざわ）」を古くは「ししさわ」と読んでいたことに由来するというのが定説になっているが、このからくりは、「宍」も「鹿」も同じで、もとは「シシ」と読んでいたこと、さらに、「しさわ」は容易に「しそう」に転訛することを考えれば不思議でもなんでもない。

宍粟市は、平成17年（2005）に宍粟郡の「山崎町」「波賀町」「千種町」「一宮町」が合併して成立した。知名度アップの努力に応援したい町の1つだ。

⑥宝塚（たからづか）

宝塚歌劇団や天才漫画家手塚治虫を生んだ「宝塚」の由来は、その昔、ここに、塚の周りで物を拾うと幸せになれるという「宝の塚」があったことによるという。「宝塚」の地名の初見は宝泉寺という寺の縁起帳に出ている山号の「宝塚山」であるという。慶長元年（1596）のことである。この「宝塚山」は今の「御殿山」一帯を指しているという。

元禄14年（1701）に編纂された『摂陽群談』には、このように記されている。

「同郡米谷村（このつか）にあり。此塚の許（もと）に於（おい）て、物を拾ふ者、必（かならず）幸（しあわせ）あり。是を以て、宝塚と号（なづ）るの所伝（しょでん）たり」

これを見ると、やはり幸せをもたらす宝の塚はあったようなのだ。

⑦姫路（ひめじ）

『播磨国風土記』にこんな伝説が書かれている。その昔、大汝命（おおなむちのみこと）の子の火明命（ほあかりのみこと）は強情で行状も非常にたけだけしかった。そのため、父神は子どもを棄てようと企て、火明命が水を汲みに行った際に、船を出して逃げ去ったという。水を汲んで帰った火明命は怨み怒って風波を起こして船を打ち壊してしまった。

その時、船の壊れた処を「船丘」、波が来た処を「波丘」、琴が落ちた処を「琴神丘」、箱が落ちた処を「箱丘」、梳匣（櫛箱）が落ちた処を「匣丘」、箕の落ちた処を「箕形の丘」、甕の落ちた処を「甕丘」、稲の落ちた処を「稲牟礼の丘」、冑の落ちた処を「冑丘」、沈石の落ちた処を「沈石丘」、葛の綱の落ちた処を「藤丘」、鹿の落ちた処を「鹿丘」犬の落ちた処を「犬丘」、蚕子が落ちた処を「日女道丘」と呼んだ、という話である。
　この最後に挙げられている「日女道丘」が「姫路」のルーツとされ、現在姫路城が建っている丘がかつての「日女道丘」で、「姫山」とも呼ばれた。やはり美しい地名である。言うまでもなく養蚕にちなんでいる。

⑧武庫（むこ）

　西宮市から六甲山地に至る一帯が武庫と呼ばれる地域である。由来については、これまで次の3つの説があった。
①神功皇后が三韓を制して凱旋した時、武器などを埋めたところから、「武器の倉庫」「兵器の倉庫」という意味で名づけられたとする説。
②この辺一帯に椋の木が多く繁っていたところから、「椋」が訛って「武庫」になったとする説。
③難波の都から見て「向こう」にあるという意味で、「向こう」が転訛して「武庫」になったとする説。
　このうち、①の「武器の倉庫」説はいかにも伝説で真実とは言えない。②の「椋」説も可能性はあるにしても、信憑性は低い。やはり③の「向こう」説が説得力がある。大阪から見ると、尼崎市、西宮市、芦屋市は「向こう」にあり、その象徴が「六甲山」である。標高931メートルの六甲山は大阪から見れば「向こう」にあり、「六甲」は「むこ」と読むこともできる。

難読地名の由来

a.「網干」（姫路市）**b.**「飾磨」（姫路市）**c.**「食満」（尼崎市）**d.**「夙川」（西宮市）**e.**「売布」（宝塚市）**f.**「祢布」（豊岡市）**g.**「八鹿」（養父市）**h.**「倭文」（南あわじ市）**i.**「鵯越」（神戸市）**j.**「丁」（姫路市）

【正解】
a.「あぼし」（魚吹（うすき）神社の放生会が行われる日、漁師が殺生をやめて網を

干したことに由来する）**b.**「しかま」（旧播磨国の郡名「飾磨郡」の名をとどめる。大三間津日命がここに屋形を作ったとき、鳴いた鹿を見て「壮鹿鳴くかも」と言ったことによる）**c.**「けま」（「ケ」は「朝餉」「夕餉」と言われるように「食事」を意味する。食の豊かな地域であったことを示す）**d.**「しゅくがわ」（「夙川」という川の名前による。「夙」は川の流れが速いことを意味する。）**e.**「めふ」（売布神社に由来し、昔大国主命の姫が当地に来て、布を織ることを教えたという）**f.**「にょう」（「売布」「女布」と同じで、布を織ることにちなむ）**g.**「ようか」（「屋岡神社」があり、もとは「屋岡」であった。土地の形状からきたと思われる）**h.**「しとおり」（「倭文」とは「シズ」「シドリ」という織物の名で、その生産地であったことによる）**i.**「ひよどりごえ」（「一の谷の合戦」で源義経が越えたという伝説がある）**j.**「よろ」（古代、朝廷の土木工事に従事した人夫のことを「よほろ・よぼろ」と言ったことに由来するという）

29 奈良県

「奈良」という地名はどこにでもある

　私は信州の山の中で育ったのだが、小さい頃から不思議に思っていたことがある。それは隣の集落名が「奈良尾」という地名だったことである。こんな山の中にどうして都の名前である「奈良」があるのかと、子ども心に疑問に思っていた。

　地名研究を始めて、その「奈良」というのが都を意味するのではなく、単なる地形に由来することを知って合点がいった。「奈良」は「平す」の意味であって、土地を平らにしたところにつけられる地名なのである。「奈良尾」とはまさにならした土地の尾、つまり平地が崖で切れるその地点を指している。

　奈良の都の「奈良」には、昔は朝鮮語で都のことを「奈良」と呼んだという説と、土地をならすという意味だという2つの説が取りざたされていた。今では土地をならすという説で収まっている。その根拠は「奈良」という地名は全国どこにもあるということだ。奈良には意外に少なく、むしろ関東や長野県に多い。長野県などの山の中に多いのは、山で覆われた土地を開きならした土地が多かったからである。

　肝心の奈良県については、『日本書紀』に以下の記述がある。

　「復大彦と和珥臣の遠祖彦国葺とを遣して、山背に向きて、埴安彦を撃たしむ。爰に忌甕を以て、和珥の武鐰坂の上に鎮座す。則ち精兵を率て、進みて那羅山に登りて軍す。時に官軍屯聚みて、草木を蹢跙す。因りて其の山を号けて、那羅山と曰ふ」

　これは崇神天皇が抵抗勢力を抑えるために軍を起こした時の記述である。これを見ると「奈良」が「平城京」と呼ばれた所以も理解できよう。

　「奈良」は古くは「那羅」「平城」「寧楽」とも書かれたが、慶応4年（1868）1月「大和国鎮撫総督府」を今の奈良市に置き、同年5月に総督府を「奈良県」に改めたのが始まりであった。これは戊辰戦争に当たって、佐幕派

討伐のために置いた征討軍の拠点であった。しかし、この段階では各藩領や十津川領は含まれていなかった。

　明治4年（1871）7月の廃藩置県で「郡山県」「高取県」「柳生県」などが林立したが、同年11月にはそれらを統合した「奈良県」が成立した。ところが、明治9年（1876）4月に、「奈良県」は隣の「堺県」に合併されてしまい、消滅してしまう。この時同時に消滅した県には、ほかに「鳥取県」「香川県」「宮崎県」など多数があったが、この4県はその後復活を遂げる。

　しかし、その復活の経緯はたやすいものではなかった。明治14年（1881）2月、「堺県」は「大阪府」に編入されてしまったので、「奈良県」は「大阪府」の一部になってしまった。

　最終的に「奈良県」が復活・独立するのは明治20年（1887）11月のことであった。

とっておきの地名

① 飛鳥（あすか）　「アスカ」は一般には「飛鳥」だが、行政上は「明日香村」である。「明日香」は単なる当て字であって、漢字そのものには意味はない。「アスカ」地名はもともと「スカ」地名であって、川などの周辺の砂地を意味している。「須賀」「須加」「菅」などの漢字が当てられる。

「飛鳥」というと、昔ここに鳥がいたのでは、という説もあるが、この地から見える「三輪山を中心にした山容」に間違いなく由来している。飛鳥から三輪山方面を見ると、真ん中に「三輪山」、向かって左に「龍王山」、右手に「巻向山」が並び、それがあたかも大きな鳥のように飛鳥に向かって飛んでくるように見える。「飛ぶ鳥の明日香」と詠まれた「飛ぶ鳥の」という枕詞に由来すると考えてよい。

② 斑鳩（いかるが）　「斑鳩」も普通は「いかるが」とは読めない。法隆寺で知られるこの地は、何かと聖徳太子にまつわる話が残っている。地元の人の話では「昔、聖徳太子のところに斑鳩が飛んできたところからこの地名がついた」と言っていたが、地名にはこのような話はつきものなので、聞き流しておこう。

　真実は意外に単純で、「斑鳩（まだらばと）」とは「イカル」という鳥の古称である。「斑

鳩」という文字はすでに『日本書紀』に見られるが、イカルは鳩ではなく、スズメ目アトリ科に属する鳥の一種である。色彩は華美、嘴は黄色、頭部が黒いが、全体としては白い印象を与える鳥である。

③雲梯（うなて）

「雲梯」をなぜ「うなて」と読むのか。「うなて」は「溝」「池溝」とも書かれ、もともと田に水を引く溝を意味していた。崇神天皇は62年に、「農は天下大きなる本なり」と言っていたということが『日本書紀』に書かれている。そこでは「池溝」（うなね）と書かれているが、漢字では「宇那堤」「宇那手」「卯名手」とも書く。堤防という説もあるが、本来の意味は「溝」である。

『日本書紀』で「池溝」と書かれていたものがなぜ「雲梯」に転訛したのか。「雲梯」は「うんてい」と読み、昔は城を攻める時に使った折りたたみ式の梯子を意味していた。それを考え併せると、稲を育てるための「水路」を「雲梯」に見立てて、このような表記にしたものであろう。

④春日（かすが）

「春日」と書いてなぜ「かすが」と読むのかも難問の1つだが、これも「春日」につく枕詞によるものと考えてよい。「カスガ」は「水気の乏しい地」「傾斜地」などの地形によるものと考えられるが、その土地に付す枕詞に注目してみたい。『万葉集』で「春日」につく枕詞を挙げてみると、「春がすみ」「かすみ立つ」のように、「霞んで見える山」ということから「霞山」（かすみやま）ではなかったかと考えられる。「春日大社」が創建されたのは神護景雲2年（768）のことで、その後、春日神社が全国に広まることによって、全国的に「春日」という地名が広がっていった。

⑤京終（きょうばて）

奈良市の南にある町名である。「京」とは「京都」のことではなく、「平城京」の都のことである。「バテ」は「終わる」に由来するが、時間的に終わるというだけでなく、地理的に「終わる」、つまり「一番はし」という意味にもなる。

京都でも同じで、平安京の場合は東西の縁辺部を「京極」と呼んでいた。中心部の「新京極」は中心部に「新しくつくった京極」という意味である。

京終は元興寺の南、大安寺の東側に位置し、平城京のちょうど東南の「終」（はて）を意味していた。

⑥御所(ごせ)

　これも難読地名の1つだ。この地は古来「巨勢氏(こせ)」が勢力を張っていたので、その「巨勢」が「御所」に転訛したのではという説もあるが、確証はない。『御所市史』によると、この地にある「三室山」が由来ではないかという。小さな山だが、この山はもともと「御室山」で神の住む「神奈備山(かんなびやま)」として信仰の対象でもあった。

　現在の町名も「三室」であって、それが「御室」になり、さらに「御諸」となり、これを「ごせ」と読んだのではないかという。まとめると次のようになる。

　　「三室(みむろ)」→「御室(みむろ)」→「御諸(みもろ)」→「御所(ごせ)」

⑦當麻(たいま)

　「当麻寺(たいまでら)」に象徴される地名である。この地は大和国と河内国との国境につながる峠道の下に当たり、「當麻」とは「たぎたぎしい」という形容詞によるものである。「たぎたぎしい」とは古語で「でこぼこのあるさま」を意味しているというのが通説になっている。一方では、「たぎつ」(滾つ・激つ)という言葉は「水が激しく流れるさま」を言う言葉でもあるとされている。

⑧海石榴市(つばいち)

　三輪山の南西山麓で、初瀬川の北側に位置する地域、かつてはここに「市」が置かれていた。この地は、初瀬川の下流に相当する大和川からの舟運のターミナル地点である一方、伊勢に向かう初瀬街道の入口にも当たり、古来交通の要衝であった。

　また、仏教伝来の地としても知られ、欽明天皇13年10月に、百済の王が仏像と経典を献上したとされている。

　「海石榴」は「椿」のことで、古来この一帯には椿の花が咲いていたことによる。「海石榴」という漢字を分解してみると、「海・石榴」となり、「石榴」とは「ザクロ」のことである。そこで、ここに咲いていたのは「海ざくろ」ではないかと推測される。

⑨十津川(とつかわ)

　「十津川村」は明治23年(1890)、それまであった「北十津川村」「十津川花園村」「中十津川村」「西十津川村」「南十津川村」「東十津川村」の6つの村が合併されて成立した。すべて「十津川」にちなんでいることをみても、この村が十津川という川に由来することは

明らかである。

「十津川」は、川の名前も「とつかわ」と濁らない。十津川は熊野川の上流域の名称であり、和歌山県に入ると北山川と合流して太平洋に流れ込んでいる。

「十津川」の由来として、十の川が合流してできているので「十津川」になったという説もあるが、真実は「遠つ川」（遠い川）であろう。どこから遠いかというと、高野山から見て「遠い」というのが定説になっている。

⑩三輪山(みわやま)・箸墓(はしはか)

卑弥呼の墓かどうかと話題を呼んでいる箸墓古墳は三輪山の麓にある。「三輪山」の麓に大和国一宮である「大神神社(おおみや)」が鎮座する。この神社には麻糸で結ばれた神と女という伝承がある。

その昔、活玉依昆女(いくたまよりひめ)という美しい姫がいたが、そこに毎夜類まれな美男が訪れ、やがて姫は妊娠した。両親は「結婚もしてないのに、どうして身ごもったか」と問い、事情を知ると、「糸巻きに巻いた麻糸を針に通し、それを男の衣に通しなさい」と言った。

姫は言われた通りにして翌朝見ると、麻糸は三輪山の神社の前でとまっていた。身ごもった子は神の子だとわかったという。残された麻が三輪（三巻）残っていたので、この地を「三輪」（味和）と名づけたという。

また『日本書紀』によると、こんな話もある。

倭迹迹日百襲姫(やまととびももそひめ)が大物主神と結婚した。しかし、神は夜しか来ないので、姫が「なぜ昼間は来ないのですか」と問うと、「もっともなことだ。明日の朝、あなたの櫛箱に入っていよう」と言ったという。

夜が明けて箱を開けてみると、中にはまことに麗しい小蛇(こおろち)が入っていた。姫が驚きの声を上げると、その蛇は立派な若者に変身し、「お前は私に恥をかかせた。今度はお前に恥をかかせてやろう」と言って空の彼方に飛んでいってしまった。姫は空を仰いでドスンと座り込んだ時、箸で陰部を突いて死んでしまった——という話である。

難読地名の由来

a.「**畝傍山**」（橿原市）　**b.**「**平群**」（生駒郡平群町）　**c.**「**多武峰**」（桜井市）

d.「杏」(奈良市) **e.**「忌部」(橿原市) **f.**「弥山」(吉野郡) **g.**「吉野水分神社」(吉野郡吉野町) **h.**「賀名生」(五條市) **i.**「忍阪」(桜井市) **j.**「多」(磯城郡田原本町)

【正解】
a.「うねびやま」(田の畝のような稜線から) **b.**「へぐり」(古代豪族・平群氏の本拠地) **c.**「とうのみね」(たくさんの峰が続くことによる) **d.**「からもも」(「唐桃」即ち「杏(あんず)」に由来する) **e.**「いんべ」(古代祭祀を司った忌部氏にちなむ) **f.**「みせん」(仏教の宇宙観に基づく想像上の山岳である「須弥山(しゅみせん)」による) **g.**「よしのみくまりじんじゃ」(「水分(みくまり)」とは「水配り」の意味で、水を治める神社) **h.**「あのう」(南北朝時代、南朝による統一を願って「叶名生(かなう)」としたが、後に転訛して「賀名生」となった) **i.**「おっさか」(「押坂」の転訛とされ、押し上げるような坂を指している) **j.**「おお」(古代豪族「多(おお)」氏を祀った神社名による)

30 和歌山県

万葉に詠われた「和歌浦」から

　日本列島全体が山がちとはいえ、和歌山県ほど山で埋め尽くされた県はない。平地といえば、最北端の和歌山市と紀の川流域、有田市周辺と御坊市、田辺市周辺しかなく、あとは目の前に太平洋を望み、後ろに熊野から高野山に至る広く深い山並みが延々と続いている。「紀伊国」がもとは「木の国」であったことはよく知られているが、それだけ木々に覆われた地域なのである。しかも、県庁所在地は最北端に位置する和歌山市にあるが、このことに関しては県民の中にそれほど違和感がないという。

　住居にできるのは、最北端の和歌山地区とその南に位置する田辺地区、そして、熊野信仰の拠点となる新宮地区の3つに分かれている。そのうち田辺は、中世に熊野水軍の拠点として栄え、源氏方について平氏滅亡に大きな貢献をしている。この田辺は、近世に入ると和歌山藩家老の安藤氏が治め、和歌山藩の支藩のような位置にあった。同じく新宮も和歌山藩の家老水野氏の城下町であった。

　ということは、いずれも紀州和歌山藩の支配下にあったということで、紀伊国には藩同士の対立はなかったということなる。

　何しろ紀州和歌山藩は徳川御三家の1つである。結局、熊野を中心とした広大なこの一帯は紀州55万石が支配していたのである。

　明治4年（1871）7月、廃藩置県によって、「和歌山県」「田辺県」「新宮県」の3つの県が併存する形になるが、同年11月には「和歌山県」にすんなりと一本化された。

　和歌山市の南に「和歌浦（わかうら、わかのうら）」という風光明媚な海岸が連なっている。『続日本紀』によれば、聖武天皇はこう述べたという。

　「山に登り海を眺めるのに、このあたりは最も良い。わざわざ遠出しなくても遊覧に充分である。それ故、弱の浜という名を改めて、明光浦とし、守部を設けて、荒れたり穢れたりすることのないようにせよ」（講談社学

術文庫版)

　もともと「弱の浜」と呼ばれていたのが「明光浦」となり、それが「若の浦」さらには「和歌浦」に転訛したということになる。
　豊臣秀吉がこの地に城を作ろうとした際に、南に広がる「和歌浦」に対して築城した岡を「和歌山」と名づけたことから、今日の「和歌山」という地名が生まれたとされる。
　なかなかの命名である。「若」というほとんど意味のない漢字を風流な「和歌」に変えたあたりにも秀吉のセンスが光る。

とっておきの地名

①加太（かだ）　古代においては「賀太郷」と記されている。江戸期には「加太浦」と呼ばれ、港町として栄えた。明治22年（1889）に「加太村」が成立し、明治32年（1899）には「加太町」となったが、昭和33年（1958）に和歌山市に合併された。
　由来は「干潟」であったという説が有力。江戸時代に「加太」の人々が千葉県九十九里浜に移住し、港を開いたことから「片貝（かたかい）」という地名が生まれたことは知っておいてほしい。紀伊国の人々が鰯などを求めて九十九里に移住したことは有名で、銚子のヤマサ醬油は和歌山藩広村（現・広川町）の濱口儀兵衛によって開業されたことはよく知られる。現在でも銚子市には紀伊国から移住してきたことを記念する「木国会（きのくにかい）」が存続している。

②学文路（かむろ）　和歌山県を代表する重要な地名の1つ。高野山の北側に位置し、戦国期に「禿（かむろ）」でみえる。江戸期にはすでに「学文路村」となり、明治22年（1889）に「学文路村」として新しくスタートしたが、昭和30年（1955）の橋本市の発足時に合併されて廃止された。「禿」とはいわゆる「はげ」のことで、坊主頭のことを言ったものだが、これは剃髪した僧のことである。一方で、将来遊女になる10歳前後の少女を意味することもあり、「高野山の麓なれば古は此地に男色を鬻くものありしならん」という説もある。（『角川日本地名大辞典　和歌山県』）この背景には、高野山は女人禁制だったという現実があった。

③串本（くしもと）　JR紀勢本線（きのくに線）の串本駅には「本州南端の駅」という看板がある。町の南に突き出ている潮岬は本州最南端の地点である。「串本」の由来については、潮岬へ「超す本」からきたという説と、大島にかけて串状の岩が続いているからという2つの説があるが、私は後者ではないかと考えている。

　串本の町の北の外れから、目の前にある大島には巨大な岩が串のように並んでいる。ここには弘法大師伝説が語り継がれてきた。

　その昔、弘法大師と天（あま）の邪鬼（じゃく）が一晩で大島まで橋架けをしようということになった。大師は山から大きな岩を運んできて海中に立てると、あっという間に橋杭が並んでしまった。このままでは立派な橋ができあがってしまい、自分は負けてしまうと考えた天の邪鬼は、大声で鳥の鳴き声をあげた。朝が来たと思った大師は橋架けを途中でやめてしまったので、橋杭は途中で切れてしまった…という話である。

　伝説はともかく、この串状の岩が地名の由来になっていることは確かであろう。

④九度山町（くどやまちょう）　真田昌幸・幸村父子が蟄居を命じられた場所として知られる。関ケ原で西軍についた真田昌幸・幸村父子は幸村の兄の信之が家康に延命を懇願した結果、この九度山（くどやま）に蟄居させられ、昌幸はこの地で生涯を閉じるが、幸村は大坂の陣で再び豊臣方につき、最後は討死を果たすことになる。

　空海が嵯峨天皇から高野山の地を賜ったのは弘仁7年（816）のことだが、高野山の入口で参詣の要所に当たるこの地に政所（事務所）を置いたのが始まりであった。空海の母が高野山を見たいと讃岐国からやってきたものの、高野山は女人禁制なので山に登ることはできず、政所に滞在せざるを得なかったという。そこで、空海はひと月に九度年老いた母を訪ねたところから「九度山」という地名が生まれたという。「九度」というのは正確な数値ではなく「頻繁に」という程度に解するのがよい。

　空海の母は承和2年（835）2月に死去したが、その霊を弔ったのが現在ある慈尊院である。

⑤**熊野**　全国に「熊」がつく地名は数多いが、そのほとんどが動物の「熊」以外に地形による「隈」の可能性が高い。熊野の場合、以下の説がある。

（1）動物の「熊」にちなむとする説

これは、後の神武天皇になる神倭伊波礼毗古命が東征して熊野から奈良に向かった際、熊に出会ったことからついたという説である。『古事記』には次のようにある。

「かれ、神倭伊波礼毗古の命、そこより廻り幸して、熊野の村に到りましし時に、大きな熊、髣かに出で入るすなはち失せぬ」

実はこのあと、神倭伊波礼毗古命は、この熊の毒気に当てられ、戦う意欲もなくしてしまったのだが、熊野の「高倉下」という猛者が現れて無事、命を護ったという話が記されている。

このような故事によって「熊野」という地名が生まれたとされるのだが、この場合の「熊」は「荒ぶる神」のことであって、「熊」そのものではないと考えられる。

（2）地形の「隈」によるとする説

「くま」（隈、曲、阿）を辞書で引くと、次のような意味が挙げられている。
① 「川や道などの」折れ曲がっている入り組んだ所。（川の―）（道の―）
② 奥まったすみの所。物かげの暗い所。
③ 濃い色と薄い色、光と陰などの接する部分。

これは主なものだが、まさに熊野はこのようなところである。熊野古道はどこまでも折れ曲がっているし、熊野川も山の奥深くから折れ曲がって流れてくる。また、「奥まったすみの所」というのは、至るところがそのような地形で、それがまた多くの信仰の対象になっている。そして、「濃い色と薄い色、光と陰などの接する部分」という表現は、まさに熊野のためにあるかのように思える。熊野全体が巨大な森になっていて、その全体が1,000年を超える信仰の対象になってきたのである。そう考えると「隈」説が正しいように見える。

⑥**御坊**　和歌山県紀中・日高地域の中核都市「御坊市」。江戸期から「御坊村」として存在していたが、明治30年（1897）に「御坊町」となり、戦後の昭和29年（1954）には近郊の村を合併して「御坊市」と

なった。由来は、天文9年（1540）、吉原（現美浜町）に建立された西本願寺日高別院による。文禄4年（1595）の豊臣秀吉の紀州攻めの際焼失し、現在地に移転し「御坊さん」と親しまれ、「御坊」という地名が成立したとされる。

⑦龍神（りゅうじん）　かつては「龍神村」で、日本三大美人の湯として知られているが、平成17年（2005）の合併で田辺市の一部になった。由来については諸説あるが、まず「龍（竜）神」の意味から説いてみよう。「龍（竜）神」とは「①竜の形をして水中に住み、水をつかさどる神。農業と結びつき雨乞い祈願の対象となり、漁師にも信仰された。②仏法の守護神、天竜八部衆の一」（『大辞林』）とある。水をつかさどる神ならば、温泉に結びついても自然である。

また、仏法の守護神であるならば、仏教と結びついても不思議ではない。このような背景から、龍神温泉は役行者小角（えんのぎょうじゃおづの）によって発見され、その後、弘法大師が難陀龍王（なんだ）の夢のお告げによって龍神温泉と名づけたという伝説が生まれてくるのだろう。地元には難陀龍王を祀る小さな祠があり、毎年8月に難陀龍王祭を催して温泉の繁栄を祈っている。

難読地名の由来

a.「財部」（御坊市）**b.**「一雨」（東牟婁郡古座川町）**c.**「国主」（紀の川市）**d.**「勝神」（紀の川市）**e.**「且来」（海南市）**f.**「土入」（和歌山市）**g.**「遠方」（紀の川市）**h.**「八尺鏡野」（東牟婁郡那智勝浦町）**i.**「周参見」（西牟婁郡すさみ町）**j.**「温川」（田辺市）

【正解】
a.「たから」（日高御坊の何らかの財宝管理に関係するか）**b.**「いちぶり」（一番雨が降るという気象地名）**c.**「くにし」（大国主命（かつかみ）がこの地に訪れたという伝承による）**d.**「かすかみ」（当地にある勝神神社に由来する）**e.**「あっそ」（朝が来るという意味か）**f.**「どうにゅう」（低湿地帯で土が入るという意味）**g.**「おちかた」（文字通り、遠方へ落ちていくからか）**h.**「やたがの」（神武天皇にまつわる「八咫烏」に由来する）**i.**「すさみ」（「荒海（すさみ）に由来するといわれる」**j.**「ぬるみがわ」（文字通り、水が温かいからか）

31 島根県

「出雲県」のほうが良かったのでは？

　島根県と鳥取県をつなげて地図で見てみよう。どこが中心かと言えば、島根県では松江市と出雲市、鳥取県では米子市と境港市である。この4つの都市はまるで県境に寄り添うように集まっている。島根県にはこの2つの都市を除くと大きな都市はなく、鳥取県では鳥取市まではるか長い距離がある。

　この両県はもともと同じ県と考えたほうがよいとも言える。人口から見ても鳥取県はおよそ58万、島根県はおよそ70万で、鳥取県が最下位で、島根県がその次の46位である（平成13年10月1日現在）。2つを合わせても130万弱で、埼玉県のさいたま市と同じ規模である。

　島根県という名前が誕生したのは明治4年（1871）11月のことで、「松江県」「母里県」「広瀬県」と隠岐が合併して成立した。しかし、明治9年（1876）8月、鳥取県（因幡国・伯耆国・隠岐国）を合併して大島根県が成立し、さらに明治14年（1881）9月には鳥取県が復活して現域が確定した。現在の島根県は旧出雲国・石見国・隠岐国の3つの国から成っている。

　ところで、この「島根県」という名前だが、出雲国の松江が「島根郡（しまねのこおり）」と呼ばれていたので、この県名がついた。朝敵とされた松江藩であったので、「松江」という名は許されず、郡名をとったという次第だ。だが、これで良かったか？

　「松江」という名前は、中国浙江省の西湖に臨む風光明媚な「松江府」にちなむと言われている。確かに、城があり、湖があり、文化もあって地方都市としては極めて魅力に溢れる町である。それに対して「島根」はどうか。『出雲国風土記』には「島根とよぶわけは、国を引きなされた八束水臣津野命（やつかみずおみつののみこと）がみことのりして、名を負わせ給うた。だから島根という」とあるが、これだけでどんな意味があるかは判然としない。

　島根県のインパクトのなさは、この県名にあると言ったら言い過ぎか。

「松江県」のほうがまだ印象が強いし、さらには「出雲県」でも良かった。明治政府は旧国名を1個もつけさせなかったが、これは今考えれば暴挙であった。これまで地名研究で明治新政府による旧国名抹殺を正面に論じたものはないが、明らかにこの政策は日本史上最大の地名改変であった。これについては改めて論じたい。

とっておきの地名

①三瓶山（さんべさん）　県のほぼ中央部で、旧出雲国と石見国の国境に位置する。「男三瓶山（おさんべさん）」（親三瓶山とも）（1,126メートル）を主峰とし、その南東に「女三瓶山（めさんべさん）」（母三瓶山とも）（957メートル）、南に「子三瓶山（こさんべさん）」（961メートル）、そしてその南に「孫三瓶山（まごさんべさん）」（907メートル）、さらに女三瓶山の南に「大平山（おおひらさん）」（855メートル）の五峰が環状に連なっている。中心には火口湖があり、これらの山々は溶岩によって形成されたものである。

古くは「佐比売山（さひめやま）」と呼ばれていたが、奈良時代の二字好字政策によって「三瓶山」と記されるようになったという。「さひめ」とは出雲国と石見国の「境い目」によるという説もある。『出雲国風土記』には、八束水臣津野命（やつかみずおみのつのみこと）が国引きを行った際の杭をこの地に打ち込んだと記される。

神話に彩られた山だからこそ、家族の名前がつけられたのであろう。

②宍道湖（しんじこ）　夕景の美しさで知られる「宍道湖」の「宍道」とは、古代出雲国の「意宇郡（おうのこおり）」の中の「宍道郷」に由来する。「宍道」は古代においては「ししじ」と読んでいたが、今は「しんじ」と読んでいる。

つい最近まで、宍道湖の南西部に「宍道町（しんじちょう）」という町があった。明治22年（1899）に意宇郡「宍道村」として発足し、昭和2年（1927）に「宍道町」となったが、平成17年（2005）に松江市に合併されて、今は松江市宍道町となっている。

「宍道」の由来は、この地にある「石宮神社（いしのみや）」にあると言われている。神社の看板にはこう書いてある。

「出雲の国を治めておられた大穴持命（大国主命）が犬を使って猪刈（いのしし）がりをされました。この追われていた二匹の猪と犬は石となって今でも南の山

に残っている。この故事より（猪のとおった道という意味から）この地域を猪の道＝宍道と呼ぶようになりました」

　これは『出雲国風土記』をもとにして書かれたもので、およそ1,300年も前の話である。「シシ」という言葉は、猪に限らず、もともと鹿などの野獣を指したもので、漢字としては「猪」「鹿」「獅子」「宍」などが当てられる。

③玉造温泉

　松江市玉湯町玉造にある山陰を代表する温泉の1つ。『出雲国風土記』には「国造が神吉詞の望に、朝廷に参向するときの、御沐の忌里である。だから忌部という。ここの川（玉造川）のほとりに温泉が出ている。出湯のある場所は、海と陸と〔の風光〕を兼備したところである。それで男も女も老いも若きも、あるいは陸の街道や小路をぞろぞろ歩いて引きもきらず、あるいは海中の洲に沿って日ごとに集まって、まるで市がたったようにみんな入り乱れて酒宴をし遊んでいる。一度温泉に洗えばたちまち姿も貌もきりりと立派になり、再び浸ればたちまち万病ことごとく消え去り、昔から今にいたるまで効験がないということはない。だから世間では神の湯といっているのである」と記されている。

　つまり、この地は古来忌部の住みついた地域であり、温泉で栄えたというのである。忌部とは古代朝廷の祭祀を司っていた氏族であり、天皇の皇位の印である三種の神器の1つ、八坂瓊勾玉をはじめとし、多くの玉類をこの地で作ったとされている。

④知夫

　隠岐郡にある「知夫村」。古くは「知布利」「知夫利」「知夫里」などとも書き、奈良時代の二字好字政策で「知夫」と2文字になったともいうが、戦国期にも「知夫利」などと書かれているのを見ると、江戸期以降のことであろう。もともとは「チブリ」で今も島の名前は「知夫里島」となっている。古代から現在まで1島1村であることで知られる。

　由来としては、隠岐群島の南端にあって、本土との往来の場合必ず寄港したことから、道路の神である「道触神」を奉祀して海路の安全を祈ったことから「知夫里」と呼ばれたとされる（『角川日本地名大辞典 島根県』）。

中　国　地　方

⑤斐伊川（ひいかわ）

出雲最大の流域面積を誇る川で、宍道湖に注ぐ。『古事記』には「肥の河」とあり、もとは「肥沃な川」の意味であったと考えられる。高天原を追放された須佐之男命（すさのおのみこと）が出雲国に降り立ったのがこの川の上流ということになっており、そこで老夫婦と出会うことになる。歎き悲しんでいるので、その訳を訊くと、「自分たちには8人の娘がいたが、毎年高志（越）の国から八俣のおろちがやってきて、娘を喰ってしまう」と言う。そこで命は残された「櫛名田比売（くしなだひめ）」と結婚し、その八俣のおろちを退治するという神話である。

斐伊川は全国に多数分布する「氷川神社」のもとでもあり、その意味でも重要な地名となっている。

⑥安来（やすぎ）

安来節と「どじょうすくい踊り」でも有名な安来市。鳥取県との県境にあり、古代の歴史の中心とも言われる。『出雲国風土記』では、「神須佐乃烏命（かみすさのをのみこと）は天の壁を立て廻しなされた。その時、このところに来てみことのりして、『私の御心は安平く成った（ヤスケ）（落ちついた）』と仰せられた。だから安来というのである」とある。つまり、須佐乃烏命がこの地に来て、心安らかになったので、「安来」という地名になったというのである。

このような事実があったとすれば、この「安来」も、いい加減に無くしてはいけない地名である。

⑦温泉津温泉（ゆのつおんせん）

山陰でも名高い温泉の1つ。「温泉津温泉」で、「津」をはさんで「温泉」という文字が繰り返される珍しい地名である。この地域はもともと石見国の邇摩郡（にまのこおり）の「湯泉郷（ゆのごう）」と呼ばれていたところで、「温泉郷」を「ゆのごう」と読んでいたところを見ると、もともと「湯の郷」であったのだろう。その「湯」に「温泉」という文字をあてはめたということだ。

『温泉津物語』（温泉津町観光協会編）にはこう書いてある。

「中世から日本の大銀山としてあらわれてくる石見銀山を背景にして、港として温泉津は早くから知られていたらしく、中国の明（1368〜1644）の古文書に『有奴津（ゆぬつ）』として出てくるところをみると、既に南北朝のころに温泉津と称されていたと思われる」

石見銀山は大永6年（1526）に九州の豪商神谷寿禎（かみやじゅてい）によって発見されたとされ、ここで採れた銀は遠くヨーロッパまで運ばれ、未曽有のシルバーラッシュを実現させた。平成19年（2007）、その功績を認められ、世界産業遺産に指定された。

難読地名の由来

a.「秋鹿」（松江市）**b.**「手結」（松江市）**c.**「薦津」（松江市）**d.**「十六島」（出雲市）**e.**「神門」（出雲市）**f.**「遥堪」（出雲市）**g.**「仁万」（大田市）**h.**「飯生」（安来市）**i.**「亀嵩」（仁多郡奥出雲町）**j.**「犬来」（隠岐郡隠岐の島町）

【正解】
a.「あいか」（この地に秋鹿日女命（あいかひめのみこと）が住んでいたことにちなむ）**b.**「たゆ」（共同作業の「結（ゆい）」に由来すると思われる）**c.**「こもづ」（「薦」とは植物のマコモのことで、昔はむしろの材料として使用された。そのマコモが生えていた湊の意味であろう）**d.**「うっぷるい」（十六善神の伝説など諸説ある。アイヌ語か）**e.**「かんど」（旧神門郡にちなんで、昭和18年に命名。神の入口という意味か）**f.**「ようかん」（出雲大社を遥かに望むところからか）**g.**「にま」（旧邇摩郡（にまのこおり）に由来するが、「沼」の転訛か）**h.**「いなり」（式内社「意多伎神社」（稲荷神社）に由来する）**i.**「かめだけ」（松本清張の『点と線』で有名になった。地形によるものと考えられる）**j.**「いぬぐ」（伊耶那岐命が犬を連れて隠岐に渡来したという伝承がある）

鳥取県

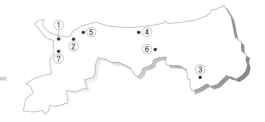

古代鳥取部の拠点

　鳥取県は人口58万の全国でも最少の県であるが、この「鳥取」という由緒ある地名でその存在感を示している。「鳥取県」の県名は、「鳥取藩」改め「鳥取県」を踏襲したもので、それに対抗する勢力はなかった。米子も倉吉も近世においては鳥取藩の支藩のような存在だったからだ。

　嘉永3年（1850）、鳥取藩は藩主として水戸の徳川斉昭の五男徳川慶徳(よしのり)を迎えることになった。水戸は何と言っても尊王攘夷運動のメッカであり、慶徳を迎えることによって鳥取藩も尊王攘夷の立場に追い込まれることになった。しかも、すぐ西に位置する長州も尊王攘夷のメッカであり、長州が尊王攘夷への協力を再三依頼するも、鳥取藩はついに頭を縦に振ることなく、戊辰戦争を迎えることになった。

　鳥取藩は官軍側につき、奥州の戦争にまで駆りだされる羽目になるが、財政的にも大変な負担で、多くの藩士に不満を残す結果となった。

　廃藩置県で誕生した「鳥取県」は5年ほど続くが、明治9年（1876）8月、突如消滅し、島根県に統合されてしまう。これは鳥取県民にとっては寝耳に水であったろう。鳥取藩は32万石の雄藩であったのに対して松江藩は18万石で、藩の存在感は鳥取藩のほうがずっと高かったと言ってよかった。

　明治13年（1880）には鳥取新聞に「鳥取県再置願望書」が掲載されたが、そこにはこう主張されていた。

　「鳥取県ノ廃セラレシヨリ五州ノ治権ハ松江ニ集リ、病院ノコトキ、学校ノコトキ、ソノ他社会ヲ奨励スヘキモノハ皆コレ松江ニ在リテ、鳥取ノ人智ハ日ニ萎靡(いび)ヲウナカスニ至テリ。三州ノ基軸ハ鳥取ニシテ、鳥取人ノ進歩ハ三州人ノ進歩ニオヨホシ、鳥取人ノ萎縮ハ三州人ノ萎靡ニ関ス」

　つまり、島根県になって以来、重要なものは皆松江に移ってしまっているが、三州すなわち「因幡(いなば)」「伯耆(ほうき)」「隠岐(おき)」3国の中心は鳥取なんだというのである。その結果、翌14年（1881）9月、鳥取県は復活を遂げること

になる。

　鳥取県は、古代において「鳥取部」が住んでいたことにちなむ地名である。記紀伝承では、垂仁天皇の皇子に「本牟智和気御子」がいたが、御子は「マコトトワズ」、今風に言えば言語障害で話すことができなかったという。ところが、ある日、空高く舞う鵠（白鳥の古称）の声を聞いて声が出るようになった。

　そこで、天皇は山辺の大鶙にこの鵠を捕えるように命じた。大鶙は木国（紀伊）に始まって針間（播磨）、稲葉（因幡）、旦波（丹波）、多遅麻（但馬）、淡海（近江）、三野（美濃）、尾張、科野（信濃）、高志（越）と訪ね歩き、ついに和那美でその鵠を捕えたという。ところが、御子はこの鵠を見ても話せるようにならなかったので、出雲大社に参拝に行かせたところ、ようやく話ができるようになったという話である。天皇はこれを喜んで、鳥取部・鳥飼部を定めたという。その本拠地がこの鳥取県だとすれば、この県名の重要さも理解できるであろう。

とっておきの地名

① 皆生温泉（かいけおんせん）　皆生温泉は米子市と境港市を結ぶ細長い浜（弓ケ浜とも夜見ケ浜ともいう）の日野川の河口付近に位置している。この浜には東西を結ぶ間道があり、それを「海道」と呼んでいた。その辺り一帯には池が多く点在し、そこから「海池村」となったと言われている。

　慶応3年（1867）、それまで「海池」「皆生」を両用していた地名を「皆生」に統一した。「海の池」というよりは「皆が生きていける」といった意味の「皆生」のほうが縁起がよいと判断したためであろう。

　明治33年（1900）、偶然にも皆生海岸の浅瀬にお湯が湧き出ているのを漁師が発見し、ここから皆生温泉の歴史が始まった。きわめて新しい温泉ではあるが、海岸の浜に湧き出る温泉として全国でも珍しいケースである。

② 孝霊山（こうれいさん）　大山の手前に聳える標高751メートルの山。「高麗山」「韓山」「瓦山」とも呼ばれる。その昔、韓の国の神が朝鮮半島から山の背比べのために韓山を運んできたが、雲間に聳える大山を見てびっくりして山を置いて帰ってしまったという伝承がある。

この話そのものは単なる伝承ではあるが、この地に多くの渡来人が住みついたのは事実であろう。明治22年（1889）から昭和30年（1955）まで、孝霊山北西部の10か村が合併して「高麗村（こうれいそん）」という自治体が存在していた。現在は大山町（だいせんちょう）の一部になっている。

③智頭（ちず）

　地元の方にしかわからない笑話を1つ。鳥取市で行われた宴会の席でのことである。いきなり一升瓶を出されて"ちず"の酒です」と言われた。見てみると、ビンの周りに「地図」らしき絵が描かれている。「どこの地図なの？」と訊くと"ちずちょう"（地図帳）の酒ですよ」と言う。ますます混乱していると、"ちずちょう"というのは「地図帳」ではなく「智頭町」のことであると教えられた。出された酒は「満天星（まんてんせい）」であり、ラベルに貼ってある文字は達筆過ぎてまるで「地図」のように見える。

　智頭町は総面積の9割以上が山林で占められた山の町である。もともと「智頭」は古代からの因幡国七郡の1つで、歴史ある地名である。「八上郡」と「智頭郡」が合併して「八頭郡（やず）」となったが、「智頭」という由緒ある地名は町名として残された。「ち」は「道」の意味で、「ず」は「あたま・はじめ」の意味で、「因幡に入る最初の道」という意味になる。幕藩時代から因幡国に入る第一の宿であった。今でもそのことを地元の人々は誇りに思っているようだ。

④羽合（はわい）

　かつて東伯郡にあった「羽合町（はわいちょう）」を指す。平成16年（2004）に同郡の「泊村」「東郷町（とうごうちょう）」と合併して「湯梨浜町（ゆりはまちょう）」となった。アメリカ合衆国の「ハワイ」と音が同じことから「日本のハワイ」と呼ばれた。

　正嘉2年（1258）に描かれた「伯耆国河村郡東郷荘下地中分絵図」に羽合のルーツに当たる「伯井田」という地名が載っている。この絵図は高等学校の日本史の教科書に必ず載っているほど有名なもので、鎌倉時代に入って地頭による荘園支配が強化されるに従って、それまで荘園を支配していた本家・領家が地頭は地頭と現地を折半して半分ずつ支配する下地中分で支配権を残そうとしたものである。

　「伯井田」の「伯」は「伯耆国」の「伯」であると考えられる。また、

この地域は東郷池のほとりにあり、古代から田んぼが広がっていたことから「井田」と呼ばれていたのだろう。この「伯井田」が戦国期になって「羽合田」になり、それが後の「羽合町」になったと考えられている。

⑤御来屋（みくりや）

旧「名和町（なわちょう）」にあった漁港。平成17年（2005）の合併によって、現在は「大山町（だいせんちょう）」になっている。

後醍醐天皇（1288〜1339）が討幕計画に失敗し、隠岐に流されたのは元弘2年（1332）のことだが、翌年には隠岐を脱出し、当地に上陸したため、男嶋崎という地名を「御来屋」と改称したという。その際、天皇を助けたのが、この地で海運業を営んでいた名和長年（なわながとし）で、後醍醐天皇とともに戦い武士となったことで知られる。

⑥三徳山（みとくさん）

東伯郡三朝町にある標高900メートルの山で、山の全域が三徳山三仏寺（きんぶつじ）の境内になっている。三仏寺の投入堂は中腹の断崖に浮かぶように建つ姿で知られ、国宝に指定されている。伝承によると、このお堂は修験道の創始者の役小角（えんのおづの）が空中に投げ入れて作ったという。それがまことしやかに思えるほど美しい。平安時代に作られたというこの投入堂は、「懸造り（かけづくり）」と呼ばれ、崖上のところに床をせり出して作られている。

三仏寺の名前は、阿弥陀如来、釈迦如来、大日如来をおさめてあるところからついたものという。修験道は古来の山岳宗教と密教が結びついたもので、役行者が3枚の花びらを落としたところ、その1枚がこの三徳山に舞い降りて、ここに修験道の道場が開かれたという。

「三徳山」の山名は「法身（ほっしん）」（仏の本体）、「般若（はんにゃ）」（心理を認識し悟りを開くこと）、「解脱（げだつ）」（束縛から離れて自由になること）の3つの徳によるものだとも言われる。それにしても、この地域には「三朝」「三徳山」「三仏寺」と「三」のつく地名が多い。これも珍しいケースである。

⑦米子（よなご）

かつては「加茂」と呼ばれる小さな漁村だったが、慶長7年（1602）に中村一忠が米子城を完成させ、伯耆17万5,000石の城下町を形成して栄えた。地名の由来は諸説あって定まらないが、こんな話がある。

昔、この地に住む88歳になる長者が毎日賀茂神社にお参りしていたところ、子どもを授かり子孫も栄えたという。そこで「八十八の子」の意味で「米子」と称するようになった…。
　単なる伝承でしかないが、古人の縁起をかつぐ心根が見えて面白い。このような遊びもまた地名の楽しみである。実際は稲がよく実るという意味で「米生の里」あるいは「米の郷」と言ったというあたりの解釈が正しいのだろう。

難読地名の由来

a.「**越路**」（鳥取市）**b.**「**車尾**」（米子市）**c.**「**不入岡**」（倉吉市）**d.**「**見日**」（倉吉市）**e.**「**佐斐神**」（境港市）**f.**「**会下**」（鳥取市）**g.**「**屋堂羅**」（八頭郡若桜町）**h.**「**方面**」（東伯郡湯梨浜町）**i.**「**上安曇・下安曇**」（米子市）**j.**「**倭**」（西伯郡南部町）

【正解】
a.「こいじ」（昔からの交通の要地で、昔は「こえじ」と読んだというので、路を越えるの意味である）**b.**「くずも」（出雲街道の宿場で、その昔後醍醐天皇が当地に寄った際「尾車」と詠んだのを逆に「車尾」としたという。「くるまお」が「くずも」に転訛したもの）**c.**「ふにおか」（税を免除した岡と思われる）**d.**「みるか」（太陽信仰に関連するか）**e.**「さいのかみ」（道祖神に由来する）**f.**「えげ」（「会下」とは僧が修行することを意味し、その場所を指している）**g.**「やどら」（鬼ヶ城から放った矢がお堂に当ったという伝承がある）**h.**「かたも」（「潟の表」の転訛か）**i.**「かみあずま・しもあずま」（古代安曇族にちなむか）**j.**「やまと」（大国主命が活躍したことによるか）

岡山県

瀬戸内海を支配していた

　岡山県の県域は、かつての「美作国」「備前国」「備中国」を含んでいる。「美作国」は山陽道と山陰道の山間部に位置し、出雲と瀬戸内を結ぶ役割を果たしていた。国府は津山盆地の中心、津山市にあったことが確認されている。

　一方、山陽道沿いの「備前国」「備中国」は、それに続く「備後国」とともに、古くは「吉備国」と呼ばれていた地域である。ところが、この地域の発展とともに細分化が進められ、都に近いほうから「備前」「備中」「備後」と分国されることになった。奈良時代の後半の時期と言われている。

　三国の今の主な都市を示しておこう。

　　　美作国…津山市・美作市
　　　備前国…備前市・岡山市・玉野市
　　　備中国…倉敷市・総社市・高梁市・新見市・井原市

　岡山県は兵庫県などとは違って、とてもまとまりのよい県である。かつての美作国と吉備国のうち備前・備中の部分だけがまとめられたということで、特に大きな地域ごとの軋轢も少ないと言える。

　「岡山県」という県名は「岡山藩」の藩名をそのまま採用して誕生した。この地に最初に城を築いたのは宇喜多直家で、天正元年（1573）のことであった。江戸に入って寛永9年（1632）に池田光政（1609～82）が鳥取から移封され、岡山は大いに栄えるようになる。池田光政は放水路として百間川を開いたり、児島湾を干拓して広大な新田を開いたりした。さらに、閑谷学校を開いて、庶民の教育の発展に寄与したことでも知られる。

　もともと現在の岡山市の位置は児島湾に面する低地にあり、町の中央を流れる旭川の右岸に「岡山」「石山」「天神山」の3つの山があったとのこと。この「岡山」という名は、この地にあった酒造神の酒折明神を祀る社殿が「岡山」と呼ばれていたことに由来するという。

岡山藩は江戸時代32万石を数える大藩で、明治の廃藩置県以降の統合でも、特に大きなトラブルもなく「岡山県」が誕生した。

とっておきの地名

① **牛窓**（うしまど）　「牛窓町」はかつて尾久郡にあった町。平成16年（2004）に同郡の「長船町」「尾久町」と合併して「瀬戸内市」になった。牛窓は江戸時代の朝鮮通信使の逗留地として知られ、現代では眺めの美しさから「日本のエーゲ海」とも呼ばれている。

　この牛窓には興味深い伝説が語り継がれている。今からおよそ1,600年も前のこと。仲哀（ちゅうあい）天皇の御代のことであった。西国の熊襲が三韓と組んで反乱を起こしたので、天皇は大軍を率いてこの地を通りかかった。すると、8つの頭を持つ不思議な怪物「塵輪鬼（ちんりんき）」が現れて天皇を襲った。怪物は退治したものの、その直後天皇は流れ矢に当たって亡くなってしまった。

　天皇亡き後は、神功皇后が代役を務め、無事西国を治めて帰る途中、またまた牛の形をした牛鬼が襲ってきた。すると、白い髪の翁が現れ、牛鬼の角をつかんで投げ飛ばし、皇后を救ったという。この話からこの地を「牛転」（うしまろび）と呼ぶようになったという。

　その「牛転」がなぜ「牛窓」になったのか。室町時代の話である。中秋の名月をめでる句会を開いていたところに連歌で有名な宗祇が訪れ、こんな句を作ったという。

　　　　旅は憂（う）し窓で月見る今宵かな

　戦乱で焼け果てた都を憂いて作った句で、この「憂し窓」が「牛窓」になったという。伝説ではあるが、何かを感じさせてくれる町である。

② **鬼ノ城**（きのじょう）　総社市にある桃太郎伝説の地である。鬼ノ城は総社の平地から400メートルの高さに延々3キロメートルにわたって延びている山城である。この山城を舞台にして行われた昔の戦いと桃太郎の鬼退治の話が重なって鬼ノ城という地名が生まれた。その話とは次のようなものだ。

　その昔、垂仁天皇の時代のこと。百済の王子温羅（うら）が吉備国にやって来て、今の総社市に居城した。温羅は身の丈1丈4尺（4メートル以上）、怒らせると火を吹いて野山を焼き、岩を投げ飛ばすなど、悪事の限りを尽くした

という。

そこで、朝廷は武勇の誉れ高い吉備津彦命(きびつひこのみこと)を送り、鬼退治をさせたという。これが桃太郎伝説と結びついた。その戦いのあとを示す地名が今も残る。両者の矢がかみ合って落ちたところから「矢喰宮(やぐいのみや)」。温羅の目に当たっておびただしい血が流れたことから「血吸川(ちすい)」。そして、負けた温羅が鯉に化けて逃げようとしたのだが、命はその鯉を飲みこんでしまったので「鯉喰神社(こいくい)」となったのだという。

鬼ノ城が朝鮮半島からの渡来人の力によって建設されたことはほぼ間違いない事実だし、温羅が百済から来たという伝説は、事実ではないにしても、この伝説を生むもとになる史実があった可能性は極めて高いと言ってよい。

③後楽園(こうらくえん)

日本三名園の1つとして知られる。岡山藩主池田綱政が岡山郡代官津田永忠に作らせたもので、14年の歳月をかけ元禄13年(1700)に完成した。藩主が賓客をもてなした建物を「延養亭(えんようてい)」と呼び、庭園を「後園」または「御後園」と称していた。

明治になって一般に開放するに当たって、江戸の後楽園の故事にならって、『岳陽楼記』にある「先憂後楽」(先に憂いて後で楽しむ)にちなんで「後楽園」という名称にした。

一方、同じ名前を名乗っている江戸の「後楽園」は水戸徳川家上屋敷の庭園で、水戸初代藩主が徳大寺左兵衛に造園させたもので、それを受け継いで完成させたのは水戸黄門こと徳川光圀公であった。完成は岡山の後楽園とほぼ同じ時期であった。

「後楽園」という名称は江戸のほうが古いのだが、岡山の後楽園は大正11年(1922)に名勝に指定され、後続の東京の後楽園は翌年指定されたので、岡山のほうは「後楽園」と言っているが、東京のほうは正式には「小石川後楽園」と呼んでいる。

④閑谷学校(しずたにがっこう)

岡山藩主池田光政によって開設された我が国最古の庶民教育の学校。和気郡木谷村延原に学校の建設を進めると同時に、地名を「静かに学べる」という意味で「閑谷」に変えている。講堂が完成したのは延宝元年(1673)で、昭和28年(1953)国宝に指定

された。現在あるのは備前市閑谷で、学校名からできた町名である。頼山陽など著名な学者も訪れ、幕末には大鳥圭介もここで学んでいる。

　明治3年（1870）に閑谷学校は閉校になるものの、明治36年（1903）には私立閑谷中学校（旧制）となり、戦後になって和気高校と閑谷高校が統合されて岡山県立和気閑谷高等学校として発展している。主な出身者に、正宗白鳥（小説家）、三木露風（詩人・作家）、戸田貞三（社会学者）などがいる。

⑤高梁（たかはし）

　岡山県西部にある都市で、「高梁川」中流域に位置する。もとは単純な「高橋」だったというが、なぜこのような難しい「高梁」という漢字を使ったのか。そこにはある種のからくりがあった。元弘年間（1331～34）、守護職として当地に入った高橋九郎左衛門宗康が、城主の名前と地名が同じなのはよくないと判断して「松山」と変えたのだという。ところが明治になって伊予国の松山（現・松山市）と混同するため、もとの「高橋」に戻そうとした。その際、単純な「高橋」ではなく、同じ「橋」でもイメージの良い「梁」の漢字を使おうとした、というのが経緯である。

　「梁」は橋梁という言葉があるように、左右の両岸に柱を立てて、その上に架けた木の橋を意味する。音読みでは「りょう」だが、魚を捕える「やな」という意味もある。ただ、決定的なのは古代中国で「梁」という国と王朝が存在していたことで、その名にちなんだと考えてよいだろう。

⑥美甘（みかも）

　「美甘村（みかもそん）」は真庭郡にかつて存在した村。平成17年（2005）の大合併で真庭市の一部になっている。これも難読地名である。「みかも」とはたぶん「水鴨（みかも）」のことであろう。村史では、当地に古代から出雲系統の鴨名のついた神を祀る一団がいたことから「美甘」という地名が誕生したのではないかと考えている（『角川日本地名大辞典　岡山県』）。おそらく、何らかの意味で「鴨」にちなんだものと考えてよいだろう。

　「美甘」はあくまでも美しいイメージの漢字を使ったと解してよい。「甘」は音読みでは「かん」であるので、「かも」とはかなり近い発音である。当地は出雲へ抜ける道すがらにあり、そこから流罪になった後醍醐天皇に「甘酒」をふるまったという話も生まれてくるが、この類の話は聞き流し

⑦**矢掛**(やかげ) 「矢掛町(やかげちょう)」は岡山県南西部に位置し、旧山陽道の宿場町として知られる。地名の由来は、古代清流に家屋の影が美しく映っているのを見て「屋影」「屋陰」と呼んだのがはじまりとされる。戦国期になって矢尻生産が盛んになり、矢を掛く意味で「矢掛」と書くようになったとされる(『角川日本地名大辞典 岡山県』)。

　地名は、今川貞世の紀行文に「屋陰といふさとにとゞまり侍ぬ」とあるのが最初だという(応安4年)。もとは家屋の影の美しさから始まったものが、後に「矢」にまつわる転訛をなしたものであろう。

難読地名の由来

a.「首部」(岡山市) **b.**「宍甘」(岡山市) **c.**「百枝月」(岡山市) **d.**「宍粟」(総社市) **e.**「書副」(久米郡美咲町) **f.**「邑久」(瀬戸内市) **g.**「和気」(和気郡和気町) **h.**「鯰」(美作市) **i.**「鉄山」(真庭市) **j.**「千躰」(赤磐市)

【正解】
a.「こうべ」(吉備津彦に敗北した温羅の首を晒したという伝承がある) **b.**「しじかい」(古代朝廷が猪、鹿を飼育するために置いた宍甘部に由来する) **c.**「ももえづき」(八方へ枝を広げた槻の木(ケヤキの古称)があったことによる) **d.**「しさわ」(宍はシシで、四足の動物、粟は「沢」の転訛と考えられている) **e.**「かいぞえ」(書類を作る際、小さな地域だったので書き忘れて、あわてて「書き添えた」というエピソードが残る。実際は「垣」の近くを意味するか) **f.**「おく」(古代よりある邑久郡より。以前は「大伯」「大来」とも書かれ、大きな地区を意味していた) **g.**「わけ」(「別の渡(わけのわたし)」と呼ばれ吉井川の渡しとして栄えた) **h.**「なまず」(文字通り鯰が獲れたという) **i.**「かねやま」(製鉄にちなむ) **j.**「せんだ」(製鉄にちなむか)

34 広島県

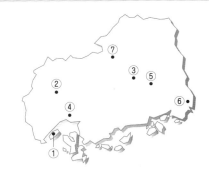

歴史に揺らいだ毛利氏

現在の広島県の県域は旧「備後国」と「安芸国」であった。およその関係を示すと、次のようになる。

　　備後国…福山市・尾道市・府中市・庄原市・三次(みよし)市など
　　安芸国…三原市・竹原市・東広島市・大竹市など

広島県の成り立ちは比較的スムースに運ばれたようである。明治4年(1871)7月の廃藩置県では、「中津藩」が「中津県」、「福山藩」が「福山県」、「広島藩」が「広島県」になり、その流れの上で明治9年(1876)4月に「広島県」として統合された。その背景には、こんな歴史が隠されていた。

関ケ原の戦いまで、この中国地方で最大の勢力を誇っていたのは毛利氏であった。毛利氏は鎌倉幕府御家人から安芸国の国人となり、やがて戦国大名として特に安芸国に勢力を張っていた。毛利元就は次々と周囲の敵を打ち負かし、出雲にまで進出する勢いを見せ、毛利氏全盛時代を築いた。その孫に当たる毛利輝元は秀吉側の急先鋒として活躍し、秀吉の四国攻め、九州攻めでは大きな貢献をなし、秀吉からの信望も厚かった。慶長2年(1597)には豊臣家の五大老に列し、その流れの中で関ケ原の戦いでは西軍の盟主となった。

結果は惜しくも敗北の運命となり、周防・長門に厳封の上飛ばされることになる。毛利輝元は隠居するが、その長男秀就は今の萩に築城し、以来毛利氏は萩を拠点にして勢力を温存することになる。

いわば、長州の萩は関ケ原で敗北を喫した怨念を有しているところで、それを理解すると、長州が討幕に動いた理由もわかってこよう。現に、安政の大獄で殺された吉田松陰(1830~59)への思いから、松下村塾の弟子に当たる高杉晋作は「必ず敵を取ってやる」と言ったと伝えられる。

そう考えると、明治新政府は毛利氏の末裔(まつえい)のようなもので、毛利氏が築いた広島城やその周辺には好印象を持っていたのではと考えられる。

194

「広島」という地名の由来については、毛利輝元が広島に築城した際、毛利氏の祖に当たる大江広元の「広」と、城地選定に当たった福島元長の「島」をとって「広島」と名づけたと言われているが、文献的な証拠はない。

とっておきの地名

①厳島（いつくしま）

古来厳島神社が鎮座する島で、日本三景の1つとして多くの観光客を集める。古代においては「伊都岐島」と記されているが、これは単に音を当てはめたに過ぎない。「斎く」という言葉があるが、心身のけがれを浄めて神に仕えることを意味している。「厳島」は「斎く島」というのが由来だという。この島は島そのものが神の棲む神聖な場所であって、そこから「斎く島」と呼ばれたのであろう。

一方、厳島神社の縁起によれば、ご祭神の「市杵島姫命（いちきしまひめのみこと）」の名に由来するという。伝承によれば、素戔男命（すさのおのみこと）の娘とされる宗像三女神の「市杵島姫命」「田心姫命（たごりひめのみこと）」は2羽の神鴉（しんあ）（神の遣いのカラス）に導かれてこの地に鎮座したという。

いずれにしても、この地が「いつくし」（厳し、慈し、美し）の場所であったことは事実である。

②加計（かけ）

「加計町（かけちょう）」はかつて山県郡にあった町。平成16年（2004）の合併によって安芸太田町の一部となった。難読地名の1つだが、『大日本地名辞書』ではこう記している。

「加計はもと懸（カケ）に作る、大田川と滝山川と此にて落合ふ、村民農余に紙抄舟運業、又は鉄業に従ふ、村中市聚を成せり、此村、寛政八年水害を被り、後漸く復旧すれど、水路は変じたりと云ふ」

この「懸」をどう解釈するかだが、一般的には舟運のための舟を「かける」意味に使ったのではないかというのが通説になっている。あるいは橋を架けたことにちなむか。

③吉舎（きさ）

「吉舎町（きさちょう）」はかつて双三郡に存在した町。平成16年（2004）の合併によって三次市の一部になった。室町時代から江戸時代を経て明治期に至るまで「吉舎村」であったが、明治22年（1889）の町村制の施行により、新「吉舎村」となって、大正6年（1917）に「吉舎町」

となる。現在は三次市に属す。『大日本地名辞書』では、『和名抄』にある「私部郷(きさいべごう)」が「吉舎」のルーツであるとする。「私部」「私市部(きさいちべ)」とは、妃后のために置いた部のことで、敏達天皇の時、后妃個々のため名代(なしろ)の代わりに、后妃全体のために置いたという。その部民と何らかのかかわりがあるとみられる。大阪府交野市にある「私市」も同様な歴史的背景を有するとみられている。

④ 己斐(こい)　広島城は別名「鯉城」と呼ばれ、広島東洋カープの「カープ」は「鯉」である。その由来になったのが広島市の西部にあった「己斐村」である。今の「西広島駅」付近から八幡川沿いの地域である。鎌倉期から明治に至るまで「己斐村」として長い歴史を刻んできたが、明治44年（1911）に「己斐町」、そして昭和4年（1929）に広島市に編入されて今日に至っている。

　ここにはこんな伝承がある。昔、神功皇后(じんぐうこうごう)が西国の熊襲征伐に向かった折、ここに船を停めて滞在した。その時、県主(あがたぬし)が大きな鯉を献上したところ、皇后が大いに喜ばれ、「鯉村(こいむら)」と名づけたのだという。その「鯉村」がなぜ「己斐村」に変わったのか。奈良時代の二字好字政策によるもので、その時、「鯉」を「己斐」という二字好字に変えたのだという。

　現在の太田川放水路はかつては「己斐川」と呼ばれ、さらに今の「西広島駅」も昭和44年（1969）までは「己斐駅」だったという。広島を代表する地名をいとも簡単に消したことになる。

⑤ 上下(じょうげ)　今は府中市に合併されてしまったが、かつて甲奴郡に「上下町(じょうげちょう)」という町があった。これは文句なく面白い地名。いったい何が「上下」なのか。実はこの町が日本海に流れる「江の川」水系と瀬戸内海に流れる「芦田川」水系との分水嶺になっていることにちなむというのが定説になっている。町の中には分水嶺の碑も建てられており、むしろ分水嶺を売り物にしている感さえある。

　それにしてもその場合の「上下」とは何だろう。北に流れる江の川水系を上、南に流れる芦田川水系を下ということはないだろう。この地は山陰と山陽を結ぶ要地であって石見銀山の銀の集積地でもあったことから、都に近いほうが上、逆が下という考えも無理がある。落ち着くところは、分

水嶺であるがゆえに、水の流れに敏感であり、それが地形の上下に結びついたのではないかと思われる。

⑥ 鞆の浦(とものうら)

『万葉集』巻三に、天平2年（730）12月に大宰師大伴旅人が京に帰る途中この地に寄り詠んだ歌が収められている。
　　吾妹子が見し鞆(とも)の浦のむろの木は
　　　　常世(とこよ)にあれど見し人ぞなき

奈良時代には「鞆の浦」という地名は成立していたのだが、歴史はさらにさかのぼる。まずこの「鞆」という言葉が様々な事象をイメージさせてくれる。「鞆」とは、弓を射る時に左手の内側につける革製のプロテクターのことだが、それが神功皇后伝説と結びついて様々な憶測を呼んでいる。また「艫(とも)」からの転訛とする説もあるが、「艫」とは船の後方つまり船尾のことで、これにも神功皇后伝説がまとわりついている。

古来、この鞆の浦は瀬戸内海の交通の要地で、「潮待ちの港」として親しまれてきた。『大日本地名辞書』でも「此津は古代蕃客接待の海駅なり、近世の韓使の来往にも之を経由せり」とある。

「鞆町(ともちょう)」は明治22年（1889）の町村制の施行によって誕生したが、昭和31年（1956）に福山市に編入されて今日に至っている。

⑦ 三次(みよし)

「三次」と書いてなぜ「みつぎ」ではなく「みよし」と読むのかは、広島県人でなくとも一度は不思議に思ったことがあるはず。これには古代からの深い理由がある。古代「備後国」の郡名に「三次郡(みよしのこおり)」があった。通常は「みよし」だが、『和名抄』では「ミスキ」と訓ずる。「スキ」は古代朝鮮語で「村」を意味するので、もともとある集落を指していたものと考えられる。この「三次」は「上次(かみすき)」「幡次(はたすき)」「下次(しもすき)」の3つの「次」があったことによると言われる。

その後「三吉」「三好」「三善」などの表記もされたことがあるが、寛文4年（1664）に三好藩初代藩主の浅野長治が「三次」に統一して今日に至っている。

難読地名の由来

a.「薬研堀」（広島市）b.「温品」（広島市）c.「三篠」（広島市）d.「警固屋」

（呉市）e.「十四日」（尾道市）f.「水呑」（福山市）g.「廻神」（三次市）h.「吉舎」（三次市）i.「水分峡」（安芸郡府中町）j.「女子畑」（呉市）

【正解】
a.「やげんぼり」（製薬器具の薬研のように、断面がV字型の堀にちなむ）**b.**「ぬくしな」（かつて温科氏が治めたといい、ゆるやかな階段状の地形によると思われる）**c.**「みささ」（太田川の別名「御篠川(みささがわ)」に由来する。御篠川が笹の葉を重ねた形をしていることによる）**d.**「けごや」（もとは「食小屋(けごや)」（飯場）だったが、後に武士を警護に当たらせたことから「警固屋」に変えた）**e.**「とよひ」（毎月十四日に市が立っていたことに由来する）**f.**「みのみ」（熊ヶ峰山系の湧水が有名で、このように命名された）**g.**「めぐりかみ」（ヒコホホデミノミコトが当地に寄った際、烏帽子が木の枝に引っかかって、この地を巡られたという伝説がある）**h.**「きさ」（昔後鳥羽上皇が隠岐に流される時、当地の「吉舎良神社」で1泊し、「吉(よ)き舎(やど)り」と話されたことから「吉舎」という地名が生まれたと伝える）**i.**「みくまりきょう」（「水分(みくまり)神社」に由来し、水を分けることに由来する）**j.**「おなごばた」（もとは「好畑」だったのだが、「好」が「女」と「子」に分割されてできた）

35 山口県

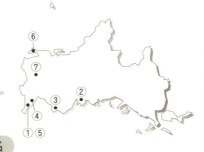

存在感の薄い「山口」という地名

　歴史愛好家にとっては、山口県でまずイメージするのはやはり「萩」であり、長州である。日本の近代をつくったそうそうたる人物群がこの萩から生まれている。それに対して、「山口」という地名は存在感が薄い。現に新幹線で行っても山口市は通らず、「新山口」駅で乗り換えねばならない。また、飛行機で行けば山口宇部空港からさらに「山口」は遠い。いったい「山口」とは何なのか。

　もともと山口県は「周防国」と「長門国」という由緒ある2つの国が統合されてできた県である。山口市は旧周防国に属している。

　山口は1360年頃、時の周防・長門・石見の守護職にあった大内弘世がここに居館を移したのが始まりだという。三方を山で囲まれた地形を京都に見立てて町づくりを行い、「西の京」とも呼ばれて繁栄した。山口では何と言っても瑠璃光寺の五重塔が有名で、何度見てもその美しさにかなう五重塔はないと私は思う。この寺は文明3年（1471）に創建され、元禄3年（1690）に現在地に移っている。中世までは明らかに山口が中心であったのである。

　ところが、近世に入って毛利家の支配下に入ると、政治の中心は萩に移ってしまう。それ以降萩藩は討幕に至るまで、外様の雄藩として名を轟かせるのだが、なぜか明治4年（1871）7月の廃藩置県では「萩藩」はなく、当然のこととして「萩県」も成立していない。山口県域では「山口県」「岩国県」「清末県」「豊浦県」のみであった。そこにはこんな歴史が隠されている。

　江戸期には山口町は萩藩の支配下にあり、当然のこととして幕末まで萩藩（長州藩）は外様の雄藩として明治に入るまで名を残すはずであった。ところが、幕末になって異変が起こった。それは萩藩を攻めようとする幕府軍に対抗するために、文久3年（1863）に、藩主毛利敬親は鴻ノ峰の東麓に新藩庁の建設を開始し、慶応2年（1866）には萩から移ったからである。

この時点で萩藩は名目的になくなり、政治の中心は再び山口に移ったのである。鴻ノ峰の新藩庁がそのまま山口県庁に移行することになった。

このような経緯のもとに「山口県」という県名ができたのだが、「萩」という名前を残さなかったことにはまだ疑問が残る。それは内務卿が薩摩出身の大久保利通だったことに関連しているのかもしれない。

とっておきの地名

①下関（しものせき） 山口県最大の人口を誇る代表的な都市として知られるが、なぜ「下」の「関」なのかと考える人は少ない。古来、この海峡は交通・軍事上の要地であり、古くは「長門関」もしくは「赤間関」「赤馬関」（あかがませき）と呼ばれていた。また江戸期元禄頃には、漢詩上「馬関」（ばかん）と表現したことから、明治期には「馬関」という呼称が広まったという。

この「下関」に対して「上関（かみのせき）」「中関（なかのせき）」が存在するというのがこの下関のミソである。「上関」はもと「竃土関（かまどせき）」と言い、今も「上関町（かみのせきちょう）」として存在する。また、「中関」は現在の防府市にあった関だという。上・中・下の順序は、言うまでもなく都から近いほうから上・中・下なのだが、結果的には「下関」だけが大きく発展し知名度も高くなっている。

『山口県郷土史　上巻』には、「長門関」という名前で「長門関は海関で船舶の通行を検査する関である。海関摂津関［須磨］と共に、王朝時代に京師守護の為に設置された逢坂・不破・鈴鹿の三関に次ぐ要関であったことは、其の罰則が比較的重く定められてあったことからもうかがわれる」と記されている。

明治22年（1889）、赤間関村を中心に6つの村が合併して「赤間関市」が誕生した。山口県最初の市制の施行であった。そして明治35年（1902）に「下関市」と改称した。

②鋳銭司（すぜんじ） 「鋳銭司村」はかつて吉敷郡南東部にあった村。昭和31年（1956）の合併で山口市に編入された。文字通り、古代において銭貨の鋳造所があったことを示す地名である。『続日本紀』には文武天皇2年（698）9月に「周防国（すほうのくに）が銅鉱を献じた」とあり、聖武天皇天平2年（730）3月に「周防国熊気郡（すほうのくにくまけ）にある牛嶋の西の汀（みぎわ）と、同国吉敷郡の達

理山から産出する銅を冶金精錬してみたところ、いずれも実習に堪えることがわかった。そこで周防国に命じて採鉱・冶金させ、隣りの長門(ながと)の行う鋳銭に充てさせた」とある。

　この鋳銭司は平安中期まで活動を続けたと言われ、いわば古代の造幣局であり、重要な役割を果たしたと言える。

③セメント町(まち)

企業名からつけられた町名というのは全国的にみてもそう多くはないが、これはその1つ。今は山陽小野田市になっているが、旧小野田市にある「太平洋セメント」(旧小野田セメント)の企業名にちなむ。

　小野田セメントの創設は明治14年(1881)5月である。創業者は山口県士族笠井順八であった。明治政府は殖産興業政策のもとに、各地に造船所、製鉄所などを中心とした洋式工場を建設したが、それに続いて紡績所、セメント工場、ガラス工場、醸造所など各種の官営工場をつくっていった。

　笠井順八がセメントに注目したきっかけとして、次のような逸話が残されている。

　「明治七八年頃ト思フガ山口ニ協同会社ト云フモノガ創立サレタガ其時製造ノ倉庫ヲ建ルコトニナリマシタ。石ト石ト継合セルニセメントト云フ粉ヲ練ツテ其間ニカマセルト其粉ガ石ノ様ニナリ、ツマリ一枚ノ石モ同様ニナルト云ふコトヲ聞キ、其時ニハ誠ニ不思議ニ思ヒマシタ」

　笠井は明治14年(1881)に「セメント製造会社」を設立し、明治24年(1891)に会社名を「小野田セメント製造株式会社」と改めた。この地域一帯を「セメント町」としたのは、明治40年(1907)頃だと言われる。

④壇ノ浦(だんのうら)

元暦2年(1185)3月、ここで繰り広げられた源平の戦いで平氏が敗北し、滅亡の道をたどったことで有名になった。「壇」の浦ということで、何やら「壇」に意味がありそうだというわけで、いろいろな説がある。例えば、今川貞世の「道ゆきふり」には「此うらを壇のうらといふ事は、皇后のひとの国うちたまひし御時、祈のために壇をたてさせ給ひたりけるより、かく名付けるとかや申なり」と書かれているとする(『角川日本地名大辞典 山口県』)。しかし、吉田東伍は『大日本地名辞書』で「信じ難し」と言っている。

中国地方

また、神社に五百段の階があったとか、五百段の階段を下りて海に赴く行事があるとの説もあるが不詳。現地に行ってみればわかることだが、海峡をはさんで両岸が「壇」状に迫っているところから「壇ノ浦」と呼び、それに神社信仰が重なったものであろう。

⑤船島（ふなしま）　別名「巌流島」とも呼ばれる。「船島」は海峡の脇に船が横たわっているように見えたので「船島」と呼ばれた。慶長17年（1612）4月、この島で宮本武蔵と佐々木小次郎が決闘し、敗れた小次郎の流儀「巌流」をとって通称「巌流島」と呼ばれる。

　今も島に行くには舟でいくしかないが、上陸すると、武蔵・小次郎の決闘像や、文学碑などが建てられている。やや奥まったところに、佐々木巌流之碑がひっそりと建てられている。これは小次郎の墓ではないが、惜しくも敗北を喫した小次郎の無念さを後世に残そうと、明治43年（1910）に建てられたものである。

⑥向津具（むかつく）　この不思議な地名は山陰線の「人丸」駅からバスで50分くらい行ったところにある。油谷湾をはさんだ「向こう」に位置している。『和名抄』にはもともと長門国は「厚狭（あつさ）」「豊浦（とよら）」「美禰（みね）」「大津」「阿武（あぶ）」の5つの郡（おおつのこおり）が記されている。この向津具は大津郡に属していた。この大津郡には9つの郷があったが、その1つが「向国（むくつに）」であった。

　意味からすれば、「向こうにある国」である。その「向こう」とは、山陰線の伊上（いがみ）方面から見ての話である。

　「むかつくに」の「つ」はどういう意味か。文法的には格助詞で、体言または体言に準ずるものに付いて、連体修飾語を作るもので、「の」に相当する。つまり、「向の国」という意味になる。この「つ」が「津」に重なった。向津具の中心は「久津（くづ）」の漁港で、古来「津」であったことは間違いない。

⑦杢路子（むくろじ）　こんな伝承がある。その昔、この村を通りかかった美しい女が産気づいて可愛い女の子を産んだ。村人からたいそう世話になり、感謝の気持ちから1首の歌と、持っていた木蓮で作られた杖を神社の境内に突き刺し、「この子は置いて行きますが、もしこの子が健や

かに成人することができたら、この杖がしっかり根をおろし、人々が見上げるような立派な木にしてください」と言って京に帰っていった。

翌年になると立派に芽を吹き、年を重ねるごとに大木に成長し、「むくろじ」の実をたくさんつけるようになった。そして里のあちこちに「むくろじ」の木々が生え、いつしか「杢路子」と呼ばれるようになった。

この美しい女は和泉式部、赤ん坊はその子・小式部であったという。

この伝説の真偽はともかく、「杢路子」という地名が「むくろじ」という植物名に関係してできたことは確かで、この点に注目したい。「むくろじ」という植物は「無患子」と表記し、ムクロジ科の落葉高木で、高さは10〜15メートルもある。種子は黒色で固く、羽子板の球に使われる。

「杢」は「もく」と読む国字で、もとは「木工」の意味である。難読地名だが、いかにも地域の歴史を感じさせてくれる地名である。豊浦郡「豊田町」にあったが、豊田町は平成17年（2005）に下関市と合併して、現在は下関市に属している。

難読地名の由来

a.「内日」（下関市） b.「阿知須」（山口市） c.「生雲」（山口市） d.「吉敷」（山口市） e.「椿東」（萩市） f.「廿木」（岩国市） g.「土生」（岩国市） h.「日置」（長門市） i.「垰」（周南市） j.「嘉万」（美祢市）

【正解】

a.「うつい」（盆地であるため内に日が指すことからと言われる） b.「あじす」（アジガモが洲にたくさんいたことによる） c.「いくも」（生雲八幡宮による） d.「よしき」（もとは「荒城」だったが、荒の字が開墾地としてよくないことから「吉城」「良城」になり、さらに「吉敷」となったとされる） e.「ちんとう」（「椿町」「椿瀬」という町名もあり、ツバキにちなむ） f.「はたき」（熊野から御神体を背負ってきて、二十（廿）本のしめ縄を引いて安置したことによる） g.「はぶ」（「埴生」とも書き、粘土のある場所を示す） h.「へき」（古代日置氏が住んだことに由来する。日置氏は製鉄業に携わりながら、日読み（暦）をも司ったと言われる） i.「たお」（峠のことである） j.「かま」（別府長者が当地を開拓しようとした時、夢の中でお告げがあり、2つの鎌で切り開けと言ったという伝承がある）

36 愛媛県

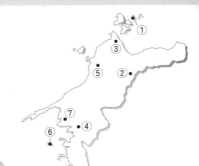

四国を代表する「愛比売」だった!

「四国」は文字通り4つの国から成っていたのでその名があるのだが、まず「愛媛県」から始めるのにはそれなりの理由がある。それは『古事記』の国生み神話によるものである。伊耶那諾命と伊耶那美命が日本列島を生んだ順序を『古事記』はこう記している。

「御合ひまして生みたまへる子は、淡道之穂狭別の嶋。次に、伊予之二名の嶋を生みたまひき。この嶋は身一つにして面四つあり。面ごとに名あり。かれ、伊予の国を愛比売といひ、讃岐の国を飯依比古といひ、粟の国を大宜都比売といひ、土左の国を建依別といふ」

ここにあるように、国生み神話では、まず「淡道」(淡路国)を生み、その次に「伊予之二名」を生んだことになっている。続いて、「隠伎」(島根県隠岐)、「筑紫」(今の九州全体)、「伊岐」(今の長崎県壱岐島)、「津嶋」(今の長崎県対馬)、「佐度」(今の新潟県佐渡)、「大倭秋津嶋」(今の奈良県御所市附近)の順で国が生まれたことになっている。

四国は日本列島のうち2番目に生まれたことになっており、「伊予之二名の嶋」となっている。そして、この嶋は身一つなのだが、4つの面を持っており、その面ごとに名がついていると書かれている。その4つの国を次のように表現している。

　　伊予の国…愛比売
　　讃岐の国…飯依比古
　　粟の国　…大宜都比売
　　土左の国…建依別

面白いのは、これらの国が男女に産み分けられていることである。「比売」は漢字が入ってくる以前の呉音で「ひめ」と読み、漢字では「姫」となる。同じく「比古」は「ひこ」と読み、漢字では「彦」となる。「別」は「わけ」だが、古代の姓の1つで、男を指している。

とすると、「伊予」と「粟」は女性、「讃岐」と「土左」は男性ということになる。不思議なことに、この区分は今にも十分当てはまるように思える。「讃岐男に阿波女」という諺は、四国のみならず全国的に知られている。また、「伊予は学者で土佐は強武士」という言葉もある。これもかなり当たっている。

ということは、四国の4つの国の特徴はすでに千数百年も前から続いているということになる。

県庁所在地の松山は松山藩のおひざ元で、しかも教育熱心な県としても知られている。旧制松山高校も置かれたし、正岡子規などの文化人も多く輩出している。幸か不幸か、松山藩は新政府に対抗した藩で、隣りの土佐藩とは対立的な状況にあり、「松山県」をそのまま県名にすることは許されなかったという事情もあった。しかし、そのお蔭で「愛媛県」というみめ麗しい県ができたのだから良しとすべきだろう。

とっておきの地名

①生名（いきな）　広島県境に位置する離島。かつては生名島を中心とした諸島で構成された生名村だったが、平成16年（2004）「弓削町（ゆげちょう）」「岩城村」「魚島村」と合併して「上島町（かみじまちょう）」となった。村の生業としては、農業のほか製塩業も盛んであった。生名島は松山藩の「流刑（な）の島」でもあった。「生名」の「名」は古語で「魚」のことであり、生きた魚を獲る島といった程度の意味であろう。

②石鎚山（いしづちさん）　西日本最高峰として知られ、標高1,982メートルある。古来修験道の山として知られ、その山容が「石槌」、つまり、石でできた剣に似ていたことに由来すると考えられる。この山には男の神が住んでおり、長く女人禁制を守ってきた。

その昔、この石鎚山の男の神様と伊曽乃の女の神様が恋仲になり、伊曽乃の神様が石鎚の神様に求婚した。男の神様は石鎚山で修行しなければならないとして、山から3個の石を投げるので、落ちたところで待て、と言った。その石が落ちたところが西条市に鎮座する伊曽乃神社だという。

こんな伝説が残されているところをみると、やはり何らかの意味で石鎚に関する信仰によるものであろう。

③ 今治(いまばり)　松山市に次ぐ人口で、県下第2の都市。古来海上交通の要所で、平安時代以前には伊予国の国府が置かれていた。かつては「今張」「今針」「今墾」とも書かれた典型的な開墾地名。九州では「原」のことを「バル」と読むことが多いが、この今治も同系列の地名に属する。「尾張」も、もとは「小墾(おはり)」の意味だったとされ、名古屋市内には「針名神社」、犬山市には「針綱神社」がある。東国では茨城県に「新治郡(にいはり)」があり、いずれも開墾地名である。「ハリ」という地名は西国から東国に移っていったと考えられる。

　関ケ原の戦いの後、この地を賜った藤堂高虎が「これからこの地を治める」という意を込めて「今治」と命名したという。しかし、呼称は「いまはる」「いまはり」「いまばり」と様々だったため、大正9年(1920)に「今治市」と市制を施行した際、「いまばり」と読むことを決めたという。

④ 則(すなわち)　かつての「三間町(みまちょう)」にあった珍しい大字名。三間町は平成17年(2005)に宇和島市に合併されて自治体としては消滅したが、今は宇和島市三間町則として残る。特別な意味があるわけではなく、「洲の内」が転訛したものであると言われている。三間川沿いの「洲の内」程度の意味である。難読地名でも挙げておいたが、「則之内(すのうち)」も同様である。

⑤ 道後温泉(どうごおんせん)　愛媛県を代表する温泉で、日本三古湯の1つとしても知られる。道後温泉本館は国の重要文化財で、明治27年(1894)に建てられたもの。一見珍しい「道後」という地名は、「道前」「道中」「道後」と並べてみれば、その由来も理解できる。古代の伊予国の国衙は今の今治地方に置かれており、そこが国の中心地であった。都から近いほうが「道前」、中ほどのところが「道中」、そして都から遠いほうが「道後」であった。

　松山は今でこそ県の中心地だが、古代においては国の中心地から背後にあったため「道後」と言われ、そこに湧いた温泉なので「道後温泉」と呼ばれた。きわめて理屈にあった命名である。

　『万葉集』には、この道後温泉にちなむ数種の歌が収められている。次はその1つ。

　　　熟田津(にぎたづ)に船乗(ふなのり)せむと月待てば

潮もかなひぬ今はこぎ出でな

　国語の教科書にも載っている有名な歌だが、この「熟田津」は「煮える湯の津」とい意味で、湯がこんこんと湧いている様を映し出している。

⑥**日振島**（ひぶりしま）　宇和島市の西の宇和海に浮かぶ島。天慶2年（939）藤原純友が挙兵した島として知られ、今も城砦の跡と思える場所がいくつも見られる。明治22年（1889）に北宇和島郡「日振島村」が成立し、昭和49年（1974）宇和島市に編入されて今日に至っている。

　昔から船の往来のために、島民が松明の火を振ったという説があるが、詳しくは不明。「フリ」「フレ」は崖状の地形を示すので、単に波の浸蝕を受けた島という意味かもしれない。

⑦**三瓶**（みかめ）　「三瓶町（みかめちょう）」は、かつて西宇和郡にあった町。平成16年（2004）、近隣の5町合併によって、「西予市（せいよ）」の一部になって自治体としては消滅。普通は「さんぺい」と読んでしまうところを、「みかめ」と読むところがミソ。こんな伝説がある。

　その昔、嵐の翌日、磯辺に3つの瓶が打ち上げられていた。よく見ると、磯に住む蜷（にな）（巻貝のこと）が陸地まで押し上げられていた。里人は、きっと神様からの贈り物だと考えて、この瓶を神として祀ったという。しかし、その後、近海で船が転覆する騒動がしきりに起こったので、神様を内陸の宇和町の岩木に遷したところ、事故がなくなったという。三瓶神社は今は宇和町岩木に鎮座する。

　「三瓶」という珍しい地名は地形では説明がつかず、このような歴史的伝承にちなむのかもしれない。

難読地名の由来

a.「馬刀潟」（今治市）**b.**「丸磘」（八幡浜市）**c.**「一宮」（新居浜市）**d.**「大保木」（西条市）**e.**「朔日市」（西条市）**f.**「樟窪」（西条市）**g.**「妻鳥」（四国中央市）**h.**「則之内」（東温市）**i.**「法華津」（宇和島市）**j.**「斎院」（松山市）

【正解】
a.「まてがた」(菅原道真が視察に来た際、潮待ちのため碇を下したと伝える) **b.**「まるばえ」(磅とは小平地を指す。丸い小高い平地のこと) **c.**「いっく」(一宮神社による。嵯峨天皇の崇敬を受け、「神号正一位一宮大明神」の額を賜ったことによるという) **d.**「おおふき」(「保木」は「ホキ」即ち「崖」の意味で、大きな崖ということになる) **e.**「ついたち」(毎月一日(朔日)に市が立ったことによる) **f.**「くすほ」(楠木が生えていた窪地の意味か) **g.**「めんどり」(妻鳥能登判官有道、妻鳥采女友春など、人名にちなむという) **h.**「すのうち」(「洲の内」の転訛であろう) **i.**「ほけつ」(標高436メートルの法華津峠に由来する。「法華」は「ホケ」即ち「崖」の意味である) **j.**「さや」(皇族が所有していた地域を指すと言われる)

37 香川県

「香川県」の存亡

　明治に入ってからの四国4県の歴史をひもとくと、愛媛県と高知県は安泰であったものの、香川県と徳島県はいくつもの変遷を経て今日に至っている。現在の地域区分が確立したのは明治13年（1880）3月のことで、そこに至るまで、四国と言いながら実は2国しかない時期もあった。香川県にフォーカスを当てて整理してみよう。

▶明治4年（1871）7月：廃藩置県
廃藩置県とは藩名を県名に置き換えただけだったので、香川県では「高松県」と「丸亀県」で構成された。この時点では小豆島は入っていない。

▶明治4年（1871）11月：第1次香川県の成立
「高松県」と「丸亀県」が統合されて「香川県」となった。両県の一方の名を取ることはできないと判断し、県庁が置かれた「香川郡」の「香川」を採用した。

▶明治6年（1873）2月：四国3県時代（香川県の消失）
ところが、1年余り後に、香川県は徳島県とともに「名東県」という県に統合されてしまう。この名東県には淡路島と小豆島が入っている。

▶明治8年（1875）9月：四国4県時代（第2次香川県）
香川県からの猛烈な反対で、香川県が復活する。この時点で小豆島が香川県に編入される。

▶明治9年（1876）8月：四国2県時代（再び香川県消失）
ところが、わずか1年後には、香川県は愛媛県に編入されて再び消失。徳島県は高知県に編入されてしまい、この時点で、四国は「愛媛県」と「高知県」の2県時代を迎えた。また淡路島は四国から外れて兵庫県に編入された。

▶明治13年（1880）3月：現行の行政区分の成立（第3次香川県）

香川県と徳島県からの強烈な反対運動が実って、ようやくもとの四国に戻った。

　以上のように、香川県は紆余曲折を経て今日に至っているわけだが、『古事記』にも「飯依比古(いいよりひこ)」と記されている讃岐国をそう簡単に無くして良いはずもない。確かに讃岐国は小国ではあるが、琴平様や空海を生んだ地でもあり、信仰の世界で重要な位置を占めてきたことを忘れることはできない。

とっておきの地名

①鬼無(きなし)

　かつて香川郡に「上笠居(かみかさい)」という村があったが、昭和31年(1956)に高松市に編入された際、その全域が「鬼無町(きなしちょう)」と命名され、今も「鬼無町鬼無」「鬼無町佐藤」「鬼無町佐料」「鬼無町是竹(これたけ)」「鬼無町藤井」「鬼無町山口」の6町から成る。

　ここには、桃太郎が鬼を退治したので鬼がいなくなり、「鬼無」という地名が生まれたという伝承がある。あるいは昔、何らかの悪鬼が出て人々を悩ましていたので、退治して鬼が出なくなったということがあったのかもしれない。当地には桃太郎神社と呼ばれる熊野神社が鎮座し、そこには桃太郎の墓や、お爺さんとお婆さん、そして犬と雉の墓が並んでいる。

　しかし、これは大正時代に小学校訓導の橋本仙太郎が創作し、昭和に入ってからお伽話作家として知られる巌谷小波に話し、その結果昭和7年(1932)の『国語読本』に掲載された物語をもとに構成したものという。

②財田(さいた)

　明治23年(1890)三野郡の「財田上村(さいたかみ)」と「財田中村(さいたちょう)」が合併して「財田村」が発足し、昭和45年(1970)に「財田町」となったが、平成18年(2006)には近隣の町と合併して「三豊市」となり、自治体としては消滅。

　讃岐山脈の麓にあり、その昔、旱魃の時に珍しい稲が生育したことにちなむという。また、万福寺に残る伝承によれば、弘仁8年(817)の大旱魃の際、この地のみ稲がよく実り、それを朝廷に献上したところ、たいそう喜ばれ、「財田」という名を与えられたという(『角川日本地名大辞典香川県』)。

水不足に悩んだ讃岐国だからこそ生まれた貴重な地名であると言える。

③**坂出（さかいで）** 香川県北部の中央に位置する町で、瀬戸大橋の四国側玄関口に当たる。かつては沿岸部に塩田が広がっていたが、塩田の廃止とともに工業地帯が広がっている。明治23年（1890）に「坂出町（さかいでちょう）」が発足し、昭和17年（1942）には「坂出市」となって今日に至っている。

この地名には、対岸の岡山県からの移住の歴史が潜んでいる。

慶長5年（1600）、赤穂は池田輝政の五男松平氏の所領となったが、その施策は評判が悪く、他国に移住する者が少なくなかったという。多くの家臣たちが対岸の讃岐国に移住し始め、そこで塩田作りを始めたという。遠浅の海だったので、あるいは境界がはっきりしないという条件もあったのかもしれない。

これを見た宇多津の人々が、「坂（田尾坂）を出ると、いつの間にか家々が建ち、洲が埋められて村ができている」と驚き伝えたことから、「坂出」と呼ばれるようになった。

それを見てどうしたかは不明だが、そんなことがあったのかもしれない。

④**紫雲出山（しうでやま）** 旧・詫間町（たくまちょう）（現・三豊（みとよ）市）の三崎半島にある標高352メートルの山。桃太郎伝説に彩られ、史実がどうのこうのと言わなければ文句なく面白いエリアである。「生里（なまり）」という集落が桃太郎の生誕地だそうで、旧・詫間町のホームページによると、与作とおしもの間に生まれた太郎が後の浦島太郎だという。太郎は18歳の頃明神の里（今の箱浦）に住み、太郎が箱浦から毎日糸を持って室浜へ通ったところを「糸ノ越」と言ったそうだ。

箱浦は玉手箱を開けたところで、ここから紫の煙が立ちのぼったことから「紫雲出山」という名前がついたのだという。半島を戻るように車を走らせると、「積（つみ）」という集落があった。ここは龍宮城で遊んだ浦島太郎が乙姫様に贈られた宝物を積んだところだという。

他愛もない物語だと笑うこともできるが、このような話を作り上げた古人の知恵にも注目してみたい。

⑤**志度**(しど)　明治23年（1890）、寒川郡「志度村」と「末村」が合併して「志度村」が発足し、明治31年（1898）に「志度町」(しどちょう)となった。平成14年（2002）には志度町を含む5町が合併して「さぬき市」となり、自治体としては消滅。

　地名の由来としては、その昔この地を訪れた速秋津比売命が、波静かで「我御心須美戸止」と言ったことから、「須美戸」(すみと)と呼ぶようになり、後に「須美」が「志」に転訛したものだという（『角川日本地名大辞典 香川県』）。また、当地にある志度寺の縁起などによると、「死を渡る」→「死渡」→「志度」に転訛したのではないかという説もある。

⑥**小豆島**(しょうどしま)　『古事記』には大八嶋生成の後に、「吉備の児嶋」を生み、「次に、小豆嶋(あづきしま)を生みたまひき。亦の名は大野手比売(おほのでひめ)といふ」とある。ここにある「小豆嶋」が今の小豆島である。小豆島は瀬戸内海2番目の広さを持つ島とはいえ、日本列島全体の中では小さな島でしかない。それが国生みの神話に登場するところをみると、古来相当に重要視されていたと考えられる。

　注目すべきは、『古事記』では「小豆」は「あづき」と読まれていることだ。今でも「小豆」は「あずき」と読むが、昔は「しょうず」とも読んだ。鎌倉期には「せうつしま」と読まれ、「しょうどしま」と読まれるようになったのは室町期以降のこととされる。

　意味としては、やはり小豆の生産にちなむと考えるべきだろうか。

⑦**高松**(たかまつ)　『和名抄』の「山田郡」(やまたのこおり)に「高松郷」が見え、平安時代にはすでに「高松」という地名が存在したことがわかる。地名としては、八島の南の海岸から高松城址にかけて大きな松の林が連なっていたことによるというのが通説になっている。

　ただし、松は縁起のよい木であることから、単純に松をつけたと考えることも可能なので断定はできない。また昔、「多加津」(たかつ)と呼ばれたとも言い、その説からすると「港」にちなむと考えることもできる。

難読地名の由来

a.「栗林」（高松市）　**b.**「仏生山」（高松市）　**c.**「凹原」（高松市）　**d.**「天皇」

（仲多度郡まんのう町）　**e.**「海老済」（観音寺市）　**f.**「郡家」（丸亀市）　**g.**「垂水」（丸亀市）　**h.**「柞」（東かがわ市）　**i.**「水主」（東かがわ市）　**j.**「馬酔木」（綾歌郡綾川町）

【正解】
a.「りつりん」（栗は音読みで「リツ」となり、栗の林という意味である）
b.「ぶっしょうざん」（初代高松藩主松頼重が菩提寺として法然寺を建立したことにちなむ）　**c.**「ひっこんばら」（文字通りへっこんだ土地の地形から）　**d.**「てんのう」（全国にいくつかあるが、何らかの意味で天皇に関係あるか）　**e.**「えびすくい」（海老に関する何らかの伝承によるか）　**f.**「ぐんげ」（那珂郡の郡衙があったことによる）　**g.**「たるみ」（水が流れ落ちるところにつけられる地名）　**h.**「ほうそう」（柞とは、コナラ・クヌギなどの総称で、「ははそ」という）　**i.**「みずし」（式内社の水主神社による。水の管理に関係するか）　**j.**「あせび」（アセビとはツツジ科の常緑の大型低木。馬が食べると麻酔状態になることから「馬酔木」とも書く）

38 徳島県

淡路島をめぐって紛糾

　阿波国は、そのほとんどのエリアが徳島藩によって治められていたので、明治4年（1871）7月時点での廃藩置県で「徳島県」がいち早く成立した。その時点では淡路島の南部も徳島県に属していた。ところが、その4か月後の11月段階で、徳島県は「名東県」という名前に変わってしまう。その背景にあったのは淡路島で、淡路島を四国に編入するということで、「徳島県」の枠を超えるという意味での改称であった。「名東」という地名は、県庁が置かれた場所が名東郡であったというに過ぎない。

　この名東県はある意味で曲者で、明治6年（1873）2月段階では香川県を飲みこんで領土を拡大する。1回目の香川県消滅である。しかし、明治9年（1876）8月には、名東県の内旧阿波国エリアは高知県に吸収されてしまう。いわゆる四国2県時代である。この時点で、淡路島は四国から離されて兵庫県に編入されることになる。

　そして、今の四国の行政区域が成立するのは明治13年（1880）3月のことである。これは香川県も同様である。

　つまり、香川県も徳島県も終始淡路島を編入するかしないかで振り回されたことになる。

　豊臣秀吉は天正13年（1585）に紀州の雑賀一揆を抑えた後、その勢いに乗じて四国に攻め込んだ。その先陣を切ったのが播州竜野の城主蜂須賀正勝・家政父子で、同年四国を平定し、その功績によって蜂須賀正勝は阿波一国を与えられることになった。正勝は老齢のため辞退し、家政が入封した。家政は当初一宮城（徳島市一宮町）に入城したが、翌年海抜62メートルの「渭山」の麓に平城を築き、その城を「徳島」とした。これが徳島の発祥である。

　徳島は「渭津」とも呼ばれ、徳島城も渭津城と呼ばれることがある。阿波国はその後、江戸時代を通じて蜂須賀氏およそ25万石で治められるこ

とっておきの地名

①海部（かいふ）

徳島県にある「海部郡」の郡名は「かいふ」である。一般的には「海部」は「あまべ」と読み、海洋で漁業に従事する部族を指している。同じ「海部」を使っても、愛知県は「海部郡（あまぐん）」であり、「海士」と表記する場合もある。いずれも海人族が住みついたところであり、徳島県の「海部郡」は平安末期に「那賀郡（なかのこおり）」の南部が独立して生まれたとされる。ここに定着したのは九州北部に拠点を置いた安曇族の系統だと言われる。

現在の海部郡は、「牟岐町（むぎちょう）」「美波町（みなみちょう）」「海陽町（かいようちょう）」の3町から成っている。「海部町（かいふちょう）」という自治体もあったが、平成18年（2006）に「海南町」「宍喰町」と合併して「海陽町」となった。

②大歩危・小歩危（おおぼけ・こぼけ）

吉野川上流にこの全国に知られた景勝地がある。大歩危で乗った遊覧船の船頭さんが、「昔からここは険しいところで、大股で歩いても小股で歩いても危険なので、大歩危・小歩危と呼ばれるようになりました」と説明を加えていた。

これは単なる観光用の話として聞いておこう。「ボケ」「ハケ」「ハゲ」などは、漢字が入ってくる以前から「崖」を示す地名として存在しており、その「ボケ」に「歩危」という漢字を充てがったに過ぎない。「大ボケ」「小ボケ」であり、「大ボケ」は上流にあって崖が厳しく険しいところ、「小ボケ」はやや下流になって崖が低く緩やかになっているところになっている。ちゃんとその地形を見て命名しているのである。

それにしても「ボケ」に「歩危」を充てた知恵は見事である。

③十八女（さかり）

何とも強烈な地名で、阿南市にある。那賀川沿いに上っていき、十八女大橋を過ぎると、もうそこが十八女の集落である。十八女を開拓したのはおよそ800年も前のことで、平家の落人伝説にちなんでいるらしい。『加茂谷村誌』には、壇ノ浦で敗れた平氏が阿波にも逃げてきたことは事実で、この地にも落ちて来たと考えられる、と書いている。

この地を開拓した湯浅但馬守の位牌を、子孫に当たる湯浅さんから見せていただいた。そこには「文治五年九月十六日没」と記されている。平家滅亡の4年後ということになる。

　その湯浅但馬守が姫君をかくまって8歳から18歳まで育てたという伝承がある。それで「十八女」という地名が生まれたという。湯浅さんのお宅のすぐ上に、五輪塔が24基祀られている。当時の落人の墓だという。

　たぶん、そのような事実があったのだろう。それがなぜ「さかり」という音になったかだが、単純に当地が「坂入」つまり、坂に入る入口だったのではないかと推測される。が、それだけではロマンが消えてしまう。

④宍喰（ししくい）　徳島県の最南端に位置する。明治22年（1889）に「宍喰村」が誕生し、大正13年（1924）に「宍喰町」となったが、平成18年（2006）海部町、海南町と合併して海陽町となった。この一帯は津波によってしばしば大きな被害を被ってきたところで、幕末に津波被害を記した『震潮記（しんちょうき）』が最近現代語に翻訳されて注目を集めている（詳細は拙著『地名に隠された「南海津波」』、講談社プラスアルファ新書、参照）。

　宍喰に関しては、従来、「喰」は「クエ」のことで崩壊地名だとする見解が強かった。だが、この説の決定的な難点は「宍」を説明していないことであり、さらに、宍喰浦と同じような浦はこの地にはずっと連なっており、ここだけがなぜ「宍」を使っているかを説明できていないことである。

　「宍（シシ）」とは猪などの4つ足の野獣のことで、それを「喰う」というのが「宍喰」の素直な解釈になる。

　『日本書紀』では、履中天皇崩御直前に「鷲住王（わしすみのおほきみ）」という人物のことが記されている。強力な力を持った人物とされ、「讃岐国造（さぬきのくにのみやつこ）・阿波国（あはのくに）の脚咋別（あしくひわけ）」の始祖とされる。ここにある「脚咋」が「宍喰」のルーツだということになっている。この「脚咋」という言葉は「葦をつくって主食としていた住民」という意味だし、それがその後狩猟にかかわる「宍喰」に転訛していったものとされるが、はたして「葦」を主食にするという人々が実在したのかは不明。そうではなくて、「脚咋」の「脚」とはもともと動物の足を指しており、それが広がって「宍」になったのではなかろうか。この解釈のほうが説得力がある。

⑤**眉山**(びざん)　どの方向から見ても眉のように見えるところから、この名が生まれたとされる。徳島市のシンボル的存在。南西から北東へ細長くのびる丘陵で、長さ約4キロメートル、幅約2キロメートル。最高地点は標高290メートルだが、東部にある277メートルの峰が山頂と呼ばれている。

『万葉集』に次の歌がある。
　　　　眉のごと雲居に見ゆる阿波の山
　　　　　　　かけてこぐ舟泊(とまり)知らずも

船王(ふねのおおきみ)の作で、眉のように遥かに見える阿波の山を目指して漕ぐ舟はどこに停泊するかもしれない、といった意味合いの歌である。

⑥**撫養**(むや)　「撫養町(むやちょう)」は明治22年(1889)に成立した。昭和22年(1947)、「撫養町」「鳴門町」「瀬戸町」「里浦村」が合併して「鳴南市(めいなん)」となったが、住民の不評をかって「鳴門市」に改称された。今も鳴門市の中心地である。

地名の由来としては、船と船をつなぐことを「舫(もや)い」といい、船と船をつなぐ共同作業にちなむというのがほぼ定説になっている。古来、この地は鳴門海峡への入口に位置し、航海上の準備をする必要から、このような地名が生まれたと推測できる。

⑦**鷲敷**(わじき)　「鷲敷町(わじきちょう)」は那賀川中流域にあった町。明治22年(1889)、那賀郡「鷲敷村」として成立し、明治41年(1908)に「鷲敷町」となったが、平成17年(2005)には那賀町などと合併し、新生「那賀町」の一部となり、自治体としては消滅。中世から江戸期にかけて「和食」と表記されてきた。

当地にある蛭子(ひるこ)神社に、蛭子の神が楠の丸木舟に和鷲の羽を敷いて下ってきたという伝承が残る。

難読地名の由来

a.「鮎喰」(徳島市)　b.「府中」(徳島市)　c.「法花」(徳島市)　d.「一宇」(美馬郡つるぎ町)　e.「雄」(那賀郡那賀町)　f.「五倍木」(那賀郡那賀町)　g.「落雷」(阿南市)　h.「学」(吉野川市)　i.「木綿麻山」(吉野川市)　j.「犬墓」(阿

波市)

【正解】
a.「あくい」(昔から当地では鮎がたくさん獲れて食していたことによるという) **b.**「こう」(もとは「国府」で「こう」なのだが、国府が置かれたところは「府中」と呼ばれたので、こちらも「こう」と呼ばれることになった) **c.**「ほっけ」(ホケのことで崖を意味する) **d.**「いちう」(「宇」とは家のことなので、成立時は一軒家であったことを示す) **e.**「おんどり」(文字通り、雄鶏に由来するか) **f.**「ふしのき」(「ふし」は「五倍子」「付子」と書き、ヌルデの若葉などに寄生するこぶ状の物を指している。昔は婦人のお歯黒に用いられた) **g.**「おちらい」(落雷神社があり、雷にちなむ) **h.**「がく」(阿波国の学問所がここにあったとされる) **i.**「ゆうまやま」(木綿や麻の産地にちなむか) **j.**「いぬのはか」(弘法大師が犬を連れてやってきたところ、猪に襲われて死んだという伝説がある)

高知県

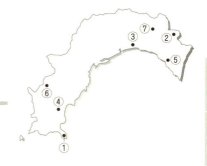

近代日本をつくった土佐

　高知空港の愛称として「高知龍馬空港」が使われ始めたのは平成15年（2003）のことである。それまで人名が空港名に使われたことはなく、やはり土佐なのだと皆納得した。現在まで個人名を付した空港は国内には「高知龍馬空港」しかなく、似たものとしては鳥取県の「米子鬼太郎空港」があるに過ぎない。

　それほどまでに、坂本龍馬の存在は高知県に大きな影響を今なおもたらしているということである。坂本龍馬のほか、中岡慎太郎、吉田東洋、後藤象二郎、武知瑞山（半平太）、板垣退助など土佐藩士だけでも明治維新に貢献した人々は枚挙にいとまがない。加えて、岩崎弥太郎などの実業家も輩出している。

　この土佐藩士を語るには、いっとき四国を平定した長宗我部氏について触れなくてはならない。「長宗我部」は一般に「ちょうそかべ」と読まれているが、末裔の長宗我部友親氏に確認したところ、正式には「ちょうそがべ」だという。長宗我部元親が土佐国岡豊に拠って四国を平定したのは天正13年（1585）のことだが、同年秀吉に敗れ、土佐一国に領地を限定された。その子盛親は関ヶ原で西軍について敗北し、その後は家康の命によって山内一豊が土佐一国を領することになった。

　長宗我部氏は山内一豊に滅ぼされる形になり、友親氏によれば、それ以降二百数十年にわたって「長宗我部」という姓を名乗ることは許されなかったという。

　幕末に活躍した藩士たちは、そのほとんどが長宗我部氏につらなるいわゆる「下士」で、山内氏の流れによる「上士」に徹底的に虐げられてきたことは周知のことである。幕末維新の下級武士の活躍はその裏返しであったとも言える。

　明治2年（1869）の版籍奉還によって、「土佐藩」は「高知藩」に改称

された。現高知県は専ら高知藩の支配下にあったので、そのまま「高知藩」の名を踏襲して「高知県」となった。

「高知」は「知が高い」という意味ではなく、山内一豊が大高坂山に築城したことによる。当初「河中山(こうちやま)」と名づけたが、水害に苦しめられるとのことで、「河中」の文字を嫌い、「高智山」となり、さらに「高知」となったとされる。

今の高知城のロケーションを見ればそのことがわかる。高知城は、南を流れる鏡川と北から流れる久万川の間に建っており、そこが「河中山」だったのである。そこが「高智山」となり、「高知」となったということである。

とっておきの地名

①足摺岬(あしずりみさき)

太平洋に突き出る足摺半島の先頭の岬で、ほぼ四国最南端と言われている。80メートルにも及ぶ断崖の上に足摺岬灯台が立つ。古来、この地は補陀落渡海(ふだらく)の場所として知られ、「足摺」という地名もそれにちなんで説かれることが多い。

補陀落渡海とは中世に行われた捨身の行のことで、木造の小型船に行者とわずかな水と食料を乗せ、観音様のいると言われる補陀落山へ死出の旅に赴くという儀式である。有名なのは熊野の補陀落山寺だが、土佐の足摺岬や室戸岬などでも行われた。岬の後ろにある足摺山(168メートル)は、古来修験の霊山として信仰を集めたとされる。

「問はず語り」に、小法師が補陀落渡海したため、師の法師が悲しみ、この岬で足摺をしたという伝承があるが、これは長保3年(1001)の賀登上人の弟子栄西が補陀落渡海した話を承けたものとされる(『角川日本地名大辞典 高知県』)。

②馬路村(うまじむら)

高知県東部の標高1,000メートル級の山々に囲まれた、人口わずか900名余りの村である。ところが、この馬路村、高知県のみならず全国的にみても存在感があり、多くの人に知られている。戦後間もなく始められた柚子の栽培も、青果としての販売は低迷していたが、昭和63年(1988)に開発した「ごっくん馬路村」がヒットし、今や高知県を代表する産物の1つにまで成長している。

幾度となく迫られた市町村合併にも応じず、この「馬路村」を継続して

いることに敬意を表したい。「日本で最も美しい村連合」の1つ。この連合組織は、平成17年（2005）に北海道上川郡美瑛町長の呼びかけで発足し、馬路村は平成20年（2008）に加入している。安易な平成の大合併によって全国の多くの村々が消えていったことを考えると、「ごっくん馬路村」によって全国に知名度を広げたこの村に心から声援を送りたい。

「馬路村」の由来は、特別な文献等はないものの、京都府亀岡市にも「馬路」があることを考えると、馬でしか行けない村といった意味であろうと推測される。

③後免（ごめん）

ひと昔前までは「ごめん」という変わった駅（地）名ということで話題になったが、近年はかなり認知度が高くなって、その由来も知られるようになっている。

南国市の中央部に位置するこの地は、かつては未墾の荒野が広がっていたのだが、高知城に居城した二代目藩主山内忠義が、野中兼山（1615～63）を奉行職に据え、灌漑水運の便を図り、水田を開いた。兼山はこの土地に入植する者には、五畝の土地を与え、諸役・諸税を免除したので、ここに諸税後免の町「後免町」が誕生した。

後免町は、舟入川に沿った水上交通の要所でもあった。舟入川は、野中兼山が物部川に築いた山田堰から流れてくる用水路である。この舟入川を通して、物部川奥地の米や木炭、木材、紙などを城下に運び、また、城下からは日用品を奥地へと送った。

④四万十川（しまんとがわ）

高岡郡津野町の不入山（いらずやま）を源流とする高知県の西部を流れる川で、「日本最後の清流」とも呼ばれる。不思議な川で、いったん四万十町の平地に流れながら、太平洋には行かず、再び四国山地の山間に流れ、中村平野を経て太平洋に注いでいる。

河川法上では正確には「渡川（わたりがわ）」とされていたが、平成6年（1994）に「四万十川」と改称された。その由来に関しては、「支流が4万あった」という類の話を多く聞くが、それは「四万」という数字にちなんで流される単なるお話として聞いておくほうがよい。いちばん有力な説は、四万十川の支流の「四万川（しま）」と「十川（と）」が合流することに由来するという説である。たぶん、これが正しいと思えるが、問題は「四万」という地名である。「四万」

は「シマ」の当て字であり、数字とは無縁である。群馬県に「四万温泉」があるが、ここも数字とは無縁。「シマ」は通常は「島」だが、「志摩」とも「四万」とも表記する。

「四万川」の「四万」はたぶん「島」のことで、川の島を意味したのであろう。「十川」の「十」は「渡」のことで、こちらも川特有の地名である。この「十川」が「渡川」となったという説もある。

⑤奈半利（なはり）

明治22年（1889）の町村制施行により、「奈半利村」が成立し、大正5年（1916）に「奈半利町（なはりちょう）」となり、現在に至る。『和名抄』に「奈半郷」とあり、『土佐日記』にも「なはのとまり」と記されている。「とまり」だから古来港として栄えていたことになる。「奈半」が「奈半利」に転訛したのは、「なはのとまり」が簡略化されたものとみてよいだろう。「とまり」は「泊」だけでなく「泊里」と書くこともあるからだ。

問題は「奈半」の意味だが、多くの人々は「未詳」としているが、私は間違いなく「ナハ」で、漁場（ぎょば）のことであるとみている。土佐湾に向かって豊かな漁場が広がっており、「沖縄」の「縄」と同じである。こちらも漁場を意味している。

⑥半家（はげ）

四万十川中流域にある集落の名前で、「半家」というJR予土線の駅もある。ここには面白い平家の落人伝説がある。その昔、平家が滅亡した後、落人が当地に逃げ延びてきてこの地に住むようになったが、平家の落人であることを隠すために、「平家」の「平」の横一本を下げて「半家」にしたというのだ。つまり、「平」→「半」ということである。

これは話としては面白いが、これはもともと「ハケ」「ハゲ」と呼ばれる「崖」地名に、いずれかの時代に「半家」という漢字を当てはめたに過ぎない。現地を見ればわかることだが、半家の集落はとても落人が住むには似つかわしくない四万十川からよく見える崖地にはりついたようなところにある。四万十川の近くには土砂崩れに警告を発する看板がいくつも立てられている。

しかし、「ハゲ」という崖地に、平家の落人伝説をからめて「半家」という漢字を当てはめた古人の知恵には拍手を送りたい。

⑦ 物部(ものべ)

「物部村(ものべそん)」はかつて香美郡に属していた村で、日本一の柚子の生産地として知られた。古代の一大豪族として知られる物部氏の一族が住みついたところから「物部」という地名になったと言われる。

村の成立は新しく、昭和31年(1956)に香美郡「槙山村」と「上韮生村」が合併して「物部村」となった。平成18年(2006)には「土佐山田町」「香北町(ちょう)」と合併して「香美市」となり、自治体としては消滅。南国市にも「物部」という町名があるが、こちらが『和名抄』の「物部郷」に当たり、この一帯が物部地名の発祥地とされる。

旧・物部村には、「いざなぎ流」という民間信仰が残っている、陰陽道・修験道・仏教・神道などが混淆して成立したと言われ、仏像ではなく和紙を切って御幣を作って祀っている。「いざなぎ流」という言葉そのものにミステリアスな歴史と伝統を感じる。

難読地名の由来

a.「万々」(高知市) b.「久重」(安芸郡芸西村) c.「安満地」(幡多郡大月町)
d.「鵜来巣」(高知市) e.「宿毛」(宿毛市) f.「壱斗俵」(高岡郡四万十町)
g.「頭集」(幡多郡大月町) h.「五百蔵」(香美市) i.「神母ノ木」(香美市)
j.「桑田山」(須崎市)

【正解】
a.「まま」(ママは「崖」の意味で、万々のほかに真間などを当てる) b.「くえ」(クエは崩壊地名の代表格であり、危険地域と考えられる) c.「あまじ」(古くは「天地浦」とも書かれ、明治以降「安満地」に変わった。海士の住む地ということで「海士地」であったという) d.「うぐるす」(鵜の巣があったことによるか) e.「すくも」(古語で葦の枯れたものを「すくも」と言ったことに由来する) f.「いっとひょう」(沈下橋で有名だが、米が一斗穫れたという意味か) g.「かしらつどい」(何らかの理由で、頭が集ったか) h.「いおろい」(平家を祖とする五百蔵氏に由来する) i.「いげのき」(神母(いげ)神社に大きな楠木があることによる) j.「そうだやま」(弘法大師が山に登った時、花に染まった山を見て「染んだ山」と呼んだことから「そうだ山」になり、「桑田山」になったというが、詳細は不明)

40 福岡県

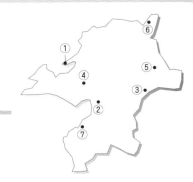

「博多」と「福岡」の軋轢

　九州ではそのほとんどが、旧藩名をそのまま県名にしているのが特徴的である。この福岡県も同じで、明治4年（1871）11月に、廃藩置県でそのまま「県」になった8県を統合して「福岡県」「小倉県」「三潴県」の3つにしたが、明治9年（1876）8月には、現在に至る「福岡県」が成立している。

　県庁所在地を現在の福岡の地に置くことに関しては異論はなかったろう。たぶん、2,000年も前から、ここを通して朝鮮半島や大陸との交易が行われてきたことは事実であって、それに異をはさむ人はいない。問題はこの地にどういう地名を付すのかということである。

　もともとこの地は「博多」と呼ばれてきたところで、その歴史は『魏志倭人伝』でも「奴国」に比定される見解も有力である。

　古代においては大宰府の外港としての役割を果たしてきたが、戦国期にはうち続く戦乱で廃墟と化してしまった。それを立て直したのが秀吉で、新たな町割りを行い、復興を図った。もともと、「博多」の人々には、この地が長く日本の外交ルートの拠点として位置づいてきたという自負心が強いということだ。

　一方、後の福岡城を造営した黒田長政が関ケ原の戦いの貢献によりこの地に50万石を得て移ったのは、慶長6年（1601）のことである。長政は那珂川をはさんだ博多の対岸の福崎の地に城を築き、それを「福岡城」と名づけた。長政は通称黒田官兵衛と知られる黒田孝高の子であった。孝高も長政も洗礼を受けておりキリシタン大名であった。

　黒田氏のルーツは近江国伊香郡黒田邑に住んだことから黒田を名乗ったが、その後備前国邑久郡福岡に移ったことにより姫路城を得るなどの活躍を示したため、とりわけこの「福岡」に強い愛着があったものと思われる。

　明治になって「福岡県」は成立したものの、明治21年（1888）4月、市制町村制が発布されるに及び、県庁所在地名を「博多市」にするか「福岡

市」にするかで議論が起こった。結局、明治22年（1889）3月、県令で「福岡市」に決定されたが、それ以降もことあるごとに「博多市」に変えよとする意見があいついで出たという。

　文化的に見ても、「博多」の優位は動かず、「博多祇園山笠」「博多どんたく」「博多人形」など、多くの人々に愛されているのは「博多」である。ちなみに、「博多」の地名の由来だが、地形が「羽形」に似ているからという説が有力である。

とっておきの地名

①志賀島（しかのしま）　博多湾内に位置し、古来安曇（阿曇）一族の支配する大陸・朝鮮半島との交易の拠点として知られてきた。江戸時代に「漢委奴国王（かんのわのなのこくおう）」と刻まれた金印が出土したことでも有名。『和名抄』に見られる糟屋郡志珂郷（かすやのこおりしかごう）に比定される。糟屋郡には9つの郷があったが、「志珂郷」の他に「阿曇郷」の名もあり、安曇族との関連の深さを示唆している。

　地名にまつわる伝説として、神功皇后がこの地に寄った時、火を求めにやった小浜が「この島と打昇（うちあげ）の浜と近く接続していてほとんど同じ場所だといっていいくらいだ」と報告したので、この島を「近島（ちかしま）」と名づけ、それが転訛して「資珂島」と呼ばれるようになったという話がある（『筑前国風土記』逸文）。ここに出てくる「打昇の浜」とは、今も島につながる「海の中道（なかみち）」のことである。『万葉集』にも、志賀島に関する歌が多く収録されている。その1つ。

　　　志珂（しか）の海人（あま）の火気（けぶりや）焼きたてて
　　　　　　　やく鹽の辛（からき）戀をも吾はするかも

　当時、この地で塩の生産をしていたことがわかる。

　明治22年（1889）に「志賀村」が成立し、昭和28年（1953）には「志賀町」となったが、昭和46年（1971）の合併によって福岡市に編入された。

②大刀洗（たちあらい）　「大刀洗町（たちあらいまち）」は三井郡にある町。本来は「太刀洗」だったのだが、明治22年（1889）の町村制施行の際、村が「太刀洗村」と申請したにも関わらず「大刀洗村」と官報に掲載してしまったことによるという。

　「太刀洗」という恐ろしげな地名は、地形では説明不可能で、間違いな

くそのような歴史的事実が背景にあったと考えるべきである。時は南北朝期の正平14年（1359）のこと。この地に「大保原の合戦」が起こった。後醍醐天皇が流された隠岐を脱出し、南朝を樹立したのは暦応2年・延元4年（1339）のことだが、天皇は当時まだ10歳に満たない懐良親王（かねよししんのう）を将軍として立てて九州に送り出した。そのうしろ盾になったのが菊地武光（？～1373）であった。菊地氏は中世肥後の武将として知られ、中でも菊地武光は大宰府を占領するなど菊地氏の全盛期を築いた。その菊地武光が大川をはさんで少弐氏などと戦ったのが、大保原の戦いであった。

激戦の中で、武光は傷を負い、味方も見えない状態で、ボロボロになって血塗られた太刀を一人川で洗ったという伝説が残るのがこの地であった。そこから、戦場になったこの川を「太刀洗川」と呼ぶようになり、その地域を「太刀洗」と呼ぶようになった、とのことである。

③英彦山（ひこさん）

福岡県田川郡添田町と大分県中津市山国町とにまたがる標高1,199メートルの山だが、福岡県からのアプローチが強いので、福岡県として扱う。山形県の羽黒山、和歌山県の熊野大峰山とともに、日本三大修験山の1つに数えられている。山伏の坊舎など多くの史跡が残り、古くから武芸の鍛錬に力を入れ、最盛期には数千名の僧兵を擁したという。

山名は平安初期までは「日子山（ひこさん）」と書かれていた。そのルーツは、当地に鎮座する英彦山神宮にある。この神社のご祭神は天照大神の御子、「天之忍穂耳命（あめのおしほみみのみこと）」であったことから「日の子」すなわち「日子山」と呼ばれた。

弘仁10年（819）、嵯峨天皇の詔によって「日子」を「彦」に改め、江戸期の享保14年（1729）に霊元法皇の院宣により、「英」の一字を加えて「英彦山」となって現在に至っている。

もとは神の世界だったが、中世以降は仏教が習合されて、修験道の道場として名高かった。明治維新の神仏分離令で英彦山神社となり、戦後になってから英彦山神宮と名を改めた。

④水城（みずき）

7世紀中頃構築され、歴史上名高い国防施設に由来する。地名としては太宰府市「水城」として残されている。白村江の戦

い（663年）で大敗した倭国は、唐や新羅が攻め入ってくるであろうことを危惧し、博多湾から侵攻するであろう敵を大宰府の手前で防ぐために巨大な土塁を築いた。これが水城である。

『日本書紀』天智天皇3年（664）の条にこう記されている。
「是歳、対馬嶋・壱岐嶋・筑紫国等に、防人と烽とを置く。又筑紫に、大堤を築きて水を貯へしむ。名けて水城と曰ふ」

ここで「烽」というのは「烽火台」のことである。「水城」と称したのは、深さ4メートルの水堀を築いたことによっている。同じく『日本書紀』によれば、翌年には長門国や、筑紫国にもさらに2つの「城」を築かせているが、こちらは水城ではなかったようだ。

⑤京都郡

福岡県に「京都」があるというのはほとんど誰も知らない。ただし、この場合の「京都」は「みやこ」と読む。豊前国に古来存続し今も現存する郡名で、正確には「京都郡」である。福岡県の東北部に位置し、周防灘に面した一帯である。『日本書紀』景行天皇12年9月にこう記されている。
「天皇、遂に筑紫に幸して、豊前国の長峡県に到りて、行宮を興てて居します。故、其の処を号けて京と曰ふ」

つまり、景行天皇がこの地に行宮を建たので、ここを「京」と名づけたのだという。現在、「京都郡」は「苅田町」と「みやこ町」とから成っているが、「みやこ町」は平成の大合併によって、「犀川町」「勝山町」「豊津町」が統合されて成立した。

⑥門司

関門海峡の九州側の都市として明治以降栄えてきたが、昭和38年（1963）の5市合併により北九州市の「門司区」となって今日に至っている。地名の初見は、延暦15年（796）11月大宰府管府にある「豊前門司」とされる。これによると瀬戸内から大宰府に向かう際の勘検が行われていたとみられる。つまり、門司とは「門を司る関所」のことで、そこにおいて海上の往来をチェックする機能を持っていたということである。

関門橋のたもとにある和布刈神社の一角に「門司関址」の碑が建てられている。「和布刈」の「め」とは「わかめ」のことで、わかめを採ること

からこの名がついたという。なお、音が同じということで、「門司関」は「文字ケ関」と書かれることもあり、この碑が建っているのは「文字ケ関公園」の中である。

⑦夜明（よあけ）　全国でも珍しい地名として知られる。『和名抄』では三潴郡（みぬまのこおり）「夜開郷（やけごう）」として見える。江戸期以降「夜明村（よあけ）」として存在し、明治22年（1889）に「夜明村」を含む5か村が合併して「大善寺村」となり、昭和14年（1939）に「大善寺町（まち）」となったが、昭和31年（1956）になって「筑邦町（ちくほうまち）」に編入されて消滅。さらに昭和42年（1967）に筑邦町が久留米市に編入されて、現在は久留米市大善寺町夜明という町名になっている。

「夜開」「夜明」地名は九州に点在しており、その由来は開拓者のために公的な施設を供給したという意味合いで、「やか（屋処)」にあったと推測される。

難読地名の由来

a.「生家」（福津市）**b.**「糒」（田川市）**c.**「大城」（大野城市）**d.**「雑餉隈」（大野城市）**e.**「目尾」（飯塚市）**f.**「頴田」（飯塚市）**g.**「南面里」（筑紫郡那珂川町）**h.**「早良」（福岡市）**i.**「日佐」（福岡市）**j.**「幸神」（北九州市）

【正解】
a.「ゆくえ」（静御前による「わが君の行方も知らず静か川流れの末に身をやとどめむ」の歌に由来するという）**b.**「ほしい」（糒とは米を干して保存食にしたもので、それに由来する）**c.**「おおき」（文字通り大きな城による）**d.**「ざっしょのくま」（大宰府へ向かう人々のための店が多く連なっていたことによる）**e.**「しゃかのお」（語源不明だが、おもしろい。動物に関係するか）**f.**「かいた」（中世の粥田荘（かいた）に属していたことによるという）**g.**「なめり」（滑りの意味で、那珂川が滑らかに流れていたことによるという）**h.**「さわら」（古代早良氏の拠点となったことによる）**i.**「おさ」（もとは「曰佐」で、通訳を意味していた。古代この地に通訳者が住んでいたことに由来する）**j.**「さいのかみ」（道祖神の賽の神に由来する）

41 佐賀県

「伊万里県」のほうがグローバル化時代に合っている

　かつて私が会長をしていた学会を佐賀大学で開催することになった時、実行委員長の先生が「佐賀県はよく"さが"さないとわからない県だと言われる…」と言って会場の笑いをとっていた。吉野ケ里遺跡をはじめ、古代史は言うまでもなく、中世・近世においては伊万里焼の本場としてその影響は遠くヨーロッパにまで伝えられ、さらに幕末維新において薩長土とともに重要な役割を果たした佐賀県は、立派にその足跡を日本史に残していると思うのだが、県名が果たして「佐賀県」でよかったかという疑念は拭い去れない。

　廃藩置県で成立した佐賀県など6つの県が最終的に「伊万里県」に統合されたのは明治4年（1871）11月のことであった。だが、翌年5月に「佐賀県」に改称した。なぜ「伊万里」ではだめだったのかは不明だが、「佐賀県」の命名は県庁の所在地が「佐賀郡」であったという単純な理由によるものだった。

　個人的な見解を今述べると、やはり「伊万里県」を継続すべきであった。「伊万里焼」は日本が世界に誇る産業文化である。朝鮮半島では「白磁」が有名だが、「伊万里」はその白磁をもとに中国の「赤絵」を組み合わせて我が国オリジナルで作り出された文化である。

　17世紀までは中国の磁器が盛んにヨーロッパに輸出されていたが、1644年に明朝が崩壊し、その後、清朝は貿易を禁止したために、磁器の輸出が滞ってしまった。それを機に日本は、中国とオランダを利用して輸出を図った。オランダ東インド会社のルートで伊万里焼はヨーロッパに広く輸出され、「イマリ」の名は世界に広がっていった。東インド会社が設立されたのは1600年なので、ちょうど江戸幕府が開かれ、基礎固めをした時期とほぼ重なっている。

　「イマリ」輸出の最盛期は20年程度とされているが、この伊万里焼がヨ

ーロッパの磁器生産に大きな貢献をしたことはよく知られている。

このような歴史を知れば知るほど、「伊万里県」を「佐賀県」に変えるべきではなかったと個人的に考えている。

ただし、「佐賀」という地名も特に悪いわけではない。『肥前国風土記』には、日本武尊が巡行した時、大きな楠の木が聳えているのを見て、「此の国は栄(さか)の国と謂うべし」と言ったということで、それなりに意味のある地名である。また、賢女(さかしめ)の伝説から生まれたとの伝承もあるが、伝説の域を出ない。

それよりは、歴史的にも実証されている「伊万里」を県名にすべきであった。かつて「伊万里県」という時代があったのだから、余計その思いが募る。ただ、今さらどうにもなるものではないとすれば、佐賀県のアピールにこの伊万里をさらに活用すべきである。

とっておきの地名

①伊万里(いまり)

伊万里焼の産地であり、世界にimariの名前で知られていた。文永6年(1269)の伊万里氏の書状には「伊万里」の他に「岐須里」「山口里」「加志田里」「長野里」「波多道里」など古代条里制の名残の里名が見え、伊万里という地名も条里制の固有里名の遺存したものだとされる。(『角川日本地名大辞典 佐賀県』)

江戸時代の紀行文には「今里」「今利」とも書かれていたことがわかっており、「伊万里」の「伊万」は「今」であった可能性が高い。

江戸期から「伊万里町」で、明治22年(1889)の町村制の施行を機に、「伊万里町」という自治体が誕生したが、昭和29年(1954)に伊万里市となって今日に至っている。

②嬉野(うれしの)

武雄温泉と並び県を代表する嬉野温泉で知られる。一般には神功皇后が戦いの後、この地に立ち寄り、白鶴が湯浴みをして羽の傷を治したところを見て、「あな、うれしや」と言ったことから「嬉野」という名前がついたとされているが、この種の話はどこの温泉でもある伝説と考えたほうがよい。ただ、『肥前国風土記』の「藤津郡(ふじつのこおり)」の中に「塩田川(しほたがわ)」とあり、その中に「東の辺に温泉がある。よく人の病気を治す」とあり、すでに奈良時代初期に温泉が湧いていたことが確かめられる。

中世には「宇礼志野」とも表記されているが、江戸期以降は「嬉野村」、昭和4年（1929）に「嬉野町」、平成18年（2006）に「嬉野町」「塩田町」が合併して「嬉野市」が誕生した。

　「嬉野」という縁起のよい地名になっていることから、霊山を開いた僧侶が岩山に腰を下ろして「ああ、嬉野」と言ったとか、豊玉姫の神を勧請し、「ああ嬉野」と言ったとかの伝説がいくつかあり、何らかの意味で「嬉しい」という地元の人々の意識の反映と考えられる。

③相知（おうち）

　「相知町（おうちちょう）」は東松浦郡にあった町。平成17年（2005）の合併によって唐津市の一部になっている。「相知」というセンス抜群の地名の由来は、多くの河川や伊万里道・佐賀道の「逢ふ地」であったことにあるという。

　小高い山々の間を、東から伊岐佐川（いきさ）、東南より厳木川（きゅうらぎ）などが合流し、古来人と物の合流地点として「逢う地」（相知）の地名は親しまれてきた。

④神集島（かしわじま）

　唐津市の北西部沖合に位置する離島。唐津市街から見ると島の形が台形であり、その形から軍艦島とも呼ばれている。『東松浦郡史』によれば、住吉神社の項に「本殿は、神功皇后三韓征伐の時数の間滞留あらせられ、諸神を神集めし給ひ、干珠・満珠の二宝を納められし神社なりと云ふ。この故をもって神集島となづく」とされる。（『角川日本地名大辞典 佐賀県』）

　『万葉集』には当地で詠んだという歌が7首収められているが、そこには「肥前國松浦郡狛島亭（こましまのとまり）に船泊（ふなはて）せし夜、遥に海の浪（なみ）を望みて、各旅の心を慟（いた）みて作れる歌七首」とある。ここでは「狛島」となっているが、これは「柏島」の誤りだとされている。「狛」は「高麗」の意味で「柏島」が誤りだという考えもできる。七首のうちの最初の歌。

　　　帰り来て見むと思ひしわが宿の
　　　　　　秋萩薄ちりにけむかも　　（秦田麻呂（はだのたまろ））

　「神集島」という表記が一般になるのは江戸期以降のことなので、神功皇后伝説はそれ以降に作られたものかもしれない。

九州・沖縄地方　231

⑤ 背振山(せふりさん)　福岡県福岡市早良区と佐賀県神埼市の境に位置する標高1,055メートルの山である。佐賀県側にかつて「脊振村」があった関係で、佐賀県の山といったイメージが強い。一般によく紹介されている説は、寛文5年（1665）の「肥前古跡縁起」によるもので、こんな話である。

背振山極楽東門寺の乙護法善神は天竺の国の主の王子で、神通自在の人であった。竜馬に乗り虚空を翔け東方に去っていったが、この国の鬼門に当たる当山に飛んで来た際、その竜馬が空に向かって3度いなないたことによって、「背振」という名前がついた……。

日本の文化発祥の地とも言える当地であるからこそ言える伝説なのかもしれない。それ以外にも朝鮮語の「ソウル」（都）に由来するという説もあるが、真偽のほどはわからない。

⑥ 鳥栖(とす)　「鳥楝」とも書いた。古代養父郡(やぶのこおり)4郷の1つで、「鳥栖郷」であった。中世においては「鳥栖荘」、江戸期以降では「鳥栖村」、明治40年（1907）に「鳥栖町」、昭和29年（1954）に「鳥栖市」になり、現在に至っている。

『肥前国風土記』にはこう記されている。

「鳥楝の郷　郡役所の東にある。
昔(むかし)、軽島(かるしま)の明(あき)の宮に天の下をお治めになられた誉田天皇(ほむだのすめらみこと)（応神天皇）のみ世に鳥屋(とや)（鳥小屋）をこの郷に造り、さまざまな鳥を捕り集めて飼い馴らして朝廷にみつぎものとしてたてまつった。それで鳥屋の郷といったが、後の世の人はこれを改めて鳥楝の郷といっている」

これはこれで決まりと言ってよい。

⑦ 馬渡島(まだらじま)　玄界灘に浮かぶ離島。一般的には、日本に初めて馬がやってきた謎の島とされているが、それは観光向けのコピーと考えたほうがよい。「馬渡系図」によると、「美濃国馬渡庄の住人本馬八郎義俊は白河上皇院政の頃延暦寺僧兵の強訴を防ぎ、冤罪を受け松浦郡に流され、この島に土着、馬渡と称し、斑島を馬渡島に書き改めた」とされ、この説が多くの地名辞典に記載されている。この説では、もともと「斑島」であったのを本馬八郎義俊が故郷の「馬渡」に書き直させたことになる。

島民のほとんどがカトリックのクリスチャンで、江戸末期にキリシタン弾圧を逃れるために長崎県の外海や平戸、五島などから移住してきた人々によって広まったと言われている。木造建築では日本で最も古い教会として知られる馬渡島教会はそのシンボルである。

難読地名の由来

a.「杠」（佐賀市）**b.**「巨勢」（佐賀市）**c.**「海路端」（佐賀市）**d.**「金立」（佐賀市）**e.**「三養基」（三養基郡）**f.**「水留」（伊万里市）**g.**「的」（神埼市）**h.**「駅ケ里」（神埼市）**i.**「石動」（神埼郡吉野ケ里町）**j.**「廿治」（杵島郡白石町）

【正解】
a.「ゆずりは」（常緑高木のユズリハに由来する）**b.**「こせ」（大和の豪族巨勢氏の一族が移り住んだものと思われる）**c.**「うちばた・うじばた」（海に通じる道の先端という意味か）**d.**「きんりゅう」（徐福ゆかりの金立山・金立神社による。何らかの意味で金属に関連するか）**e.**「みやき」（肥前国にあった「三根郡（みねのこおり）」「養父郡（やぶのこおり）」「基肄郡（きいのこおり）」の1字ずつをとって命名）**f.**「つづみ」（水を留める堤に由来するか）**g.**「いくわ」（鍬の一種の鋳鍬にちなむか）**h.**「やきがり」（吉野ケ里などと同じ「○○ケ里」の一例。古代の駅家に由来するか）**i.**「いしなり」（洪水などで石が流れたことに由来するか）**j.**「はたち」（畑地に由来するか）

42 長崎県

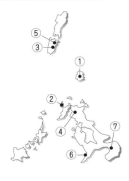

外交の「府」長崎

「長崎県」のスタートは、慶応4年（1868）2月に長崎裁判所が置かれ、同年5月に「長崎府」が置かれたところにある。全国に「江戸」「京都」「大坂」などとともに10置かれた「府」の1つである。いかに新政府がこの長崎を重視していたかがわかる。江戸期における長崎の位置づけを考えれば当然のことであった。

ここでは「長崎」という地名が圧倒的な存在感を誇っていた。藩としては「島原藩」「平戸藩」「福江藩」（五島）「大村藩」があり、それらは明治4年（1871）7月の廃藩置県によってそれぞれ「県」となったが、同年11月には「長崎県」という名称のもとに統合されることになった。1つ重要なことは、明治9年（1876）8月から明治16年（1883）5月までは、現在の佐賀県の「佐賀藩」「対馬藩」「唐津藩」「小城藩」「蓮沼藩」「鹿島藩」も長崎県のエリアに入っていたことである。

また、明治5年（1872）8月、旧厳原県（対馬）が伊万里県から分離され、長崎県に統合されたが、その理由はわかっていない。

大正15年（1926）に出された『長崎叢書（下）』には「長崎之起源」として、次のように記されている。

「一、長崎往古瓊杵田津、玉杵名邑、深津江、瓊浪浦等の称あり中古福富浦又深江浦と呼ひ又瓊浦と云ふ　長崎小太郎此地を領し子孫世襲するに及んて終に地名となれりと云ふ」

ここに記されているように、古代からこの地は「深津江」「深江浦」「福富浦」などと呼ばれていたことがわかる。「深津江」とはまさにこの長崎の地形を言いえて妙である。「深く入り込んだ入江にある津」という意味である。

また「長崎小太郎」という人物がこの地を支配しており、その姓から「長崎」という地名が生まれたとされている。さらにこう書いてある。

「一、長崎港別に鶴の港と称す森崎一帯左右の海水深く入りて其脛の如く港内は其翼を張るに似たり山上より之を望めは其状恰も鶴の沖るの勢あり故に此称ありと云ふ往古は西浦上村住吉社前に海水来りしと云ふ」

「鶴の港」とはよく表現したものだ。確かに山上から見ると、そのような形に見えないこともない。

また、中世には「永崎」とも書かれていたという。いずれにしても、深く入り組んだ地形に由来することは間違いない。

とっておきの地名

① 壱岐(いき)　平成16年(2004)、「郷ノ浦町(ちょう)」「勝本町(ちょう)」「芦辺町(ちょう)」「石田町(ちょう)」が新設合併して「壱岐市」になったが、もともとかの「魏志倭人伝」にも見える古い地名である。魏志倭人伝には「一大国」と書かれているが、これは「一支国」の誤りであろうとされている。『古事記』『日本書紀』では「伊伎」「以祇」「壱岐」などと記され、『万葉集』では「由吉能之島(ゆきのしま)」と表記されている。フロイスによる「日本史」でも「Yuquinoxima」と書かれており、かつては「ゆきのしま」と呼ばれていたことは確かである。律令時代以降「壱岐国」として独立していた。(『長崎県の地名』)

由来としては「往き」の意味だとする説が強いが、大嘗祭(だいじょうさい)で東方に設けられる祭場を意味する「斎忌(ゆき)」「悠紀(ゆき)」にまつわるものとも考えられる。あるいはもっと単純に「雪」にちなむという説もある。

② 生月(いきつき)　平戸島の北部に位置する島名であり、「生月町(いきつきちょう)」は北松浦郡に属していた町。平成17年(2005)の合併によって平戸市となり、自治体名としては消滅。キリシタンの島、江戸期においては捕鯨の島として知られた。古代においては「生属」と書かれていたが、明治2年(1869)に「生月」に書き改めたという。「属」を「つく・つき」と読むのは目新しいように思うが、「属」は音では「ぞく」「しょく」で、意味としては「付属」「属兵」などでわかるように「つく・くっつける」を意味している。

由来としては、遣唐使が荒海を乗り越えてやっとの思いで「いきついた」ところなので「生属」の名があり、後に「生月」に転訛したという。(『角川日本地名大辞典 長崎県』)あり得る話である。

③厳原(いづはら)

「厳原町(いづはらまち)」は対馬の南部にあった町。平成16年(2004)の大合併によって対馬市の一部になっている。明治2年(1869)、それまでの「府中」を「厳原」に改称したことに始まるので、比較的新しい地名と言える。

古来、対馬国の国衙があったところと見られ、対馬の中心地として栄えた。町の中心に八幡宮神社が鎮座するが、社伝によれば、神功皇后が三韓征伐からの帰路、この地にある清水山に立ち寄った際、この山は神霊が宿るとして山頂に磐境を設けて天神地祇を祀ったという。現在も見事な境内を誇っているが、その神社の前原を「伊豆波留」と称していたことから「厳原」という地名になったとされる。「伊豆波留」は単なる音を意味するので、漢字そのものには意味はない。「波留」は「ハル」であり、九州地方に多く分布する「原(ハル・バル)」地名である。「伊豆」は「イツくし」すなわち、「神威がいかめしい。また、威厳がそなわっている。おごそかで立派である」の意味で、漢字では「厳し」「慈し」「美し」と表記する。(『広辞苑』)

④江迎(えむかえ)

「江迎町(えむかえちょう)」は北松浦郡にあった町。平成22年(2010)に鹿野町とともに佐世保市に編入し、自治体としては消滅。九州にこんな素敵な地名があったことに感動する。古来、この地は港としても宿場としても栄えたところで、「江」(港)で「お迎え」するという意味になり、交通の要地としてこれ以上ない「もてなし」の心を感じる。

江戸期からすでに「江迎村」としてあり、昭和15年(1940)に「江迎町」として発展した。実は「江迎」という地名についてはほとんど研究の跡もないのだが、佐世保市に合併される際に、この地名の良さがどれだけ論議されたのだろう。全国に誇る地名だと考えてよい。

⑤鶏知(けち)

対馬列島の6つの町が合併して、列島全体が「対馬市」になったのは、平成19年(2007)のことである。「厳原町(いづはらまち)」「美津島町(みつしまちょう)」「豊玉町(とよたまちょう)」「峰町(みねちょう)」「上県町(かみあがたちょう)」「上対馬町(かみつしまちょう)」といった自治体名が消えてしまったことは残念ではある。旧美津島町に「鶏知」というきわめて珍しい地名がある。ここには千数百年も前と推定される神功皇后の伝説が息づいている。皇后は俗にいう三韓を征伐するためにこの地に着いたのだが、

初めての土地でどこに人家があるかもわからない。すると、東のほうから鶏の鳴き声が聞こえて人家があることがわかり、ここに滞留したというのである。

この地は昔から「鶏知村」と言ったが、その後美津島町になり、今は対馬市美津島町鶏知という住居表示になっている。学校名で「鶏知」がついているのは「鶏知中学校」で、小学校と幼稚園は「鶏鳴（けいめい）小学校」「鶏鳴幼稚園」となっている。「鶏鳴」という名前こそ、神功皇后伝説そのものである。

さて、この「鶏知」という漢字だが、ほんとうは「雞知」と書くのが正しいようだ。しかし、町内の表示はまちまちだ。バス停などは「雞知」になっているが、郵便局は「鶏知」になっている。これもやや不思議だ。

この鶏知の地点は東西18キロメートル、南北82キロメートルの対馬の中で、東西の海がいちばん接近している地点にある。西水道から浅茅湾が深く入り込み、美しいリアス海岸になっており、そのいちばん奥が樽ケ浜であり、そのいちばん奥まったという意味で「ケチ」（穴・結）と呼んだのがルーツなのであろう。

対馬は古くから「対馬」と書かれていたが、『古事記』では「津島」になっている。朝鮮半島から見ると、文字通り、北の島と南の島が「対」に見えるところから「対馬」となったと言われるが、その通りかもしれない。ではなぜ「馬」と書いて「しま」と読むのか？

これはある時点で「島」を「馬」に書き間違えた可能性がある。地名の世界ではよくある話である。

⑥ 香焼（こうやぎ）

「香焼町（こうやぎちょう）」は西彼杵郡（にしそのぎぐん）にあった町で島名でもある。平成17年（2005）の大合併によって長崎市に編入されて自治体名は消滅。自治体名は「香焼町」だったが、現在は「長崎市香焼町（こうやぎまち）」となっている。

旧香焼町はもと香焼島と陰ノ尾島とからなる離島だったが、戦前戦後の造船・石炭産業の発展によって埋め立てが進み、現在は長崎市と陸続きになっている。

由来として『香焼町郷土誌』には、昔、弘法大師が唐に渡る前と後にこの地に立ち寄り、山に入って航海安全と無事帰着の感謝を奉げたところ、その時焚かれたお香が洞窟内にしみ通ったので、この地を「香焼山」とい

うようになった、との伝承を記している。ありそうな話ではあるが、弘法大師伝説はどこにでもあり、そのまま鵜呑みにするわけにはいかない。他方、「クワヤキ」の転訛したもので、「クワ」は「茎」のことで、樹木を意味し、叢林地を焼いて焼畑農業を営んでいたことによるという説もある。(『角川日本地名大辞典 長崎県』)

⑦千々石（ちぢわ）　島原半島西部の橘湾沿いにあった町名。平成17年（2005）に周辺6町村と合併して「雲仙市」として市制を施行したため、自治体名としては消滅。『肥前国風土記』に次のようにある。

「土歯（ひぢは）の池　土地の人は岸のことを比遅波（ヒヂハ）という。郡役所の西北方にある。この池の東の海辺に高い崖がある。高さ百丈余り、長さ三百丈余りである。西の海の波がいつも洗いすすいでいる。土地の人の言葉によって土歯の池という。池の堤の長さは六百丈余り、巾は五十丈余り、高さ二丈余りである。池の内側は縦横（たてよこ）二十町余りである。潮が来ればいつでも［池の中に潮が］突入する。荷（はす）・菱（ひし）が多く生える。秋七、八月には荷の根（はちす）が大変うまい。季秋九月には香も味も変わってともに食用に供えようがない」

古来、千々岩・知十歪・千々波などとも表記されてきたが、ここに記されているように、もとは「土歯（ひぢは）」、「比遅波（ひじは）」と呼ばれる池があったことに由来する。「高さ二丈余り」というから6メートル余りということになるが、潮が来れば海水が流れ込むといった池であったらしい。「ヒジ」とは古語で「土」「泥」を意味するので、「土歯」の「土」はそのものズバリを意味している。「歯」は「比遅波」の「波」のことである。すると、「ヒジハ」は土の崖に打ち寄せる波という意味になる。

この「土歯」が転訛して「千々石」になったというのが定説になっている。

難読地名の由来

a.「白南風」（佐世保市）**b.**「早岐」（佐世保市）**c.**「御手水」（島原市）**d.**「崩山」（島原市）**e.**「豆酘」（対馬市）**f.**「大左右触」（壱岐市）**g.**「岐宿」（五島市）**h.**「女の都」（長崎市）**i.**「滑石」（長崎市）**j.**「調川」（松浦市）

【正解】
a.「しらはえ」(中国・四国・九州地方では「南風」のことを「はえ」という。「白」は風の影響で空気が白くなることを指しているか) **b.**「はいき」(『肥前国風土記』に「速来（はやき）」とある。潮の流れが速いことによると言われる) **c.**「おちょうず」(「手水（ちょうず）」とは、神仏に参拝する前に手や顔を洗い清めることで、そのような事実があったと推測される) **d.**「くえやま」(「くえ」は崩壊を意味する地名で、崩壊した山を意味する) **e.**「つつ」(筒状の岬などの地形によるものか) **f.**「たいそうふれ」(「左右（そう）」は「左右」のことで、「触」は壱岐に特有な村内の小地域を指す地名なので、「左右に大きく広がる地」程度の意味か) **g.**「きしく」(避難港で宿があったことにちなむと考えられる。「寄宿」の転訛か) **h.**「めのと」(平家の落人で、特に女性が落ち延びたことによるという) **i.**「なめし」(「なめらかな石」によるという) **j.**「つきのかわ」(「調」は「つき」「みつぎ」とも読み、古代に行われた「租庸調」の「調」と見れば意味は通じる)

43 熊本県

肥後国は「熊本」で決まり

　「肥後手まり唄」という唄がある。「あんたがた　どこさ」と訊くと「肥後さ」と答える。さらに「肥後どこさ」と訊くと「熊本さ」と答える。そして「熊本どこさ」と訊くと「船場さ」と答える。こういうやりとりで、特定の地名に絞っていく手法は並ではない。とにかく無駄がなく、簡潔に本質をついている。

　この唄に象徴されるように、肥後国の県名は熊本でほとんど文句のつけようもない。熊本はかつては「隈本」と書かれていた。もともと九州には「隈」を使った姓が多い。大隈重信は佐賀県出身だし、「隈部さん」「石隈さん」「大隈さん」などそのほとんどが九州にルーツを持っている。

　この「隈本」を「熊本」に変えたのは、慶長12年（1607）で、ここに築城した加藤清正（1562〜1611）であったとされる。加藤清正は尾張の出身で、槍の名手で勇壮な武将として天下にその名を知られていた。その清正からすれば、「奥まった所、陰の所」というイメージの「隈本」は受け入れられなかったに違いない。ならば、思い切って「熊」に変えようと考えたのであろう。

　佐賀県・長崎県・熊本県一帯は旧「肥前国」「肥後国」であって、「前」「後」とくるから歴史的にも「佐賀県」「長崎県」「熊本県」の順序で発展してきたのかと思っていたが、どうやらそうではないらしい。「肥前」「肥後」のもとの意味は「火の国」であって、そのルーツは熊本にある。

　『日本書紀』景行天皇18年の条に、次のような話が載っている。

　5月1日、「葦北」という所から船出して「火国」に到着した。そこで、日が暮れてしまって船を岸につけることができなかった。すると遠くに火の光が見えたので、天皇は船頭に「まっすぐ火の方を目指せ」と仰せられた。火の方に向かっていくと岸に着くことができた。天皇は、その火の光った所を訊ねて「何という村か」とお訊きになった。土地の人は「八代

県の豊村です」と答えた。また、天皇は続けて「その火は誰の火か」と訊ねられたが、その火の主はわからず、人の火ではないことがわかった。そこで、この国を「火国」とした。

この地に根を下ろした「火の国」はその後肥前の方にも勢力を伸ばし、「火君」は九州最大の筑紫君と同盟を結び、現在の佐賀県・長崎県一帯に大きな勢力を持ったのだという。

とっておきの地名

①泗水

現在の菊池市に「泗水町」がある。明治22年（1889）の町村制施行の際、6つの村が合併して成立した「泗水村」がルーツだが、その村名は孔子の故郷の名によったものとされる。初代村長の西佐一郎は漢学者であり、当時所属していた郡名が「合志郡」であったことから、孔子に見立て、孔子の生まれた山東省曲阜、泗水の地名をとって村名としたという。

以前は合志川に4本の川が合流するところからという説もあったが、昭和61年（1986）に町議会で孔子の泗水説に由来すると議決したという。議会で議決するというのも珍しいが、それだけ孔子への思いが強いのだろう。現在の菊池市泗水町豊水にある「孔子公園」には中国宮廷建築を取り入れた回廊や建築群が並び、泗水の町名への思いを存分にアピールしている。

②七城

「七城町」はかつて菊池郡にあった町。昭和29年（1954）に菊池郡「加茂川村」「砦村」「清泉村」が合併して「七城村」になったのがルーツ。平成17年（2005）には「菊池市」および「泗水町」「旭志村」と合併し、現在は菊池市七城町となっている。城が七つとなれば、それなりに理由があるはずだ。

現在の菊池市一帯は中世の豪族・菊池氏が勢力を張っていた地域である。ここには「菊池十八外城」という言葉が残されている。現在は菊池神社となっている菊池城を取り囲むように18の城塞が設けられた。文献によってその対象は若干異なっているが、呼称としては「十八外城」という言葉が一般化している。その18城のうち、7つの城が旧七城町にあったことから、「七城」という地名が生まれたとされる。

九州・沖縄地方

③不知火(しらぬい)

熊本県にしかない地名である。240ページで述べたように、景行天皇が「火」を見つけたところから「火の国」が生まれたとされるが、「不知火」はその話の続きである。天皇が「その火は誰のものか」とお訊きになった時、「誰も知らなかった」ので、「不知火」という地名が生まれたともいう。

ここで問題が生じる。『日本書紀』をまともに読めば、天皇がご覧になった火は明らかに陸上の火である。ところが、実際の「不知火」という現象は海上に起こるものなのである。これは矛盾だ。

不知火湾は八代湾ともいうが、その北端に旧不知火町はあった。不知火町の永尾(えいお)という集落に「永尾劔(えいつるぎ)神社」という小さな神社がある。集落にある鎌田山が頴(えい)の魚に似ているところから「永尾」という地名が生まれたとされる。この神社の正面には不知火湾が広がり、ここから旧暦8月前後の干潮時に不知火が見られるという。これは現代では漁火等の気象学的現象だと言われているが、昔は、不思議な「人に知られぬ火」であったことは間違いない。

④田原坂(たばるざか)

明治10年（1877）に起こった西南戦争で最大の激戦となった戦場として知られる。西郷隆盛率いる薩軍は官軍がこもる熊本城を包囲するも、天下の名城はさすがにすぐには落城しない。そこで、官軍の応援部隊が北から入るという情報を得て、薩軍は熊本城から北西十数キロメートルの地点にある田原坂で官軍を迎え撃つことになった。熊本城から北は台地状になっており、北方面から大砲などを通すことができるのはこのルート以外にはなかった。

この軍事道路は「掘抜道」と呼ばれており、西南戦争からさらに300年さかのぼった加藤清正公が作ったものであった。3月4日から20日までの17日間、両軍はここで熾烈な戦いを続け、両軍合わせて6,500人以上の戦死者・負傷者を出して、薩軍の敗北という結果になった。

九州には「バル」と読む「原」地名が多数分布している。もともと「ハリ」「バリ」は「開墾」を意味する言葉で、漢字では「墾」「張」「針」などの漢字を充てている。「原」を「ハリ・バリ」と読む地域は「尾張」あたりまでが顕著だが、茨城県にも「新治郡(にいはり)」という地名がある。だが、東日本では「原」は基本的には「ハラ」と読む。

⑤通潤橋(つうじゅんきょう)

上益城郡山都町(やまとちょう)にある石造単アーチ橋。阿蘇の外輪山の南側の緑川水系に架けられた水路橋で、国の重要文化財に指定されている。

水の便が悪かった白糸台地に給水する目的のために、時の惣庄屋を務めていた伏田安之助(ふたやすのすけ)が嘉永7年(1854)に肥後の石工たちの技術によって見事な石造の橋を完成させた。橋の長さ約76メートル、幅員6.3メートル、高さ20メートル余で、文字通り我が国最大の石造の橋である。水を送って潤すところから「通潤橋」と名づけられたことは言うまでもない。

⑥八景水谷(はけのみや)

熊本市の北部に位置し、昔から熊本市の水源地として知られてきた。現地には、熊本藩主が中国の『瀟湖八景』にちなんで八景を選んだところからこの地名が誕生したなどと書かれた看板が立てられているが、それは後の創作である。実はこの「八景水谷」は全て地形で説明できる。「八景」とは「ハケ」のことで、「崖」を意味している。「ハゲ」「ホキ」「ボケ」なども同じである。「ハケ」は「波気」「波介」「羽下」などの漢字を充てるが、いずれも崖を意味している。

「水谷」は文字通り「水の谷」である。周囲は20メートルほどの崖(ハケ)に囲まれて、その下からこんこんと水が湧き出ている。いわば扇状地の湧水地であり、大正13年(1924)に、八景水谷を水源地として上水道が整備された。今でもレンガ造りの水の科学館が残されている。八景水谷を水源として得られた水は、立田山(たつだやま)に送水され、標高73メートルの立田山配水池から市内中心部に供給したという。

⑦隈府(わいふ)

菊池市にある町名の1つ。明治期から「隈府町(わいふまち)」としてあったが、昭和31年(1956)に同町と7つの村が合併して「菊池町」ができたことにより、自治体名としては消滅した。

中世は菊池氏の本拠地として栄えた。南北朝・戦国期には「隈部」「熊部」などと見え、「くまべ」と呼ばれていた。菊池氏が居城した城も「隈部城(くまべ)」「隈府城」と呼ばれていたようで、そうだとすると、「隈府」も「くまふ」と呼ぶべきではないかという謎が生まれる。その背景にはこんなことがあったという。

加藤清正が肥後北半国を与えられて「隈本」に入ったのは天正16年

(1588)のことだが、清正は「隈本」を城府として「隈府（くまふ）」と略称したため、菊池の「隈府」を「わいふ」と呼ぶようになったという。では、ほんとうに「隈」は「わい」と読めるかというと、読めるのである。川などが曲がって入り組んでいる所を「隈曲（わいきょく）」というが、「隈」という漢字は音では「ワイ」と読むことになっている。清正はその後に「隈本」を「熊本」に改称している。

難読地名の由来

a.「蔚山」（熊本市中央区）**b.**「画図」（熊本市東区）**c.**「土鹿野」（熊本市南区）**d.**「亀頭迫」（玉名市）**e.**「夜間」（菊池市）**f.**「賤之女」（上天草市）**g.**「永尾」（宇城市）**h.**「山亥」（阿蘇郡小国町）**i.**「茗の木」（球磨郡多良木町）**j.**「鬢掃除」（天草市）

【正解】
a.「うるさん」（秀吉の朝鮮出兵の際、朝鮮半島の蔚山から多くの人々が移住したことによる）**b.**「えず」（近くにある「江津湖」にちなむか）**c.**「はしかの」（「初鹿野（はじかの）」（山梨県）と同じで、「端処野（はしかの）」で、川の端の原野に由来する）**d.**「きとさこ・きとうさこ」（亀頭の形をしていて狭い地形に由来するか）**e.**「やけ」（家を意味する「宅（やけ）」に由来するか）**f.**「しずのめ」（キリシタンの悲しい歴史に関連あるか）**g.**「えいのお」（不知火海に向かっている永尾神社の神様がエイに乗ってやってきたという伝承に由来する）**h.**「はげ」（「ハケ」「ハゲ」は崖のことだが、崖を「山を猪が駆けて崩していく」といったイメージで命名したものであろう）**i.**「ちしゃのき」（ムラサキ科の落葉高木の「チシャノキ」に由来する）**j.**「びんそうじ」（「鬢（びん）」とは、耳の脇の髪のことを言い、昔馬を連れて行く時、ここで馬の鬢を洗ってあげたことによる）

44 大分県

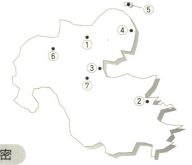

「大分」を「おおいた」と読む秘密

　「大分県」の名も、古代からある「大分郡（おおいたのこおり）」の郡名によっている。しかし、「大分」と書いてなぜ「おおいた」と読むのか？　考えてみれば不思議な読み方である。

　『日本書紀』景行天皇12年の条にこうある。
「冬十月（ふゆかなづき）に、碩田国（おほきたのくに）に到りたまふ。其の地形広（そのくにかたひろ）く大（おほ）きにして亦麗（またうるは）し。因（よ）りて碩田（おほきた）と名づく」

　つまり、景行天皇がこの地をご覧になって、土地が広く大きく美しかったので「碩田（おほきた）」と名づけたというのである。

　これについては、いくつかの検証が必要である。美しいというのはわかるが、「広い」と言えるかどうか。天皇がどのルートでこの地に着いたかは不明だが、どのみち山を越えてこの地に入って、広いと感じたということなのだろう。

　次に、「碩田」と書いて「おほきた」と読むことについて。まず「碩」だが、一般的には「セキ」と読んでいる。意味は「頭がいっぱいで充実している」「中身が充実していて、優れている」ということである。よく使われる例は「碩学」で、学問が広く深い人のことである。しかし、「碩」には一方では「広い」という意味もある。「頁（あたま）」プラス「石（石のように内容が充実した）」という意味になる。

　したがって、景行天皇は、単に形が大きいというだけでなく、「内容が充実している」と受け取ったのであろう。奈良時代には「オホキ（大）」という言葉は、ク活用で使用されていたと言われる。「オオキイ」ではなく「オホキ」なのである。

　結論的には「大きな田が広がっている国」というのが「碩田国」の意味だが、さらなる疑問はそれをなぜ「大分」と表記したかという点である。

　「分」という漢字は「ブン」「フン」とは読むが、「イタ」とは読まない。

すると、「碩田」は「大きい田」ということで、「碩」が「大」に代わり、「田」が「分」に変わったと考えられる。もともと「分」は「分ける」という意味であって、田も分割して耕すしかないので、「田」が「分」に転訛したのではないかと考えられる。「田」という文字をよく見ると、1つの田を四等分したという意味である。つまり、田は四角形に「分けて」与えられるものである。

そう考えると、「大分」の謎も解けてくる。ただし、かなり苦しい解釈で、このような説をこれまで出した人はいない。

とっておきの地名

①安心院（あじむ）

明治22年（1889）に「安心院村」として成立し、昭和13年（1938）に「安心院町（あじむまち）」となったが、平成17年（2005）には「宇佐市」、宇佐郡「院内町（まち）」と合併して「宇佐市」となり、自治体名としては消滅。古くから宇佐山郷と呼ばれ、集落は安心院盆地と津房川（つぶさ）の流域の間に広がる。司馬遼太郎が「盆地の景色としては日本一」と称したということで、早春のころには靄が立ち込め、墨絵のような美しさを見せるという。

由来には諸説あるが、一般に言われているのは、この盆地には芦が生えていたことから「芦生（あしぶ）の里」と呼ばれていたものが「安心」に転訛し、さらに中世になって荘園の倉（院倉）が置かれたことから「院」がついて「安心院」という地名になったという説である。おそらくこの説が正しいのではと考えられる。この安心院盆地はかつては湖であったと推測され、その時代には湿地帯であり、芦が広く繁茂していたことは想像に難くない。全国的にみても、会津盆地、松本盆地、さらには奈良盆地もかつては湖であったとされており、一連の事例をみると、この説の信憑性は高いと考えられる。古代の海洋を支配した安曇族によるとの説もあるが、その根拠は薄い。

②臼杵（うすき）

これもなかなか読めない難読地名。慶長5年（1600）オランダ船リーフデ号が臼杵市佐志生（さしう）に漂着し、船長ウイリアム・アダムス（後の三浦按針）・航海士ヤン・ヨーステンが家康の外交顧問として活躍したことで有名。「ヤン・ヨーステン」から東京の「八重洲」という地名が生まれたこともよく知られている。

永禄5年（1562）、九州を治めたキリシタン大名大友宗麟が丹生島に築いた丹生島城が臼杵城と呼ばれたことによるという。「臼杵」という地名は臼杵市大字稲田にある臼塚古墳にあると言われている。前方後円墳のくびれた部分から出土した二基の石甲が、逆さにすると臼と杵の形をしていることから、「臼杵」という地名が生まれたとされている。現在、この二基の石甲は古墳跡に鎮座する臼杵神社に祀られ、昭和51年（1976）に国の重要文化財に指定されている。

③鉄輪温泉（かんなわおんせん）

いわゆる「別府八湯（べっぷはっとう）」の1つだが、8つの中でも飛びぬけて規模が大きい。鉄輪温泉には8つの地獄があって、順番に観光客を待っている。どういう順番で回ってもよいのだが、一応「海地獄」「鬼石坊主地獄」「山地獄」「かまど地獄」「鬼山地獄」「白池地獄」「血の池地獄」「龍巻地獄」となっている。

「鉄輪」という地名には、こんな伝承がある。

昔、この地に平家の末裔と言われる玄番という人物がいた。この玄番はいつも大きな鉄棒を持ち歩いており、この温泉に毎日のように来ていた。ある日、玄番が湯に入っているとき、近くを通りかかった源為朝がふざけて玄番の鉄棒を土の中に隠してしまった。

湯から上がった玄番は鉄棒のないことに気づき、ようやく捜し出して鉄棒を抜くと、その穴（輪）からお湯が噴き出したので、その泉源から鉄の穴、つまり「鉄輪」という地名になった──。

いかにも、こんな話が生まれそうな温泉である。町のいたるところから湯けむりが立っており、どこからお湯が噴き出しても不思議ではないところである。

真実はどうかというと、『豊後国風土記』によれば、もともと現在の鉄輪温泉の西北にあった「河直山（かなおやま）」が「鉄輪山」に転訛したことによるという。ただし、「河直山」がなぜ「鉄輪山」になったかは不詳。

④国東（くにさき）

古来「国埼郡（くにざきのこおり）」であり、大分空港がある「国東半島」としても知られる。明治27年（1894）に「国東町（くにさきまち）」が誕生した後、幾多の変遷を経て昭和29年（1954）に新成「国東町」がスタートしたが、平成18年（2006）、「国見町（くにみまち）」「武蔵町（むさしまち）」「安岐町（あきまち）」と合併し「国東市」が

誕生した。

「国東」の地名の由来は古く、景行天皇の時代にまでさかのぼる。『豊後国風土記』には「国埼の郡」として、以下のように記されている。

「昔、纏向の日代の宮に天の下をお治めになられた天皇の御船が、周防の国の佐婆津から出発しご渡海されたが、はるか遠くにこの［豊後］の国をご覧になり、勅して、『あそこに見えるのはもしかすると国の埼ではなかろうか』と仰せられた。それによって国埼の郡という」

この記述によると、天皇は東から船で豊後国に向かったことになり、「国の先端」という意味だったのだが、それが後に「国の東端」という意味での「国東」に転訛したことになる。

⑤ **姫島**　大分県北東部の国東半島の先にある離島であり、大分県唯一の村「姫島村」である。詩情と伝説の島として知られるが、何といっても「姫島」という麗しい地名の由来について述べなければならない。

『日本書紀』垂仁天皇元年に面白い話が載せられている。長い話だが、およそこんな話である。

垂仁天皇の前の崇神天皇の御代、一人の人物が今の敦賀にやってきた。「どこから来たか」と問うと、「意富加羅国の王の子で、名は都怒我阿羅斯等」と言った。その者は崇神天皇が亡くなった後も垂仁天皇に3年仕えたが、国に帰りたいと言うので、帰国させた。

一説によると、阿羅がまだ本国にいた時、牛が急にいなくなってしまった。牛の代わりにもらった白い石は神石で、美しい乙女に化したという。ところが、その乙女は突如姿を消してしまい、「東方に行った」ということで、その乙女を捜しに日本にやって来たともいう。

捜していた乙女は難波に着いて比売語曾社の神となり、さらにこの姫島村の比売語曾社の神となった——。

難波にも同じく比売語曾神社が今もあり、また、この姫島に比売語曾神社があることから、この姫を巡る伝承は貴重なものがある。

⑥ **耶馬溪**　中津市にある山国川の流域に広がる大分県を代表する景勝地。火山活動による凝灰岩、溶岩などから成る台地の浸食に

よってできた奇岩が連なる渓谷である。大正12年（1923）に名勝に指定され、昭和25年（1950）には一帯が耶馬日田英彦山国定公園に指定された。「本耶馬渓」「裏耶馬渓」「深耶馬渓」「奥耶馬渓」など複数の渓谷にまたがり、多くの観光客を呼んでいる。

　文政元年（1818）、頼山陽がこの地を訪れた際、この景観に感動し、「耶馬渓天下無」つまり、この渓谷は天下に2つとないとして、「山国川」の「山」を中国風にもじって「耶馬渓」（山の渓谷）と名づけたという。また、それに先立って貝原益軒が当地を旅し、「山国より流出。其源英彦山の東より来る大河なり。河にそいてのぼれば、山国の谷に至る。此谷ふかく村里多きよしと云。又立岩多く景甚よし、険路なりとかや」と記している。（『大分県の地名』）

　耶馬渓が全国的に有名なことは、各地に「〇〇の耶馬渓」と称される渓谷が多く存在することでもわかる。例えば、秋田県の「抱返り渓谷」は「東北の耶馬渓」とも言われている。

⑦湯布院（ゆふいん）

　湯布院温泉で余りにも有名な地名。昭和11年（1936）に「湯布院村」が成立し、戦後の昭和23年（1948）に「湯布院町」となったが、平成17年（2005）には近隣の2つの町と合併し、「由布市」となり自治体名としては消滅した。いろいろな議論が重ねられたであろうが、多くの人々に愛され親しまれた「湯布院」が陰に隠れたことは残念至極と言わなければなるまい。

　もともとこの地は「柚富の郷」と呼ばれたところ。『豊後国風土記』には「この郷の中に栲（こうぞ）の樹が沢山生えている。いつも栲の皮を採取して木綿を作っている。それで柚富の郷という」と記している。つまり「ユフ」というのは木綿のことなのだ。

　この柚富の郷にあった峰が「柚富の峰」で、今の「由布岳」であり、そこから「由布」と呼ばれていたが、町になる時、温泉にちなんで「湯布院町」としたのであった。

難読地名の由来

a.「戸保ノ木」（大分市）　b.「米良」（大分市）　c.「闇無」（中津市）　d.「夜明」（日田市）　e.「風成」（臼杵市）　f.「一尺八寸山」（日田市）　g.「会所山」（日

田市）**h.**「千怒」（津久見市）**i.**「会会」（竹田市）**j.**「玖珠」（玖珠郡玖珠町）

【正解】
a.「へぼのき」（「ヘボガヤ」は「イヌガヤ」のことで、イヌガヤ科の常緑低木を意味する）**b.**「めら」（「メ」（芽）・「ラ」（接尾語）で、草木の芽を採集したことによるか）**c.**「くらなし」（闇無浜神社の由緒によれば、月の影が映らない一本の松の木があったが、波に乗った龍神が現れ、ここに宮を作って祀るべしと言ったということから「闇無」という地名も生まれたという）**d.**「よあけ」（焼畑開墾地であることから、初めは「夜焼」とつけられたが、「夜明」に転訛したという）**e.**「かざなし」（風が吹き抜ける様を意味すると思われる）**f.**「みおうやま」（3頭の猪の尾をつなげたところ一尺八寸（約58センチメートル）あったとも、3匹の蛇の尾の長さを足すと一尺八寸あったことから命名されたともいう。「みお」は「三尾」のことだとされる）**g.**「よそやま」（山頂にある「会所山神社」に由来する。朝廷から国造に任ぜられた鳥羽宿禰がここに庁を設けて居住したので、「会所宮」と呼ばれたという。本来「他所」「余所」が正しいのだが、いつの間にか「会所」に転訛したものと考えられる）**h.**「ちぬ」（「茅渟」とはクロダイのことで、クロダイが獲れたことに由来すると考えられる）**i.**「あいあい」（古代より紫草の栽培で知られ、紫八幡社もある。「あい」は藍のことで、紫の意味だと考えられる）**j.**「くす」（楠の木が自生していたことによる）

45 宮崎県

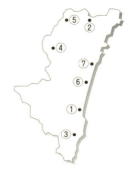

神武天皇にちなむか

　宮崎県の成立は明治6年（1873）1月のことだが、明治9年（1876）8月、鹿児島県に統合されて消えてしまう。やはり、隣りの鹿児島県が圧倒的に強かったのである。宮崎県が復活するのは、明治16年（1883）5月のことで、それ以降宮崎県はそのまま今日に至っている。

　宮崎県の県名は、県庁が置かれた旧「宮崎郡（みやざきのこおり）」から採ったものである。一般には、この日向国（ひむかのくに）にはその後神武天皇になったと言われる神日本磐余彦天皇（かむやまといわれびこのすめらみこと）の宮居があって、その台地の先を意味すると言われている。

　地名学的に言えば、「宮」はよほどのことがない限り、「神社」に関連している。「宮」という地名のところには、まず神社があると考えてよい。姓でも「宮本さん」「宮下さん」など、宮にちなむものも多い。かなり厳格に考えられているのは、「宮下さん」はいても「宮上さん」はいないことである。神社の下に住むのがふつうで、神社の上に住むことはないことの証しである。

　他方、「宮」という言葉は「都（みやこ）」が「宮処（みやこ）」に由来すると言われるように、政庁をも意味している。

　『日本書紀』によれば、神武天皇は15歳で皇太子になり、後に日向国の吾田邑（あたのむら）（現・鹿児島県南さつま市）の吾平津媛（あひらつひめ）を后にしたという。当時としてはえらく遠いところから后を迎えたことになるが、このことが神武天皇がこの地にいたことを示すことになるかもしれない。なぜか。

　記紀神話によると、天孫降臨の場所がどこであったかについては、宮崎県でも県北部の高千穂説と県南部の霧島説があって、双方譲らないのだそうだ。もし神武天皇が宮崎市に居を構えていたとすると、南の霧島説を採ることになるだろう。その点で、天皇が今の鹿児島県の薩摩半島の先端の地から后を迎えたとすると、この説のほうが信憑性が高いということになる。

　宮崎市内にある宮崎神宮は「神武さま」の愛称で親しまれ、ご祭神も神

日本磐余彦命である。
　ほんとうのところはわからないが、神武天皇がこの日向国から大和を目指したという話が事実なら、この「宮崎」もそれに関連して生まれたと考えてよいだろう。

とっておきの地名

①生目（いきめ）　このおどろおどろしい地名は宮崎市に存在する。この地にある「生目神社」がそのルーツだが、今は「日向の生目様」として全国から眼病平癒のご利益を求めて参拝者が訪れている。
　もとは豊前宇佐八幡宮の神領地の庄園であったため、八幡宮を勧請したのが始まりだったと伝えるが、その後、源平合戦で敗北した藤原景清にまつわる伝説が残されている。
　一説に、景清は壇ノ浦から逃れ、頼朝を討とうとしたもののかなわず捕えられ、源氏の繁栄をこの目で見ることを厭って両眼をえぐったところ、その武勇を讃えた頼朝は日向勾当（こうとう）の職と土地を与えたという。この景清の両眼を祀ったことから、「生目」という地名が生まれたとされる。

②大崩山（おおくえやま）　そのものズバリの崩壊地名。「クエ」とは崩壊地を指した地名だが、「オオクエ」だから「大崩壊」の意味になり、「山」がつくから「大崩壊の山」という意味になる。日本を代表する崩壊地名ということになる。
　延岡市北西部にある標高1,643メートルの山で、大分県境に近い位置にある。九州最後の秘境とも言われ、花崗岩の岩峰が聳え立ち、いかにも太古から崩壊を繰り返してきたことを示している。これほどの山ともなれば修験者の信仰の対象になるのが普通だが、大崩山にはその歴史はない。たぶん、崩壊を恐れて修験者も寄りつかなかったのではないか。
　一角に「七日廻り岩」という直径約50メートル、高さ80メートルもあろうかという岩峰が聳えている。伝説によれば、この岩の上にある極楽浄土を夢見て登ろうとしたが、足がかりが見つからず7日間もぐるぐる廻ったところから、この岩の名がついたのだという。

③飫肥（おび）　日南市にある町名で、難読地名。古くは「小肥」とも書いた。古代からある地名で宮崎郡（みやざきのこおり）に属していた「飫肥郷」がそのルー

ツになる。

　飫肥城は、宇佐八幡宮の神官の出の土持氏が南北朝期に築いたのが始まりと考えられており、戦国期には、土持氏を裏切った伊東氏と薩摩の島津氏が城を激しく奪い合ったことで知られる。江戸時代は伊東氏が飫肥藩5万1,000石で治めぬいた。

　飫肥の由来については、「太宰菅内志」に「火に負はせるにあらぬか、さもあらば大火の意あり」としているというが（『角川日本地名大辞典 宮崎県』）、詳細は不明。何らかの意味で「火」にちなむものであると推測される。

④椎葉（しいば）

日本民俗学の走りとなった柳田国男の『後狩詞記（のちのかりことばのき）』の舞台となった「椎葉村（しいばそん）」である。柳田は椎葉村についてこう記している。

　「肥後の四郡と日向の二郡とがこの村に境を接し、日向を横ぎる四の大川は共にこの村を水上としている。村の大きさは、壱岐よりははるかに大きく、隠岐（おき）よりは少し小さい。しかも、村中に三反とつづいた平地はなく、千余の人家はたいてい山腹を切り平げておのおのその敷地を構えている」（『柳田國男全集』5、ちくま文庫）

　この地域は平家の落人伝説が残り、今でも平家まつりが行われている。平家の落人の追討のためにこの椎葉村を訪れた那須宗久（むねひさ）（大八郎）が、この地で必死に生きようとする平家の落人を見て感動し、ここに屋敷を構えて農耕技術を伝え、さらには平家の守護神である厳島神社を勧請するなど落人たちを励ましたとされる。当地で出会った平家の末裔とされる鶴富姫を寵愛したという伝説が今も残る。

　「椎葉」という地名は、宗久が陣小屋を椎の葉で囲ったことからつけられたとされる。史実はどうであれ、椎木があったことは事実であろうし、そこに落人伝説が重なってできたものと考えてよい。

⑤高千穂（たかちほ）

天孫降臨の場所として、県北の高千穂説と県南の霧島説の2つがあって決着をみていないことはすでに述べた通りであるが、この高千穂も1つの有力地であることは疑いを容れない。

　天孫降臨とは、高天原におられた天照大神が高皇産霊尊（たかみむすびのみこと）に命じて皇孫に当たる瓊瓊杵尊（ににぎのみこと）を瑞穂国（みずほのくに）に天下ったという神話のひとこまだが、皇孫は天磐倉（あまのいわくら）から離れ、天八重雲（あまのやえぐも）を押し分けて、「日向の襲（ひむかそ）の高千穂峯に天降り

ます」と記されている。

　高千穂町に鎮座する高千穂神社の主祭神は高千穂皇神(たかちほすめがみ)と十社大明神で、いずれも瓊瓊杵尊および神武天皇関係の神々を祀っている。

　訪れて感じた個人的な印象を1つ。高千穂町の人家や集落はすべて耕地にあり、その間には深い谷を刻んでいる。高千穂峡はその証しである。それは別の見方をすれば、この地は天上の地、すなわち高天原と見なされていたのではなかったか。

　国見ケ丘という高台に上って見た光景は、まさに高天原であった。そんな光景から天孫降臨のような話が生まれたのではなかろうか。

⑥ 高鍋(たかなべ)　江戸時代、秋月氏が治める高鍋藩の城下町として栄えたところ。明治22年（1889）に「高鍋村」が成立し、明治34年（1901）に「高鍋町」となって今日に至っている。高鍋藩と言えば、やはり上杉鷹山に触れなければならない。上杉鷹山（治憲）（1751〜1822）は高鍋藩主、秋月種美の次男（治憲）として生まれたが、米沢藩（今の山形県米沢市）上杉家に養子として迎えられ、後に藩主として「為せば成る」の名言と共に藩政改革に尽くしたことで知られる。

　「高鍋」は中世までは「財部(たからべ)」と表記されることが多く、これはこれで古代以来の職業集団を思わせる地名であるが、寛文9年（1669）、時の藩主秋月種信が財部城を改築した時、幕府に願い出て「高鍋」に改称したというのが定説になっている。

⑦ 美々津(みみつ)　神武天皇が東征の際船出した港としてよく知られる。「美々津町(まち)」は昭和30年（1955）に日向市に編入され、現在は日向市美々津町美々津が住居表示になっている。古くから港として栄え、江戸時代には高鍋藩の交易港として藩の参勤交代にも使用された。今でも古い建物、敷地割が残り、国の重要伝統的建造物群保存地区に指定されている。

　現地はまさに神武天皇東征伝説に彩られている。『日本書紀』によれば、神武天皇は旧暦10月5日に出立したとされるが、現地では旧暦8月1日と伝えられている。8月1日の昼に出立する予定だったが、風向きが変わったということで、急遽早朝に変わったため、集落の家々に「起きよ、起きよ」と回ったことから、今でも旧暦8月1日に「おきよ祭り」が行われている。

また、着物のほつれに気づいたものの、時間がなく、立ったまま縫わせたところから、この地は「立ち縫いの里」とも呼ばれ、団子を渡したところから「お船出団子」が今でも名物になっている。
　美々津はほとんど神武天皇一色の町だが、古い家並みとともにこのような伝承も大切に残していきたいものだ。
　「美々津」の由来としては、一般には神武天皇が出立された「御津（みつ）」が転訛したものと言われているが、平安時代の「延喜式」に見られる「美称」という駅名が「美弥」の誤写で、それが後世に「美々」に転訛したものであろうと言われている。

難読地名の由来

a.「檍」（宮崎市）　b.「月知梅」（宮崎市）　c.「土々呂」（延岡市）　d.「祝子」（延岡市）　e.「天下」（延岡市）　f.「贄波」（日南市）　g.「売子木」（小林市）　h.「妻」（西都市）　i.「鬼切畑」（高千穂町）　j.「九重花」（日之影町）

【正解】

a.「あおき」（「檍」はモチノキのことで、樹皮から鳥もちを取ることからモチニキという。常緑高木なので、「アオキ」と言ったのであろう）　b.「げっちばい」（第19代鹿児島藩主・島津光久が観梅した時、「月知梅」と名づけたことによる）　c.「ととろ」（『隣のトトロ』とは無縁で、入り江で海の波の音が「轟く」ことに由来する）　d.「ほうり」（祝子川に由来し、「神の子を祝う」ということで、田の神「火遠理命（ほおりのみこと）」が生まれた時、産湯を使ったという伝承がある）　e.「あもり」（「天下神社（あもりじんじゃ）」に由来する。この神社には天孫降臨の役を担った瓊瓊杵尊が祀られ、天下に降りてきたことにちなむものと考えられる）　f.「にえなみ」（「贄（にえ）」とは「神仏・朝廷などへの供物・貢物」のことなので、ここで獲れた海産物を献上したことによるか）　g.「きしゃのき」（ムラサキ科の落葉高木からつけられた地名）　h.「つま」（都萬（つま）神社に由来する。瓊瓊杵尊が姫を見初めて無事3つ子を産んだことから、安産の神として知られる）　i.「おぎりはた」（高千穂神社一帯に昔荒神・鬼八（きはち）が住んでいたが、神武天皇の兄に当たる三毛入野命（みめぬのみこと）が退治し、首を切ったという伝承がある）　j.「くえのはな」（「クエ」とは崩れる意味で、「ハナ」は崖を意味する）

46 鹿児島県

「火の神」桜島から生まれた

　鹿児島県の県名は鹿児島藩に由来するが、その背景には薩摩国の「鹿児島郡」がある。「鹿児島」の由来については諸説あって定説はないが、私なりに解釈したものを紹介しよう。

　平凡社の『日本歴史地名体系 鹿児島の地名』では、こう述べている。

　「鹿児島の地名の由来に関して海幸・山幸神話にもとづくとか、鹿の子が多かったことによるという伝承のほか、鹿児島神宮・鹿児山（現隼人町）に関連するという説もあるが、桜島の古名とするのが妥当とされる。カゴの意味は燃える火（炎）を示し、カガヨヒ、カグツチ、カギロヒなどと同根とされる」

　ここにある「カグツチ」に注目したい。「かぐつち」を古語辞典で引くと、「迦具土・火神」とあり、意味としては「《輝く神霊の意味という》火の神の名」（『角川新版古語辞典』）とある。ここでいうところの「火の神」とは、「火を管理する神」というものではなく、荒々しく火を吹く神のことである。つまり、日本各地に見られる活火山を意味していると考えられる。その根拠を『日本書紀』に探ってみよう。

　日本のルーツとなった様々な神を生んだとされる伊弉諾尊・伊弉冉尊が生んだ神様の中にこの「かぐつち」がある。

　「次に火神軻遇突智を生む。時に伊弉冉尊、軻遇突智が為に、焦かれて終りましぬ」

　正確に訳すと、こうなる。

　「次に火の神軻遇突智をお生みになった。その時、伊弉冉尊は、軻遇突智のために、焼かれて亡くなってしまった」

　子どもを生むことはたやすいことではなく、命がけであることは昔も今も変わらない。伊弉冉尊は亡くなりそうになりながらも、土の神と水の神をお生みになったとされ、さらに軻遇突智は土の神と結婚して稚産霊を生

んで、蚕と桑のもとを創ったという。

　仮に、神武天皇のルーツが九州にあったとするならば、薩摩の桜島は火の神の代表格で、阿蘇や島原の火山も含めて、一連の火の神が創られたと考えるのには無理がない。

　何度行っても、鹿児島では桜島の存在が圧倒的である。生活の中に入り込んでいると言っても過言ではない。その現実を目の当たりにすると、この火の神説は十分ご理解いただけるものと確信している。

とっておきの地名

①伊集院（いじゅういん）

　大正11年（1922）に「伊集院町（いじゅういんちょう）」が成立したが、平成17年（2005）には「東市来町（ひがしいちきちょう）」「日吉町（ひよしちょう）」「吹上町（ふきあげちょう）」と合併して「日置市」となり、自治体名としては消滅。姓としても人気がある地名で、いかにも残念である。

　「伊集院」の由来は「イスノキ」という木によるものだというのが定説になっている。「イスノキ」は漢字では「柞」もしくは「蚊母樹」と書き、マンサク科の常緑高木で、西南日本の山中に自生する樹木である。この地にはこの「イスノキ」が多く自生し、そこから「イス」と呼ばれていたが、平安期になって、租税の稲穂を貯蔵する倉院が置かれたことから「いすん」と呼ばれ、それに「伊集院」という漢字が充てがわれたとされている。

②指宿（いぶすき）

　指宿温泉で全国にその名を知られる。昭和8年（1933）に「指宿町」となり、昭和29年（1954）に「指宿市」になって今日に至っている。伝説では、天智天皇が指宿に上陸される時、海上から侍医が「湯豊宿の地近くにあり」と指差したことによるといったことになっているが、さすがに『指宿市誌』でも「天智天皇行幸については歴史的に疑問があるので真実とは思えない」としている。

　郷土史家の研究によれば、指宿郡は古代の『和名抄』では「以夫須岐（いふすき）」と訓じており、古代においては「イフスキ」と読んでいたことがわかる。古来、「指宿」の読み方には「イフスキ」と「ユフスキ」の2つの流れがあった。「ユフスキ」については天文12年（1543）の板碑に「薩州湯豊宿郡」という文字が発見されている。

　平成19年（2007）の平成の大合併によって、「頴娃町（えいちょう）」が川辺郡「川辺町（かわなべちょう）」

「知覧町(ちらんちょう)」と合併して「南九州市」となったために「揖宿郡」は消滅してしまったが、その郡名は「揖宿」であって「指宿」ではなかった。「揖宿」と「指宿」の違いはいつ生まれたのか。

　それは明治22年（1889）の町村制施行の時で、郡名は「揖宿」、村名は「指宿」と決められた。「揖宿」をくずしていくうちに簡単な「指宿」に転訛したものと考えられている。

③ 開聞岳(かいもんだけ)

　薩摩富士と呼ばれる標高924メートルの美しい山で知られる。「開聞」と書いてなぜ「かいもん」と読むのかは謎だったが、少しその答えが見えてきた。標高924メートルというとそう高い感じはしないが、海面からそのまま聳えているので、結構高く感じる。開聞岳の東北部の麓に「枚聞神社(ひらきき)」がある。この神社は、開聞岳が噴火を続けていた時代にその鎮静の神であったと推測される。いわば、開聞岳をご神体としているような神社である。

　謎解きのヒントになったのは、この「開聞」がかつては「開門」もしくは「海門」と表記されていたという事実である。枚聞神社は古来海洋・航海の神として崇められ、それが薩摩半島の最先端に位置していることから、「海に開けた門」の意味とすれば、まさに開聞岳が海からの信仰の山となってくる。「海への門」から「海へ開く」といった意味になって今日の開聞岳があるとすれば、その謎も少しずつ解けてきそうである。

④ 志布志(しぶし)

　「志布志市」という市は、平成18年（2006）、曽於郡(そお)「志布志町(ちょう)」「松山町(ちょう)」「有明町(ちょう)」が合併してできた新しい市なので、一般には「志布志湾」の地名のほうが親しみがある。しかし、この志布志市では「志布志」をめぐるとんでもない事態が生まれている。もとは「志布志」という小さな地域が大きくなって「志布志町」になり、さらに合併によって拡大されて「志布志市」になったのだが、そのルーツに当たる「志布志」での現象である。

　ここにある役所の前に、こんな看板が立っている。

　「こちらは、志布志市志布志町志布志の志布志市役所志布志支所です。
　やすらぎとにぎわいの輪が協奏するまち」

　この看板に偽りはないのだが、やたら混乱する。その原因は「志布志」

という漢字の組合せにあることは自明だ。左から読んでも「志布志」、右から読んでも「志布志」で、それが何度も何度も繰り返されたのがこの看板ということになる。

実は、この「志布志」という地名が誕生した時の話も、このからくりに関連している。伝説によれば、その昔天智天皇がこの地を訪れた際、主婦と婢女がそれぞれ布を献上したのだが、天皇は「上からも下からも志として布を献上したことは誠に志布志である」とおっしゃったことからこの地名がついたとされる。あくまでも伝説の域を出るものではないが、それに似た経緯があったのかもしれない。やはり大事にしたい地名である。

⑤ **隼人**（はやと）　九州でしかあり得ない地名。よくぞこのような地名を残してきてくれたと感謝したい気持ちすら湧いてくる。隼人は古代の南九州に住んでいた人々への呼称であり、かつては「夷人雑類」とされて、朝廷からは、支配に従わない反乱者というイメージでみられがちだった。

「隼人町」（はやとちょう）が成立したのは大正8年（1919）のことだが、その後いくつかの変遷があって、平成17年（2005）に近隣の市町と合併して「霧島市」の一部になっている。旧・隼人町に「隼人塚」なるものが建てられている。これは、景行天皇・仲哀天皇の時代に熊襲を討った際の碑であるとか、奈良時代に隼人を討った際の碑であるとかの説があるが、よくはわかっていない。近年の研究では、養老4年（720）に起こった隼人の反乱の後、犠牲者の霊を慰めるために宇佐神宮が行った「放生会」（ほうじょうえ）にちなんで建てられたものとされているようだ。

⑥ **坊津**（ぼうのつ）　何とも由緒正しい町名がまたまた平成の大合併でなくなってしまった。「坊津」という港は古代においては「唐湊」（からみなと）とも呼ばれるほどの国際的な拠点となった港である。伊勢の「安濃津」（あのつ）（現在の三重県津市）と筑前の「博多津」（はかたつ）（現在の福岡市）と並んで「日本三津」（さんしん）と呼ばれたほどの港であった。今は小さな漁港でしかないが、かの鑑真がやっとの思いで日本に到着したのもこの坊津であったことで知られる。

坊津の奥にある鳥越集落に「一乗院跡」がある。その寺歴がこの地名の由来解明の鍵を握っている。一乗院由来記などによると、開基は百済国に仕えていた日羅（日本人）という僧で、敏達天皇12年に日羅が来朝して、こ

の地に「上ノ坊」「中ノ坊」「下ノ坊」の3つの坊を建てたのが始まりとされる。数百年後の長承2年（1133）には鳥羽上皇より一乗院の勅号を賜ったという。このような経緯から「坊津」という地名が生まれたとされている。

　昭和30年（1955）に「坊津村」が「坊津町」になったが、平成17年（2005）には近隣の市町と合併して「南さつま市」の一部になってしまった。

⑦屋久島（やくしま）　屋久島で入手したパンフレットに「屋久島には　日本列島がつまっている」というコピーがあった。どういう意味か？屋久島には九州地方では最も標高の高い宮之浦岳（1,936メートル）をはじめ、第2位の永田岳（1,886メートル）、第3位の粟生岳（1,867メートル）など、1,800メートルを超える山々がずらり並んでいる。これらの山頂の気候は北海道の旭川近くと変わらない。海岸から山頂まで登ると亜熱帯から亜寒帯まで経験できるという意味である。その意味で「屋久島には　日本列島がつまっている」のである。

　有名な縄文杉に行くには、安房（あんぼう）からバスで荒川口登山口に行き、そこからひたすら大株歩道入口まで歩き、そこから急な斜面を登りつめることになる。倒れた屋久杉の上に次の世代の杉が生まれ育っている姿をあちこちに見かける。いわゆる倒木更新である。

　「屋久」の由来については「夜久貝」（やくがい）によるという説がある。『大日本地名辞書』には「本草綱目啓蒙は青螺を屋久貝と註し、此島の産なり、今誤りて夜光（ヤクワウ）と呼ぶとあり、按ずるに屋久貝は即螺鈿にして、俗に青貝と呼ぶ」と記されている。俗に「青貝」と呼ばれる屋久貝は「螺鈿」（らでん）という貝の装飾品に使用されるもので、屋久島の名産と呼ばれており、島名もこの貝に由来すると考えられる。

難読地名の由来

a.「宇都谷」（鹿児島市）　**b.**「大石様河」（鹿児島市）　**c.**「紫原」（鹿児島市）　**d.**「温湯」（指宿市）　**e.**「祁答院」（薩摩川内市）　**f.**「甑島」（薩摩川内市）　**g.**「天降川」（霧島市）　**h.**「馬鍬水流」（伊佐市）　**i.**「臥蛇島」（鹿児島郡十島村）　**j.**「搦」（薩摩郡さつま町）

【正解】
a.「うどんたに」(「ウト・ウド」は窪地・洞窟などを示すので、谷にある窪地を指す) **b.**「おいしさんかぁ」(石の信仰に関連するか) **c.**「むらさきばる」(ムラサキ科の植物が自生していたことに由来する。古くから紫色の染料とするほか、漢方の薬としても活用した) **d.**「ぬり」(温い湯に由来する) **e.**「けどういん」(空覚上人が祈祷院神興寺を建立し、その山号をとったと言われる。その「祈祷院」が「祁答院」に転訛した) **f.**「こしきしま」(米を蒸す道具の甑(こしき)に似ていることに由来する) **g.**「あもりがわ」(水源が天孫降臨の地とされる霧島山にあることによる) **h.**「まかんずる」(「水流(つる)」は水が流れる所を意味するが、馬や鍬で耕す畑のようなところか) **i.**「がじゃじま」(蛇が伏せたような形をしていることに由来する) **j.**「からげ」(「搦(から)め手」は城の裏門を意味するので、昔の城郭に関連するか)

47 沖縄県

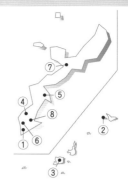

「大きな漁場(なば)」を意味する

　沖縄の地名の難しさは、その言語的な背景によるものだが、そのもとを正せば、歴史的な経緯にある。もともと、この地域は中国から見れば「琉球国」であり、日本側からは「沖縄」と呼ばれてきた。中国と日本の間にあって、独自な文化を培ってきた地域である。

　その沖縄を日本が直接的な支配下に置いたのは、薩摩藩からの侵略であった。慶長14年（1609）3月、島津氏は樺山久隆(かばやまひさたか)を総大将に、約3,000の兵と100余隻の軍船で侵攻し、4月には王都首里を攻め落とした。この武力行使は、豊臣秀吉が朝鮮侵略のための協力を琉球に求めてきたことに発している。当時、琉球は清からの冊封使を迎えるための準備をしており、島津氏と秀吉に協力できるような状況ではなかった。そんなことが武力支配の背景であった。

　明治5年（1872）9月、鹿児島藩の管轄に置かれていた琉球国は「琉球藩」となり、外務省の管轄となった。鹿児島藩という地方の管轄ではなく、日本政府の管轄となったのである。

　明治政府は、この琉球に対して「琉球処分」なるものを断行する。『沖縄縣史』では、この琉球処分を大きく3つの時期に区分している。

▶第1段階【明治5〜7年（1872〜74）】琉球藩設置および台湾事件の時期
　明治4年（1871）の暮れ、那覇から宮古島に帰ろうとした船が台風で遭難し、台湾に漂着し、乗組員66人のうち54人が殺害されるという事件が起こった。これを口実に琉球国を日本政府の直轄の藩にして、日本領地として確保しようとしたのが、「琉球藩」設置の背景であった。

▶第2段階【明治8〜12年（1875〜79）】「廃藩置県」に至る時期
　日本政府と琉球藩、それに加えて清国の思惑が働く中、政府は廃藩置県を断行する。全国どの地域でも廃藩置県は明治4年（1871）7月に行わ

れたが、沖縄に関しては8年遅れた明治12年（1879）4月のことであった。これをもって、500年以上続いた「琉球国」は滅び、正式に日本の領土とされたのである。
▶第3段階【明治13年（1880年）】「分島問題」の時期
「琉球処分」のやり方にクレームをつけてきた清国に対し、台湾に近い八重山・宮古島を清国に分譲しようとしたのが「分島問題」だったが、この案は結局実現しなかった。

「沖縄」という地名に関しても多くの研究がなされている。「琉球」という国名は中国側がつけたもので、「沖縄」とは沖縄固有の言葉に基づいているというのは、すでに定説となっている。よく知られる事実だが、「沖縄」が最初に文献に登場するのは、『唐大和上東征伝』（779年）であるとされる。この本には、かの唐招提寺で有名な鑑真が日本に渡ってくる際、「阿児奈波」にいたったという記述がある。

『平家物語』に、俊寛らが鬼界嶋に流されることになった時、「ゑらぶ、おきなは、きかいが嶋といへり」とある。ここでは平仮名で「おきなは」と出てくる。この「おき」は「大きい、沖」という意味で、「なは」は「漁場（なば）」の意味である。つまり、「大きいところ」「大きな漁場」などの意味である。ここで言う「なは」は、県都の「那覇」も同じ意味である。

とっておきの地名

① 糸満（いとまん）　沖縄本島最南端に位置し、近年人口が増加し、発展著しい。明治41年（1908）、「糸満町」が発足し、昭和46年（1971）に「糸満市」となり、今日に至る。『大日本地名辞書』には「居民古来漁業に従事するを以て其体質音調乃至風俗習慣等著しく特色を帯び一見異人種の観を呈す」とある。

琉球王国時代に8人のイギリス人がやってきたので、「eight man（エイトマン）」が訛って「イトマン」になったなどの俗説があるが、真実は「魚の獲れる場所」といった意味である。『琉球語辞典』（大学書林）によれば、iju（イヲ、ウオ）は「魚」である。「糸（イト）」は「イヲ」の転訛したものであろう。同辞典には「iju-mači」で「魚市（場）」とあり、「満（マン）」は「魚市（場）」のことであろう。

② 伊良部（いらぶ）

「伊良部町（いらぶちょう）」は宮古島の西隣にあった町で、「伊良部島」と「下地島（しもじ）」から成っていた。平成17年（2005）に「平良市（ひらら）」「城辺町（ぐすくべちょう）」「上野村（うえのそん）」「下地町（しもじちょう）」と合併して「宮古島市」となり、自治体としては消滅。

『大日本地名辞書』には「地勢は全部珊瑚岩より成り、縁辺岩壁を以て囲繞し中央部却りて平坦也、字称して野原（ノハル）と云ふ。海岸線の出入極めて緩慢にして泊舟地なし、其西南に下地島あり、一道の狭き水道を隔つ（シモチ）、元来連続の一島とす」と島の様子を描いている。

さて、この「伊良部」の由来だが、多くの文献ではそれを語っていない。私見では、これは間違いなく、「イラブー」というウミヘビに由来する。『沖縄語辞典』（研究社）には「エラブウミヘビ（永良部海蛇）。奄美諸島沖永良部島や沖縄本島南部久高島などでよくとれる。薬用、強壮剤として用いる」とある。沖縄地方では海蛇を神として崇める信仰があったのであろう。

③ 西表島（いりおもてじま）

八重山郡竹富町に属する島で、八重山諸島では最も大きいが、山がちで平地に乏しい。「西」をなぜ「いり」と読むかがポイントだが、沖縄語では「西」を「イリ」と呼んでいるといういたって単純な理屈である。沖縄では「西」を「イリ」、東を「アガリ」と呼んでいる。言うまでもなく太陽の動きに由来する。

この島がどこから見て「西」かということだが、東にある石垣島の主峰である於茂登岳（おもとだけ）（526メートル）の表（正面）の意味だとされる。

④ 浦添（うらそえ）

那覇市の北に位置する沖縄県第4の規模を持つ都市である。琉球王朝の発祥の地として知られる。『大日本地名辞書』には、「浦襲に作る。『ウラオソイ』は『浦々を支配する』の義なる事巳に島尻郡の条下にも説きたり。首里以前の王都といふ。英租の時仏教始めて琉球に入り、王是れに帰依し、寺を浦添極楽山に剏建し、又初めて墳墓を寺側に営む」とある。もともと琉球王朝時に浦々を支配した歴史的経緯によるものであろう。

大正7年（1908）に「浦添村」が成立し、沖縄本土復帰2年前の昭和45年（1970）に「浦添市」となった。

⑤ うるま

沖縄本島中部に位置する都市。平成17年（2005）、「具志川市」「石川市」中頭郡「勝連町」「与那城町」が合併して発足した新しい市名。那覇市・沖縄市に次いで3番目に人口が多い。『琉球語辞典』によれば、Urumaは「砂地の土地（島）」の意味か、とし、さらに「琉球（または沖縄）の雅名」とする。市からの情報では「サンゴの島」という意味ということになっており、つまるところ、砂地とサンゴの島ということになる。「うるま」という平仮名文字は、古来琉球では平仮名で表記していたことを考えれば妥当と言えるかもしれない。

⑥ 豊見城（とみぐすく）

「城」を「グスク」と読む例は沖縄に圧倒的に多い。この豊見城市はその典型だが、村名としては中頭郡の「中城村」「北中城村」がある。「グスク」は通常「城」という漢字が充てがわれることが多いが、その由来としては、①聖地拝所説、②城説、③集落説などが唱えられている。

沖縄では12〜15世紀頃が「グスク時代」と呼ばれ、13世紀には富と権力を手にした支配者が現れ、各地に砦としてグスクを築き、その数は16世紀になると300を超えたと言われる。

豊見城市は那覇市の南に接する那覇市のベッドタウンとして躍進している。両市の境をなしているのが国場川で、その川を見下ろすように聳えているのが豊見城である。眼下にはラムサール条約登録地である「漫湖」が広がり、マングローブの群生が見られる。

琉球は14世紀から15世紀前半にかけて、北山、中山、南山という3つの勢力が覇を競っていたが、この豊見城は南山の最北端に位置する砦である。

不思議な現象もある。市立「豊見城中学校」の「豊見城」は「トミグスク」だが、市立「豊見城小学校」、県立「豊見城高校」は「トミシロ」と読んでいる。

⑦ 名護（なご）

大正13年（1924）に「那古町」が成立し、昭和45年（1970）には「名護市」となる。名護湾に面する都市。『大日本地名辞書』には「恩納より名護に至る、海道は褶曲甚しく俗に名護曲（ナゴマガリ）と称す、其中字名護の海浜を名護浜と呼ぶ」とある。琉球語でnagu=nun、=munで「和む」を意味するとされ、波が穏やかで和むところに由来すると言われる。

ただし、Naguには「シンがあって粘り強い」という意味もあるということで、それらを合わせた意味のようである。(『琉球語辞典』)

⑧ 与那原(よなばる)　「与那原町(よなばるちょう)」は那覇市の東隣に位置する都市。町のキャッチフレーズは「太陽とみどり　伝統とやさしさを未来につなぐ海辺のまち」となっている。沖縄方言では「ユナバル」と発音し、意味は「砂地の海岸」というのが定説になっている。

　平成の大合併では与那原町を含めた近隣の4町村で「東方市(あがりかた)」の構想がなされたが、新庁舎の位置を巡り折り合いがつかず、与那原町は存続し、他の3町村は「南城市(なんじょう)」となった。「南城市」などというほとんど意味のない都市名にならなかったことを歓迎したい。

難読地名の由来

a.「**西武門**」(那覇市) **b.**「**西洲**」(浦添市) **c.**「**東江**」(名護市) **d.**「**世冨慶**」(名護市) **e.**「**保栄茂**」(豊見城市) **f.**「**今帰仁**」(国頭郡今帰仁村) **g.**「**伊武部**」(国頭郡恩納村) **h.**「**読谷**」(中頭郡読谷村) **i.**「**粟国**」(島尻郡粟国村) **j.**「**後原**」(島尻郡八重瀬町)

【正解】
a.「にしんじょう」(かつて花街だったことを考えれば、それなりに理解できる) **b.**「いりじま」(琉球語で「西」を「イリ」と呼ぶことから) **c.**「あがりえ」(琉球語で「東」を「アガリ」と呼ぶことから) **d.**「よふけ」(昔、那覇から国頭に行くとき、朝那覇を発っても夕暮れ(ユックイ)に着いたことから) **e.**「びん」(かつては「ほえむ」「ほへむ」と呼ばれていたので、この漢字を当てたのはわかるが、なぜ「びん」と呼んだのかは不明) **f.**「なきじん」(古語で中国や朝鮮半島からの新来者を「イマキ」と言い、その支配地をこう名づけたという) **g.**「いんぶ」(ヤーシ川(伊武部川)に沿って境界標識(「印」)を設けたことから「印部」となったのがルーツ) **h.**「よみたん」(四方を田んぼに囲まれた狭い場所だったことから「四方田狭」と表記され、「よもたんざ」→「よみたんざ」→「よみたん」と転訛したという) **i.**「あぐに」(粟の生産地で、「アワグニ」が転訛して「アグニ」となったという) **j.**「こしはら」(後に開拓した土地を指すか)

平成11年度以降の合併市町村一覧（都道府県順）
（総務省ホームページより）

都道府県	合併期日	名　称	合併の方式	関係市町村
北海道	H16.12.1	函館市（はこだてし）	編入	函館市、亀田郡戸井町、同郡恵山町、同郡椴法華村、茅部郡南茅部町
	H17.4.1	森町（もりまち）	新設	茅部郡森町、同郡砂原町
	H17.9.1	せたな町	新設	久遠郡大成町、瀬棚郡瀬棚町、同郡北檜山町
	H17.9.1	士別市（しべつし）	新設	士別市、上川郡朝日町
	H17.10.1	遠軽町（えんがるちょう）	新設	紋別郡生田原町、同郡遠軽町、同郡丸瀬布町、同郡白滝村
	H17.10.1	石狩市（いしかりし）	編入	石狩市、厚田郡厚田村、浜益郡浜益村
	H17.10.1	八雲町（やくもちょう）	新設	爾志郡熊石町、山越郡八雲町
	H17.10.11	釧路市（くしろし）	新設	釧路市、阿寒郡阿寒町、白糠郡音別町
	H18.2.1	北斗市（ほくとし）	新設	上磯郡上磯町、亀田郡大野町
	H18.2.6	幕別町（まくべつちょう）	編入	中川郡幕別町、広尾郡忠類村
	H18.3.1	日高町（ひだかちょう）	新設	沙流郡日高町、同郡門別町
	H18.3.1	伊達市（だてし）	編入	伊達市、有珠郡大滝村
	H18.3.5	北見市（きたみし）	新設	北見市、常呂郡端野町、同郡常呂町、同郡留辺蘂町
	H18.3.20	枝幸町（えさしちょう）	新設	枝幸郡枝幸町、同郡歌登町
	H18.3.27	岩見沢市（いわみざわし）	編入	岩見沢市、空知郡北村、同郡栗沢町
	H18.3.27	名寄市（なよろし）	新設	名寄市、上川郡風連町
	H18.3.27	安平町（あびらちょう）	新設	勇払郡早来町、同郡追分町
	H18.3.27	むかわ町	新設	勇払郡鵡川町、同郡穂別町
	H18.3.27	洞爺湖町（とうやこちょう）	新設	虻田郡虻田町、同郡洞爺村
	H18.3.31	大空町（おおぞらちょう）	新設	網走郡東藻琴村、同郡女満別町
	H18.3.31	新ひだか町（しんひだかちょう）	新設	静内郡静内町、三石郡三石町
	H21.10.5	湧別町（ゆうべつちょう）	新設	紋別郡上湧別町、同郡湧別町
青森県	H16.7.1	五戸町（ごのへまち）	編入	三戸郡五戸町、同郡倉石村
	H17.1.1	十和田市（とわだし）	新設	十和田市、上北郡十和田湖町

付　　　録　267

都道府県	合併期日	名　称	合併の方式	関係市町村
青森県	H17.2.11	つがる市	新設	西津軽郡木造町、同郡森田村、同郡柏村、同郡稲垣村、同郡車力村
	H17.3.14	むつ市	編入	むつ市、下北郡川内町、同郡大畑町、同郡脇野沢村
	H17.3.28	五所川原市	新設	五所川原市、北津軽郡金木町、同郡市浦村
	H17.3.28	外ケ浜町	新設	東津軽郡蟹田町、同郡平舘村、同郡三厩村
	H17.3.28	中泊町	新設	北津軽郡中里町、同郡小泊村
	H17.3.28	藤崎町	新設	南津軽郡藤崎町、同郡常盤村
	H17.3.31	八戸市	編入	八戸市、三戸郡南郷村
	H17.3.31	深浦町	新設	西津軽郡深浦町、同郡岩崎村
	H17.3.31	七戸町	新設	上北郡七戸町、同郡天間林村
	H17.3.31	東北町	新設	上北郡上北町、同郡東北町
	H17.4.1	青森市	新設	青森市、南津軽郡浪岡町
	H18.1.1	平川市	新設	南津軽郡平賀町、同郡尾上町、同郡碇ケ関村
	H18.1.1	南部町	新設	三戸郡名川町、同郡南部町、同郡福地村
	H18.2.27	弘前市	新設	弘前市、中津軽郡岩木町、同郡相馬村
	H18.3.1	おいらせ町	新設	上北郡百石町、同郡下田町
岩手県	H13.11.15	大船渡市	編入	大船渡市、気仙郡三陸町
	H17.6.6	宮古市	新設	宮古市、下閉伊郡田老町、同郡新里村
	H17.9.1	八幡平市	新設	岩手郡西根町、同郡安代町、同郡松尾村
	H17.9.20	一関市	新設	一関市、西磐井郡花泉町、東磐井郡大東町、同郡千厩町、同郡東山町、同郡室根村、同郡川崎村
	H17.10.1	遠野市	新設	遠野市、上閉伊郡宮守村
	H17.11.1	西和賀町	新設	和賀郡湯田町、同郡沢内村

都道府県	合併期日	名称	合併の方式	関係市町村
岩手県	H18.1.1	花巻市	新設	花巻市、稗貫郡大迫町、同郡石鳥谷町、和賀郡東和町
	H18.1.1	二戸市	新設	二戸市、二戸郡浄法寺町
	H18.1.1	洋野町	新設	九戸郡種市町、同郡大野村
	H18.1.10	盛岡市	編入	盛岡市、岩手郡玉山村
	H18.2.20	奥州市	新設	水沢市、江刺市、胆沢郡前沢町、同郡胆沢町、同郡衣川村
	H18.3.6	久慈市	新設	久慈市、九戸郡山形村
	H22.1.1	宮古市	編入	宮古市、下閉伊郡川井村
	H23.9.26	一関市	編入	一関市、東磐井郡藤沢町
宮城県	H15.4.1	加美町	新設	加美郡中新田町、同郡小野田町、同郡宮崎町
	H17.4.1	登米市	新設	登米郡迫町、同郡登米町、同郡東和町、同郡中田町、同郡豊里町、同郡米山町、同郡石越町、同郡南方町、本吉郡津山町
	H17.4.1	栗原市	新設	栗原郡築館町、同郡若柳町、同郡栗駒町、同郡高清水町、同郡一迫町、同郡瀬峰町、同郡鶯沢町、同郡金成町、同郡志波姫町、同郡花山村
	H17.4.1	東松島市	新設	桃生郡矢本町、同郡鳴瀬町
	H17.4.1	石巻市	新設	石巻市、桃生郡河北町、同郡雄勝町、同郡河南町、同郡桃生町、同郡北上町、牡鹿郡牡鹿町
	H17.10.1	南三陸町	新設	本吉郡志津川町、同郡歌津町
	H18.1.1	美里町	新設	遠田郡小牛田町、同郡南郷町
	H18.3.31	大崎市	新設	古川市、志田郡松山町、同郡三本木町、同郡鹿島台町、玉造郡岩出山町、同郡鳴子町、遠田郡田尻町
	H18.3.31	気仙沼市	新設	気仙沼市、本吉郡唐桑町
	H21.9.1	気仙沼市	編入	気仙沼市、本吉郡本吉町

都道府県	合併期日	名　称	合併の方式	関係市町村
秋田県	H16.11.1	美郷町	新設	仙北郡六郷町、同郡千畑町、同郡仙南村
	H17.1.11	秋田市	編入	秋田市、河辺郡河辺町、同郡雄和町
	H17.3.22	由利本荘市	新設	本荘市、由利郡矢島町、同郡岩城町、同郡由利町、同郡西目町、同郡鳥海町、同郡東由利町、同郡大内町
	H17.3.22	潟上市	新設	南秋田郡昭和町、同郡飯田川町、同郡天王町
	H17.3.22	大仙市	新設	大曲市、仙北郡神岡町、同郡西仙北町、同郡中仙町、同郡協和町、同郡南外村、同郡仙北町、同郡太田町
	H17.3.22	北秋田市	新設	北秋田郡鷹巣町、同郡森吉町、同郡阿仁町、同郡合川町
	H17.3.22	湯沢市	新設	湯沢市、雄勝郡稲川町、同郡雄勝町、同郡皆瀬村
	H17.3.22	男鹿市	新設	男鹿市、南秋田郡若美町
	H17.6.20	大館市	編入	大館市、北秋田郡比内町、同郡田代町
	H17.9.20	仙北市	新設	仙北郡田沢湖町、同郡角館町、同郡西木村
	H17.10.1	にかほ市	新設	由利郡仁賀保町、同郡金浦町、同郡象潟町
	H17.10.1	横手市	新設	横手市、平鹿郡増田町、同郡平鹿町、同郡雄物川町、同郡大森町、同郡十文字町、同郡山内村、同郡大雄村
	H18.3.20	三種町	新設	山本郡琴丘町、同郡山本町、同郡八竜町
	H18.3.21	能代市	新設	能代市、山本郡二ツ井町
	H18.3.27	八峰町	新設	山本郡八森町、同郡峰浜村
山形県	H17.7.1	庄内町	新設	東田川郡立川町、同郡余目町

都道府県	合併期日	名　称	合併の方式	関係市町村
山形県	H17.10.1	鶴岡市	新設	鶴岡市、東田川郡藤島町、同郡羽黒町、同郡櫛引町、同郡朝日村、西田川郡温海町
	H17.11.1	酒田市	新設	酒田市、飽海郡八幡町、同郡松山町、同郡平田町
福島県	H16.11.1	会津若松市	編入	会津若松市、北会津郡北会津村
	H17.3.1	田村市	新設	田村郡滝根町、同郡大越町、同郡都路村、同郡常葉町、同郡船引町
	H17.4.1	須賀川市	編入	須賀川市、岩瀬郡長沼町、同郡岩瀬村
	H17.10.1	会津美里町	新設	大沼郡会津高田町、同郡会津本郷町、同郡新鶴村
	H17.11.1	会津若松市	編入	会津若松市、河沼郡河東町
	H17.11.7	白河市	新設	白河市、西白河郡表郷村、同郡東村、同郡大信村、
	H17.12.1	二本松市	新設	二本松市、安達郡安達町、同郡岩代町、同郡東和町
	H18.1.1	南相馬市	新設	原町市、相馬郡鹿島町、同郡小高町
	H18.1.1	伊達市	新設	伊達郡伊達町、同郡梁川町、同郡保原町、同郡霊山町、同郡月舘町
	H18.1.4	喜多方市	新設	喜多方市、耶麻郡熱塩加納村、同郡塩川町、同郡山都町、同郡高郷村
	H18.3.20	南会津町	新設	南会津郡田島町、同郡舘岩村、同郡伊南村、同郡南郷村
	H19.1.1	本宮市	新設	安達郡本宮町、同郡白沢村
	H20.7.1	福島市	編入	福島市、伊達郡飯野町
茨城県	H13.4.1	潮来市	編入	行方郡潮来町、同郡牛堀町
	H14.11.1	つくば市	編入	つくば市、稲敷郡茎崎町
	H16.10.16	常陸大宮市	編入	那珂郡大宮町、同郡山方町、同郡美和村、同郡緒川村、東茨城郡御前山村
	H16.11.1	日立市	編入	日立市、多賀郡十王町

都道府県	合併期日	名称	合併の方式	関係市町村
茨城県	H16.12.1	常陸太田市	編入	常陸太田市、久慈郡金砂郷町、同郡水府村、同郡里美村
	H17.1.21	那珂市	編入	那珂郡那珂町、同郡瓜連町
	H17.2.1	水戸市	編入	水戸市、東茨城郡内原町
	H17.2.1	城里町	新設	東茨城郡常北町、同郡桂村、西茨城郡七会村
	H17.3.22	坂東市	新設	岩井市、猿島郡猿島町
	H17.3.22	稲敷市	新設	稲敷郡江戸崎町、同郡新利根町、同郡桜川村、同郡東町
	H17.3.28	筑西市	新設	下館市、真壁郡関城町、同郡明野町、同郡協和町
	H17.3.28	かすみがうら市	新設	新治郡霞ケ浦町、同郡千代田町
	H17.3.28	取手市	編入	取手市、北相馬郡藤代町
	H17.8.1	神栖市	編入	鹿島郡神栖町、同郡波崎町
	H17.9.2	行方市	新設	行方郡麻生町、同郡北浦町、同郡玉造町
	H17.9.12	古河市	新設	古河市、猿島郡総和町、同郡三和町
	H17.10.1	桜川市	新設	西茨城郡岩瀬町、真壁郡真壁町、同郡大和村
	H17.10.1	石岡市	新設	石岡市、新治郡八郷町
	H17.10.11	鉾田市	新設	鹿島郡旭村、同郡鉾田町、同郡大洋村
	H18.1.1	常総市	編入	水海道市、結城郡石下町
	H18.1.1	下妻市	編入	下妻市、結城郡千代川村
	H18.2.20	土浦市	編入	土浦市、新治郡新治村
	H18.3.19	笠間市	新設	笠間市、西茨城郡友部町、同郡岩間町
	H18.3.27	つくばみらい市	新設	筑波郡伊奈町、同郡谷和原村
	H18.3.27	小美玉市	新設	東茨城郡小川町、同郡美野里町、新治郡玉里村
栃木県	H17.1.1	那須塩原市	新設	黒磯市、那須郡西那須野町、同郡塩原町

都道府県	合併期日	名称	合併の方式	関係市町村
栃木県	H17.2.28	佐野市	新設	佐野市、安蘇郡田沼町、同郡葛生町
	H17.3.28	さくら市	新設	塩谷郡氏家町、同郡喜連川町
	H17.10.1	大田原市	編入	大田原市、那須郡湯津上村、同郡黒羽町
	H17.10.1	那須烏山市	新設	那須郡南那須町、同郡烏山町
	H17.10.1	那珂川町	新設	那須郡馬頭町、同郡小川町
	H18.1.1	鹿沼市	編入	鹿沼市、上都賀郡粟野町
	H18.1.10	下野市	新設	河内郡南河内町、下都賀郡石橋町、同郡国分寺町
	H18.3.20	日光市	新設	今市市、上都賀郡足尾町、塩谷郡藤原町、同郡栗山村、日光市
	H19.3.31	宇都宮市	編入	宇都宮市、河内郡上河内町、同郡河内町
	H21.3.23	真岡市	編入	真岡市、芳賀郡二宮町
	H22.3.29	栃木市	新設	栃木市、下都賀郡大平町、同郡藤岡町、同郡都賀町
	H23.10.1	栃木市	編入	栃木市、上都賀郡西方町
	H26.4.5	栃木市	編入	栃木市、下都賀郡岩舟町
群馬県	H15.4.1	神流町	新設	多野郡万場町、同郡中里村
	H16.12.5	前橋市	編入	前橋市、勢多郡大胡町、同郡宮城村、同郡粕川村
	H17.1.1	伊勢崎市	新設	伊勢崎市、佐波郡赤堀町、同郡東村、同郡境町
	H17.2.13	沼田市	編入	沼田市、利根郡白沢村、同郡利根村
	H17.3.28	太田市	新設	太田市、新田郡尾島町、同郡新田町、同郡藪塚本町
	H17.6.13	桐生市	編入	桐生市、勢多郡新里村、同郡黒保根村
	H17.10.1	みなかみ町	新設	利根郡月夜野町、同郡水上町、同郡新治村
	H18.1.1	藤岡市	編入	藤岡市、多野郡鬼石町

都道府県	合併期日	名　　称	合併の方式	関係市町村
群馬県	H18.1.23	高崎市	編入	高崎市、群馬郡倉渕村、同郡箕郷町、同郡群馬町、多野郡新町
	H18.2.20	渋川市	新設	渋川市、北群馬郡伊香保町、同郡小野上村、同郡子持村、勢多郡赤城村、同郡北橘村
	H18.3.18	安中市	新設	安中市、碓氷郡松井田町
	H18.3.27	富岡市	新設	富岡市、甘楽郡妙義町
	H18.3.27	みどり市	新設	新田郡笠懸町、山田郡大間々町、勢多郡東村
	H18.3.27	東吾妻町	新設	吾妻郡東村、同郡吾妻町
	H18.10.1	高崎市	編入	高崎市、群馬郡榛名町
	H21.5.5	前橋市	編入	前橋市、勢多郡富士見村
	H21.6.1	高崎市	編入	高崎市、多野郡吉井町
	H22.3.28	中之条町	編入	吾妻郡中之条町、同郡六合村
埼玉県	H13.5.1	さいたま市	新設	浦和市、大宮市、与野市
	H17.1.1	飯能市	編入	飯能市、入間郡名栗村
	H17.4.1	さいたま市	編入	さいたま市、岩槻市
	H17.4.1	秩父市	新設	秩父市、秩父郡吉田町、同郡大滝村、同郡荒川村
	H17.10.1	熊谷市	新設	熊谷市、大里郡大里町、同郡妻沼町
	H17.10.1	春日部市	新設	春日部市、北葛飾郡庄和町
	H17.10.1	小鹿野町	新設	秩父郡小鹿野町、同郡両神村
	H17.10.1	鴻巣市	編入	鴻巣市、北足立郡吹上町、北埼玉郡川里町
	H17.10.1	ふじみ野市	新設	上福岡市、入間郡大井町
	H18.1.1	行田市	編入	行田市、北埼玉郡南河原村
	H18.1.1	深谷市	新設	深谷市、大里郡岡部町、同郡川本町、同郡花園町
	H18.1.1	神川町	新設	児玉郡神川町、同郡神泉村

都道府県	合併期日	名　　称	合併の方式	関 係 市 町 村
埼玉県	H18.1.10	本庄市	新設	本庄市、児玉郡児玉町
	H18.2.1	ときがわ町	新設	比企郡都幾川村、同郡玉川村
	H19.2.13	熊谷市	編入	熊谷市、大里郡江南町
	H22.3.23	久喜市	新設	久喜市、南埼玉郡菖蒲町、北葛飾郡栗橋町、同郡鷲宮町
	H22.3.23	加須市	新設	加須市、北埼玉郡騎西町、同郡北川辺町、同郡大利根町
	H23.10.11	川口市	編入	川口市、鳩ケ谷市
千葉県	H15.6.6	野田市	編入	野田市、東葛飾郡関宿町
	H17.2.11	鴨川市	新設	鴨川市、安房郡天津小湊町
	H17.3.28	柏市	編入	柏市、東葛飾郡沼南町
	H17.7.1	旭市	新設	旭市、海上郡海上町、同郡飯岡町、香取郡干潟町
	H17.12.5	いすみ市	新設	夷隅郡夷隅町、同郡大原町、同郡岬町
	H18.1.23	匝瑳市	新設	八日市場市、匝瑳郡野栄町
	H18.3.20	南房総市	新設	安房郡富浦町、同郡富山町、同郡三芳村、同郡白浜町、同郡千倉町、同郡丸山町、同郡和田町
	H18.3.27	横芝光町	新設	山武郡横芝町、匝瑳郡光町
	H18.3.27	成田市	編入	成田市、香取郡下総町、同郡大栄町
	H18.3.27	香取市	新設	佐原市、香取郡山田町、同郡栗源町、同郡小見川町
	H18.3.27	山武市	新設	山武郡成東町、同郡山武町、同郡蓮沼村、同郡松尾町
	H22.3.23	印西市	編入	印西市、印旛郡印旛村、同郡本埜村
東京都	H13.1.21	西東京市	新設	田無市、保谷市
神奈川県	H18.3.20	相模原市	編入	相模原市、津久井郡津久井町、同郡相模湖町
	H19.3.11	相模原市	編入	相模原市、津久井郡藤野町、同郡城山町

付　　　　録　275

都道府県	合併期日	名　称	合併の方式	関係市町村
新潟県	H13.1.1	新潟市	編入	新潟市、西蒲原郡黒埼町
	H15.7.7	新発田市	編入	新発田市、北蒲原郡豊浦町
	H16.3.1	佐渡市	新設	両津市、佐渡郡相川町、同郡佐和田町、同郡金井町、同郡新穂村、同郡畑野町、同郡真野町、同郡小木町、同郡羽茂町、同郡赤泊村
	H16.4.1	阿賀野市	新設	北蒲原郡安田町、同郡京ケ瀬村、同郡水原町、同郡笹神村
	H16.11.1	魚沼市	新設	北魚沼郡堀之内町、同郡小出町、同郡湯之谷村、同郡広神村、同郡守門村、同郡入広瀬村
	H16.11.1	南魚沼市	新設	南魚沼郡六日町、同郡大和町
	H17.1.1	上越市	編入	上越市、東頸城郡安塚町、同郡浦川原村、同郡大島村、同郡牧村、中頸城郡柿崎町、同郡大潟町、同郡頸城村、同郡吉川町、同郡中郷村、同郡板倉町、同郡清里村、同郡三和村、西頸城郡名立町
	H17.3.19	糸魚川市	新設	糸魚川市、西頸城郡能生町、同郡青海町
	H17.3.21	新潟市	編入	新潟市、白根市、豊栄市、中蒲原郡小須戸町、同郡横越町、同郡亀田町、西蒲原郡岩室村、同郡西川町、同郡味方村、同郡潟東村、同郡月潟村、同郡中之口村、新津市
	H17.4.1	十日町市	新設	十日町市、中魚沼郡川西町、同郡中里村、東頸城郡松代町、同郡松之山町
	H17.4.1	妙高市	編入	新井市、中頸城郡妙高高原町、同郡妙高村
	H17.4.1	阿賀町	新設	東蒲原郡津川町、同郡鹿瀬町、同郡上川村、同郡三川村

都道府県	合併期日	名　称	合併の方式	関係市町村
新潟県	H17.4.1	長岡市	編入	長岡市、南蒲原郡中之島町、三島郡越路町、同郡三島町、古志郡山古志村、刈羽郡小国町
	H17.5.1	新発田市	編入	新発田市、北蒲原郡紫雲寺町、同郡加治川村
	H17.5.1	三条市	新設	三条市、南蒲原郡栄町、同郡下田村
	H17.5.1	柏崎市	編入	柏崎市、刈羽郡高柳町、同郡西山町
	H17.9.1	胎内市	新設	北蒲原郡中条町、同郡黒川村
	H17.10.1	南魚沼市	編入	南魚沼市、南魚沼郡塩沢町
	H17.10.10	新潟市	編入	新潟市、西蒲原郡巻町
	H18.1.1	五泉市	新設	五泉市、中蒲原郡村松町
	H18.1.1	長岡市	編入	長岡市、栃尾市、三島郡与板町、同郡和島村、同郡寺泊町
	H18.3.20	燕市	新設	燕市、西蒲原郡吉田町、同郡分水町
	H20.4.1	村上市	新設	村上市、岩船郡荒川町、同郡神林村、同郡山北町、同郡朝日村
	H22.3.31	長岡市	編入	長岡市、北魚沼郡川口町
富山県	H16.11.1	砺波市	新設	砺波市、東礪波郡庄川町
	H16.11.1	南砺市	新設	東礪波郡城端町、同郡平村、同郡上平村、同郡利賀村、同郡井波町、同郡井口村、同郡福野町、西礪波郡福光町
	H17.4.1	富山市	新設	富山市、上新川郡大沢野町、同郡大山町、婦負郡八尾町、同郡婦中町、同郡山田村、同郡細入村
	H17.11.1	射水市	新設	新湊市、射水郡小杉町、同郡大門町、同郡下村、同郡大島町
	H17.11.1	高岡市	新設	高岡市、西礪波郡福岡町
	H18.3.31	黒部市	新設	黒部市、下新川郡宇奈月町
石川県	H16.3.1	かほく市	新設	河北郡高松町、同郡七塚町、同郡宇ノ気町

都道府県	合併期日	名称	合併の方式	関係市町村
石川県	H16.10.1	七尾市	新設	七尾市、鹿島郡田鶴浜町、同郡中島町、同郡能登島町
	H17.2.1	白山市	新設	松任市、石川郡美川町、同郡鶴来町、同郡河内村、同郡吉野谷村、同郡鳥越村、同郡尾口村、同郡白峰村
	H17.2.1	能美市	新設	能美郡根上町、同郡寺井町、同郡辰口町
	H17.3.1	宝達志水町	新設	羽咋郡志雄町、同郡押水町
	H17.3.1	中能登町	新設	鹿島郡鳥屋町、同郡鹿島町、同郡鹿西町
	H17.3.1	能登町	新設	鳳至郡能都町、同郡柳田村、珠洲郡内浦町
	H17.9.1	志賀町	新設	羽咋郡富来町、同郡志賀町
	H17.10.1	加賀市	新設	加賀市、江沼郡山中町
	H18.2.1	輪島市	新設	輪島市、鳳珠郡門前町
福井県	H16.3.1	あわら市	新設	坂井郡芦原町、同郡金津町
	H17.1.1	南越前町	新設	南条郡南条町、同郡今庄町、同郡河野村
	H17.2.1	越前町	新設	丹生郡朝日町、同郡宮崎村、同郡越前町、同郡織田町
	H17.3.31	若狭町	新設	三方郡三方町、遠敷郡上中町
	H17.10.1	越前市	新設	武生市、今立郡今立町
	H17.11.7	大野市	編入	大野市、大野郡和泉村
	H18.2.1	福井市	編入	福井市、足羽郡美山町、丹生郡越廼村、同郡清水町
	H18.2.13	永平寺町	新設	吉田郡松岡町、同郡永平寺町、同郡上志比村
	H18.3.3	おおい町	新設	遠敷郡名田庄村、大飯郡大飯町
	H18.3.20	坂井市	新設	坂井郡三国町、同郡丸岡町、同郡春江町、同郡坂井町
山梨県	H15.3.1	南部町	新設	南巨摩郡南部町、同郡富沢町

都道府県	合併期日	名　称	合併の方式	関 係 市 町 村
山梨県	H15.4.1	南アルプス市	新設	中巨摩郡八田村、同郡白根町、同郡芦安村、同郡若草町、同郡櫛形町、同郡甲西町
	H15.11.15	富士河口湖町	新設	南都留郡河口湖町、同郡勝山村、同郡足和田村
	H16.9.1	甲斐市	新設	中巨摩郡竜王町、同郡敷島町、北巨摩郡双葉町
	H16.9.13	身延町	新設	西八代郡下部町、南巨摩郡中富町、同郡身延町
	H16.10.12	笛吹市	新設	東八代郡石和町、同郡御坂町、同郡一宮町、同郡八代町、同郡境川村、東山梨郡春日居町
	H16.11.1	北杜市	新設	北巨摩郡明野村、同郡須玉町、同郡高根町、同郡長坂町、同郡大泉村、同郡白州町、同郡武川村
	H17.2.13	上野原市	新設	北都留郡上野原町、南都留郡秋山村
	H17.3.22	山梨市	新設	山梨市、東山梨郡牧丘町、同郡三富村
	H17.10.1	市川三郷町	新設	西八代郡三珠町、同郡市川大門町、同郡六郷町
	H17.11.1	甲州市	新設	塩山市、東山梨郡勝沼町、同郡大和村
	H18.2.20	中央市	新設	中巨摩郡玉穂町、同郡田富町、東八代郡豊富村
	H18.3.1	富士河口湖町	編入	南都留郡富士河口湖町、西八代郡上九一色村
	H18.3.1	甲府市	編入	甲府市、東八代郡中道町、西八代郡上九一色村
	H18.3.15	北杜市	編入	北杜市、北巨摩郡小淵沢町
	H18.8.1	笛吹市	編入	笛吹市、東八代郡芦川村
	H22.3.8	富士川町	新設	南巨摩郡増穂町、同郡鰍沢町
長野県	H15.9.1	千曲市	新設	更埴市、更級郡上山田町、埴科郡戸倉町

都道府県	合併期日	名称	合併の方式	関係市町村
長野県	H16.4.1	東御市	新設	北佐久郡北御牧村、小県郡東部町
	H17.1.1	長野市	編入	長野市、更級郡大岡村、上水内郡豊野町、同郡戸隠村、同郡鬼無里村
	H17.3.20	佐久穂町	新設	南佐久郡佐久町、同郡八千穂村
	H17.4.1	塩尻市	編入	塩尻市、木曽郡楢川村
	H17.4.1	松本市	編入	松本市、東筑摩郡四賀村、南安曇郡奈川村、同郡安曇村、同郡梓川村
	H17.4.1	佐久市	新設	佐久市、南佐久郡臼田町、北佐久郡浅科村、同郡望月町
	H17.4.1	中野市	新設	中野市、下水内郡豊田村
	H17.10.1	安曇野市	新設	南安曇郡豊科町、同郡穂高町、同郡三郷村、同郡堀金村、東筑摩郡明科町
	H17.10.1	飯綱町	新設	上水内郡牟礼村、同郡三水村
	H17.10.1	長和町	新設	小県郡長門町、同郡和田村
	H17.10.1	飯田市	編入	飯田市、下伊那郡上村、同郡南信濃村
	H17.10.11	筑北村	新設	東筑摩郡本城村、同郡坂北村、同郡坂井村
	H17.11.1	木曽町	新設	木曽郡木曽福島町、同郡日義村、同郡開田村、同郡三岳村
	H18.1.1	大町市	編入	大町市、北安曇郡八坂村、同郡美麻村
	H18.1.1	阿智村	編入	下伊那郡阿智村、同郡浪合村
	H18.3.6	上田市	新設	上田市、小県郡丸子町、同郡真田町、同郡武石村
	H18.3.31	伊那市	新設	伊那市、上伊那郡高遠町、同郡長谷村
	H21.3.31	阿智村	編入	下伊那郡阿智村、同郡清内路村
	H22.1.1	長野市	編入	長野市、上水内郡信州新町、同郡中条村
	H22.3.31	松本市	編入	松本市、東筑摩郡波田町
岐阜県	H15.4.1	山県市	新設	山県郡高富町、同郡伊自良村、同郡美山町

都道府県	合併期日	名　　称	合併の方式	関係市町村
岐阜県	H15.5.1	瑞穂市	新設	本巣郡穂積町、同郡巣南町
	H16.2.1	飛騨市	新設	吉城郡古川町、同郡河合村、同郡宮川村、同郡神岡町
	H16.2.1	本巣市	新設	本巣郡本巣町、同郡真正町、同郡糸貫町、同郡根尾村
	H16.3.1	郡上市	新設	郡上郡八幡町、同郡大和町、同郡白鳥町、同郡高鷲村、同郡美並村、同郡明宝村、同郡和良村
	H16.3.1	下呂市	新設	益田郡萩原町、同郡小坂町、同郡下呂町、同郡金山町、同郡馬瀬村
	H16.10.25	恵那市	新設	恵那市、恵那郡岩村町、同郡山岡町、同郡明智町、同郡串原村、同郡上矢作町
	H16.11.1	各務原市	編入	各務原市、羽島郡川島町
	H17.1.31	揖斐川町	新設	揖斐郡揖斐川町、同郡谷汲村、同郡春日村、同郡久瀬村、同郡藤橋村、同郡坂内村
	H17.2.1	高山市	編入	高山市、大野郡丹生川村、同郡清見村、同郡荘川村、同郡宮村、同郡久々野町、同郡朝日村、同郡高根村、吉城郡国府町、同郡上宝村
	H17.2.7	関市	編入	関市、武儀郡洞戸村、同郡板取村、同郡武芸川町、同郡武儀町、同郡上之保村
岐阜県（長野県）	H17.2.13	中津川市	編入	中津川市、恵那郡坂下町、同郡川上村、同郡加子母村、同郡付知町、同郡福岡町、同郡蛭川村（、長野県木曽郡山口村）
岐阜県	H17.3.28	海津市	新設	海津郡海津町、同郡平田町、同郡南濃町
	H17.5.1	可児市	編入	可児市、可児郡兼山町
	H18.1.1	岐阜市	編入	岐阜市、羽島郡柳津町

都道府県	合併期日	名　　称	合併の方式	関 係 市 町 村
岐阜県	H18.1.23	多治見市	編入	多治見市、土岐郡笠原町
	H18.3.27	大垣市	編入	大垣市、養老郡上石津町、安八郡墨俣町
静岡県	H15.4.1	静岡市	新設	静岡市、清水市
	H16.4.1	伊豆市	新設	田方郡修善寺町、同郡土肥町、同郡天城湯ケ島町、同郡中伊豆町
	H16.4.1	御前崎市	新設	榛原郡御前崎町、小笠郡浜岡町
	H17.1.17	菊川市	新設	小笠郡小笠町、同郡菊川町
	H17.4.1	沼津市	編入	沼津市、田方郡戸田村
	H17.4.1	磐田市	新設	磐田市、磐田郡福田町、同郡竜洋町、同郡豊田町、同郡豊岡村
	H17.4.1	掛川市	新設	掛川市、小笠郡大須賀町、同郡大東町
	H17.4.1	袋井市	新設	袋井市、磐田郡浅羽町
	H17.4.1	伊豆の国市	新設	田方郡伊豆長岡町、同郡韮山町、同郡大仁町
	H17.4.1	西伊豆町	新設	賀茂郡西伊豆町、同郡賀茂村
	H17.5.5	島田市	新設	島田市、榛原郡金谷町
	H17.7.1	浜松市	編入	浜松市、天竜市、浜北市、周智郡春野町、磐田郡龍山村、同郡佐久間町、同郡水窪町、浜名郡舞阪町、同郡雄踏町、引佐郡細江町、同郡引佐町、同郡三ケ日町
	H17.9.20	川根本町	新設	榛原郡中川根町、同郡本川根町
	H17.10.11	牧之原市	新設	榛原郡相良町、同郡榛原町
	H18.3.31	静岡市	編入	静岡市、庵原郡蒲原町
	H20.4.1	島田市	編入	島田市、榛原郡川根町
	H20.11.1	静岡市	編入	静岡市、庵原郡由比町
	H20.11.1	富士市	編入	富士市、庵原郡富士川町
	H20.11.1	焼津市	編入	焼津市、志太郡大井川町
	H21.1.1	藤枝市	編入	藤枝市、志太郡岡部町

都道府県	合併期日	名称	合併の方式	関係市町村
静岡県	H22.3.23	湖西市	編入	湖西市、浜名郡新居町
	H22.3.23	富士宮市	編入	富士宮市、富士郡芝川町
愛知県	H15.8.20	田原市	編入	渥美郡田原町、同郡赤羽根町
	H17.4.1	稲沢市	編入	稲沢市、中島郡祖父江町、同郡平和町
	H17.4.1	一宮市	編入	一宮市、尾西市、葉栗郡木曽川町
	H17.4.1	愛西市	新設	海部郡佐屋町、同郡立田村、同郡八開村、同郡佐織町
	H17.4.1	豊田市	編入	豊田市、西加茂郡藤岡町、同郡小原村、東加茂郡足助町、同郡下山村、同郡旭町、同郡稲武町
	H17.7.7	清須市	新設	西春日井郡西枇杷島町、同郡清洲町、同郡新川町
	H17.10.1	田原市	編入	田原市、渥美郡渥美町
	H17.10.1	新城市	新設	新城市、南設楽郡鳳来町、同郡作手村
	H17.10.1	設楽町	新設	北設楽郡設楽町、同郡津具村
	H17.11.27	豊根村	編入	北設楽郡豊根村、同郡富山村
	H18.1.1	岡崎市	編入	岡崎市、額田郡額田町
	H18.2.1	豊川市	編入	豊川市、宝飯郡一宮町
	H18.3.20	北名古屋市	新設	西春日井郡師勝町、同郡西春町
	H18.4.1	弥富市	編入	海部郡弥富町、同郡十四山村
	H20.1.15	豊川市	編入	豊川市、宝飯郡音羽町、同郡御津町
	H21.10.1	清須市	編入	清須市、西春日井郡春日町
	H22.2.1	豊川市	編入	豊川市、宝飯郡小坂井町
	H22.3.22	あま市	新設	海部郡七宝町、同郡美和町、同郡甚目寺町
	H23.4.1	西尾市	編入	西尾市、幡豆郡一色町、同郡吉良町、同郡幡豆町
三重県	H15.12.1	いなべ市	新設	員弁郡北勢町、同郡員弁町、同郡大安町、同郡藤原町

都道府県	合併期日	名　称	合併の方式	関係市町村
三重県	H16.10.1	志摩市	新設	志摩郡浜島町、同郡大王町、同郡志摩町、同郡阿児町、同郡磯部町
	H16.11.1	伊賀市	新設	上野市、阿山郡伊賀町、同郡島ケ原村、同郡阿山町、同郡大山田村、名賀郡青山町
	H16.12.6	桑名市	新設	桑名市、桑名郡多度町、同郡長島町
	H17.1.1	松阪市	新設	松阪市、一志郡嬉野町、同郡三雲町、飯南郡飯南町、同郡飯高町
	H17.1.11	亀山市	新設	亀山市、鈴鹿郡関町
	H17.2.7	四日市市	編入	四日市市、三重郡楠町
	H17.2.14	大紀町	新設	度会郡大宮町、同郡紀勢町、同郡大内山村
	H17.10.1	南伊勢町	新設	度会郡南勢町、同郡南島町
	H17.10.11	紀北町	新設	北牟婁郡紀伊長島町、同郡海山町
	H17.11.1	伊勢市	新設	伊勢市、度会郡二見町、同郡小俣町、同郡御薗村
	H17.11.1	熊野市	新設	熊野市、南牟婁郡紀和町
	H18.1.1	津市	新設	津市、久居市、安芸郡河芸町、同郡芸濃町、同郡美里村、同郡安濃町、一志郡香良洲町、同郡一志町、同郡白山町、同郡美杉村
	H18.1.1	多気町	新設	多気郡多気町、同郡勢和村
	H18.1.10	大台町	新設	多気郡大台町、同郡宮川村
	H18.1.10	紀宝町	新設	南牟婁郡紀宝町、同郡鵜殿村
滋賀県	H16.10.1	甲賀市	新設	甲賀郡水口町、同郡土山町、同郡甲賀町、同郡甲南町、同郡信楽町
	H16.10.1	野洲市	新設	野洲郡中主町、同郡野洲町
	H16.10.1	湖南市	新設	甲賀郡石部町、同郡甲西町
	H17.1.1	高島市	新設	高島郡マキノ町、同郡今津町、同郡朽木村、同郡安曇川町、同郡高島町、同郡新旭町

都道府県	合併期日	名　　称	合併の方式	関係市町村
滋賀県	H17.2.11	東近江市	新設	八日市市、神崎郡永源寺町、同郡五個荘町、愛知郡愛東町、同郡湖東町
	H17.2.14	米原市	新設	坂田郡山東町、同郡伊吹町、同郡米原町
	H17.10.1	米原市	編入	米原市、坂田郡近江町
	H18.1.1	東近江市	編入	東近江市、神崎郡能登川町、蒲生郡蒲生町
	H18.2.13	長浜市	新設	長浜市、東浅井郡浅井町、同郡びわ町
	H18.2.13	愛荘町	新設	愛知郡秦荘町、同郡愛知川町
	H18.3.20	大津市	編入	大津市、滋賀郡志賀町
	H22.1.1	長浜市	編入	長浜市、東浅井郡虎姫町、同郡湖北町、伊香郡高月町、同郡木之本町、同郡余呉町、同郡西浅井町
	H22.3.21	近江八幡市	新設	近江八幡市、蒲生郡安土町
京都府	H16.4.1	京丹後市	新設	中郡峰山町、同郡大宮町、竹野郡網野町、同郡丹後町、同郡弥栄町、熊野郡久美浜町
	H17.4.1	京都市	編入	京都市、北桑田郡京北町
	H17.10.11	京丹波町	新設	船井郡丹波町、同郡瑞穂町、同郡和知町
	H18.1.1	福知山市	編入	福知山市、天田郡三和町、同郡夜久野町、加佐郡大江町
	H18.1.1	南丹市	新設	船井郡園部町、同郡八木町、同郡日吉町、北桑田郡美山町
	H18.3.1	与謝野町	新設	与謝郡加悦町、同郡岩滝町、同郡野田川町
	H19.3.12	木津川市	新設	相楽郡木津町、同郡加茂町、同郡山城町
大阪府	H17.2.1	堺市	編入	堺市、南河内郡美原町
兵庫県	H11.4.1	篠山市	新設	多紀郡篠山町、同郡西紀町、同郡丹南町、同郡今田町

都道府県	合併期日	名称	合併の方式	関係市町村
兵庫県	H16.4.1	養父市	新設	養父郡八鹿町、同郡養父町、同郡大屋町、同郡関宮町
	H16.11.1	丹波市	新設	氷上郡柏原町、同郡氷上町、同郡青垣町、同郡春日町、同郡山南町、同郡市島町
	H17.1.11	南あわじ市	新設	三原郡緑町、同郡西淡町、同郡三原町、同郡南淡町
	H17.4.1	朝来市	新設	朝来郡生野町、同郡和田山町、同郡山東町、同郡朝来町
	H17.4.1	豊岡市	新設	豊岡市、城崎郡城崎町、同郡竹野町、同郡日高町、出石郡出石町、同郡但東町
	H17.4.1	淡路市	新設	津名郡津名町、同郡淡路町、同郡北淡町、同郡一宮町、同郡東浦町
	H17.4.1	宍粟市	新設	宍粟郡山崎町、同郡一宮町、同郡波賀町、同郡千種町
	H17.4.1	香美町	新設	城崎郡香住町、美方郡村岡町、同郡美方町
	H17.10.1	西脇市	新設	西脇市、多可郡黒田庄町
	H17.10.1	たつの市	新設	龍野市、揖保郡新宮町、同郡揖保川町、同郡御津町
	H17.10.1	佐用町	新設	佐用郡佐用町、同郡上月町、同郡南光町、同郡三日月町
	H17.10.1	新温泉町	新設	美方郡浜坂町、同郡温泉町
	H17.10.24	三木市	編入	三木市、美嚢郡吉川町
	H17.11.1	多可町	新設	多可郡中町、同郡加美町、同郡八千代町
	H17.11.7	神河町	新設	神崎郡神崎町、同郡大河内町
	H18.2.11	洲本市	新設	洲本市、津名郡五色町
	H18.3.20	加東市	新設	加東郡社町、同郡滝野町、同郡東条町

都道府県	合併期日	名　　称	合併の方式	関 係 市 町 村
兵庫県	H18.3.27	姫路市	編入	姫路市、神崎郡香寺町、宍粟郡安富町、飾磨郡家島町、同郡夢前町
奈良県	H16.10.1	葛城市	新設	北葛城郡新庄町、同郡当麻町
	H17.4.1	奈良市	編入	奈良市、添上郡月ケ瀬村、山辺郡都祁村
	H17.9.25	五條市	編入	五條市、吉野郡西吉野村、同郡大塔村
	H18.1.1	宇陀市	新設	宇陀郡大宇陀町、同郡榛原町、同郡菟田野町、同郡室生村
和歌山県	H16.10.1	みなべ町	新設	日高郡南部川村、同郡南部町
	H17.4.1	海南市	新設	海南市、海草郡下津町
	H17.4.1	串本町	新設	西牟婁郡串本町、東牟婁郡古座町
	H17.5.1	田辺市	新設	田辺市、日高郡龍神村、西牟婁郡中辺路町、同郡大塔村、東牟婁郡本宮町
	H17.5.1	日高川町	新設	日高郡川辺町、同郡中津町、同郡美山村
	H17.10.1	新宮市	新設	新宮市、東牟婁郡熊野川町
	H17.10.1	かつらぎ町	編入	伊都郡かつらぎ町、同郡花園村
	H17.11.7	紀の川市	新設	那賀郡打田町、同郡粉河町、同郡那賀町、同郡桃山町、同郡貴志川町
	H18.1.1	紀美野町	新設	海草郡野上町、同郡美里町
	H18.1.1	有田川町	新設	有田郡吉備町、同郡金屋町、同郡清水町
	H18.3.1	橋本市	新設	橋本市、伊都郡高野口町
	H18.3.1	白浜町	新設	西牟婁郡白浜町、同郡日置川町
鳥取県	H16.9.1	琴浦町	新設	東伯郡東伯町、同郡赤碕町
	H16.10.1	湯梨浜町	新設	東伯郡羽合町、同郡泊村、同郡東郷町
	H16.10.1	南部町	新設	西伯郡西伯町、同郡会見町
	H16.11.1	鳥取市	編入	鳥取市、岩美郡国府町、同郡福部村、八頭郡河原町、同郡用瀬町、同郡佐治村、気高郡気高町、同郡鹿野町、同郡青谷町

都道府県	合併期日	名　称	合併の方式	関係市町村
鳥取県	H17.1.1	伯耆町	新設	西伯郡岸本町、日野郡溝口町
	H17.3.22	倉吉市	編入	倉吉市、東伯郡関金町
	H17.3.28	大山町	新設	西伯郡中山町、同郡名和町、同郡大山町
	H17.3.31	米子市	新設	米子市、西伯郡淀江町
	H17.3.31	八頭町	新設	八頭郡郡家町、同郡船岡町、同郡八東町
	H17.10.1	北栄町	新設	東伯郡北条町、同郡大栄町
島根県	H16.10.1	安来市	新設	安来市、能義郡広瀬町、同郡伯太町
	H16.10.1	江津市	編入	江津市、邑智郡桜江町
	H16.10.1	美郷町	新設	邑智郡邑智町、同郡大和村
	H16.10.1	邑南町	新設	邑智郡羽須美村、同郡瑞穂町、同郡石見町
	H16.10.1	隠岐の島町	新設	隠岐郡西郷町、同郡布施村、同郡五箇村、同郡都万村
	H16.11.1	益田市	編入	益田市、美濃郡美都町、同郡匹見町
	H16.11.1	雲南市	新設	大原郡大東町、同郡加茂町、同郡木次町、飯石郡三刀屋町、同郡吉田村、同郡掛合町
	H17.1.1	飯南町	新設	飯石郡頓原町、同郡赤来町
	H17.3.22	出雲市	新設	出雲市、平田市、簸川郡佐田町、同郡多伎町、同郡湖陵町、同郡大社町
	H17.3.31	松江市	新設	松江市、八束郡鹿島町、同郡島根町、同郡美保関町、同郡八雲村、同郡玉湯町、同郡宍道町、同郡八束町
	H17.3.31	奥出雲町	新設	仁多郡仁多町、同郡横田町
	H17.9.25	津和野町	新設	鹿足郡津和野町、同郡日原町
	H17.10.1	浜田市	新設	浜田市、那賀郡金城町、同郡旭町、同郡弥栄村、同郡三隅町
	H17.10.1	大田市	新設	大田市、邇摩郡温泉津町、同郡仁摩町

都道府県	合併期日	名称	合併の方式	関係市町村
島根県	H17.10.1	吉賀町	新設	鹿足郡柿木村、同郡六日市町
	H23.8.1	松江市	編入	松江市、八束郡東出雲町
	H23.10.1	出雲市	編入	出雲市、簸川郡斐川町
岡山県	H16.10.1	高梁市	新設	高梁市、上房郡有漢町、川上郡成羽町、同郡川上町、同郡備中町
	H16.10.1	吉備中央町	新設	御津郡加茂川町、上房郡賀陽町
	H16.11.1	瀬戸内市	新設	邑久郡牛窓町、同郡邑久町、同郡長船町
	H17.2.28	津山市	編入	津山市、苫田郡加茂町、同郡阿波村、勝田郡勝北町、久米郡久米町
	H17.3.1	井原市	編入	井原市、小田郡美星町、後月郡芳井町
	H17.3.1	鏡野町	新設	苫田郡富村、同郡奥津町、同郡上齋原村、同郡鏡野町
	H17.3.7	赤磐市	新設	赤磐郡山陽町、同郡赤坂町、同郡熊山町、同郡吉井町
	H17.3.22	岡山市	編入	岡山市、御津郡御津町、児島郡灘崎町
	H17.3.22	総社市	新設	総社市、都窪郡山手村、同郡清音村
	H17.3.22	備前市	新設	備前市、和気郡日生町、同郡吉永町
	H17.3.22	美咲町	新設	久米郡中央町、同郡旭町、同郡柵原町
	H17.3.31	新見市	新設	新見市、阿哲郡大佐町、同郡神郷町、同郡哲多町、同郡哲西町
	H17.3.31	真庭市	新設	上房郡北房町、真庭郡勝山町、同郡落合町、同郡湯原町、同郡久世町、同郡美甘村、同郡川上村、同郡八束村、同郡中和村
	H17.3.31	美作市	新設	勝田郡勝田町、英田郡大原町、同郡東粟倉村、同郡美作町、同郡作東町、同郡英田町
	H17.8.1	倉敷市	編入	倉敷市、浅口郡船穂町、吉備郡真備町
	H18.3.1	和気町	新設	和気郡佐伯町、同郡和気町

都道府県	合併期日	名　　称	合併の方式	関 係 市 町 村
岡山県	H18.3.21	浅口市（あさくちし）	新設	浅口郡金光町、同郡鴨方町、同郡寄島町
	H19.1.22	岡山市（おかやまし）	編入	岡山市、御津郡建部町、赤磐郡瀬戸町
広島県	H15.2.3	福山市（ふくやまし）	編入	福山市、沼隈郡内海町、芦品郡新市町
	H15.3.1	廿日市市（はつかいちし）	編入	廿日市市、佐伯郡佐伯町、同郡吉和村
	H15.4.1	呉市（くれし）	編入	呉市、安芸郡下蒲刈町
	H15.4.1	大崎上島町（おおさきかみじまちょう）	新設	豊田郡大崎町、同郡東野町、同郡木江町
	H16.3.1	安芸高田市（あきたかたし）	新設	高田郡吉田町、同郡八千代町、同郡美土里町、同郡高宮町、同郡甲田町、同郡向原町
	H16.4.1	呉市（くれし）	編入	呉市、豊田郡川尻町
	H16.4.1	三次市（みよしし）	新設	三次市、双三郡君田村、同郡布野村、同郡作木村、同郡吉舎町、同郡三良坂町、同郡三和町、甲奴郡甲奴町
	H16.4.1	府中市（ふちゅうし）	編入	府中市、甲奴郡上下町
	H16.10.1	世羅町（せらちょう）	新設	世羅郡甲山町、同郡世羅町、同郡世羅西町
	H16.10.1	安芸太田町（あきおおたちょう）	新設	山県郡加計町、同郡筒賀村、同郡戸河内町
	H16.11.1	江田島市（えたじまし）	新設	安芸郡江田島町、佐伯郡能美町、同郡沖美町、同郡大柿町
	H16.11.5	神石高原町（じんせきこうげんちょう）	新設	神石郡油木町、同郡神石町、同郡豊松村、同郡三和町
	H17.2.1	福山市（ふくやまし）	編入	福山市、沼隈郡沼隈町
	H17.2.1	北広島町（きたひろしまちょう）	新設	山県郡芸北町、同郡大朝町、同郡千代田町、同郡豊平町
	H17.2.7	東広島市（ひがしひろしまし）	編入	東広島市、賀茂郡黒瀬町、同郡福富町、同郡豊栄町、同郡河内町、豊田郡安芸津町

都道府県	合併期日	名称	合併の方式	関係市町村
広島県	H17.3.20	呉市	編入	呉市、安芸郡音戸町、同郡倉橋町、同郡蒲刈町、豊田郡安浦町、同郡豊浜町、同郡豊町
	H17.3.22	三原市	新設	三原市、豊田郡本郷町、御調郡久井町、賀茂郡大和町
	H17.3.28	尾道市	編入	尾道市、御調郡御調町、同郡向島町
	H17.3.31	庄原市	新設	庄原市、甲奴郡総領町、比婆郡西城町、同郡東城町、同郡口和町、同郡高野町、同郡比和町
	H17.4.25	広島市	編入	広島市、佐伯郡湯来町
	H17.11.3	廿日市市	編入	廿日市市、佐伯郡大野町、同郡宮島町
	H18.1.10	尾道市	編入	尾道市、因島市、豊田郡瀬戸田町
	H18.3.1	福山市	編入	福山市、深安郡神辺町
山口県	H15.4.21	周南市	新設	徳山市、新南陽市、熊毛郡熊毛町、都濃郡鹿野町
	H16.10.1	周防大島町	新設	大島郡久賀町、同郡大島町、同郡東和町、同郡橘町
	H16.10.4	光市	新設	光市、熊毛郡大和町
	H16.11.1	宇部市	編入	宇部市、厚狭郡楠町
	H17.2.13	下関市	新設	下関市、豊浦郡菊川町、同郡豊田町、同郡豊浦町、同郡豊北町
	H17.2.21	柳井市	新設	柳井市、玖珂郡大畠町
	H17.3.6	萩市	新設	萩市、阿武郡川上村、同郡田万川町、同郡むつみ村、同郡須佐町、同郡旭村、同郡福栄村
	H17.3.22	長門市	新設	長門市、大津郡三隅町、同郡日置町、同郡油谷町
	H17.3.22	山陽小野田市	新設	小野田市、厚狭郡山陽町
	H17.10.1	山口市	新設	山口市、佐波郡徳地町、吉敷郡秋穂町、同郡小郡町、同郡阿知須町

都道府県	合併期日	名称	合併の方式	関係市町村
山口県	H18.3.20	岩国市（いわくにし）	新設	岩国市、玖珂郡由宇町、同郡玖珂町、同郡本郷村、同郡周東町、同郡錦町、同郡美川町、同郡美和町
	H20.3.21	美祢市（みねし）	新設	美祢市、美祢郡秋芳町、同郡美東町
	H22.1.16	山口市（やまぐちし）	編入	山口市、阿武郡阿東町
徳島県	H16.10.1	吉野川市（よしのがわし）	新設	麻植郡鴨島町、同郡川島町、同郡山川町、同郡美郷村
	H17.3.1	美馬市（みまし）	新設	美馬郡脇町、同郡美馬町、同郡穴吹町、同郡木屋平村
	H17.3.1	つるぎ町（ちょう）	新設	美馬郡半田町、同郡貞光町、同郡一宇村
	H17.3.1	那賀町（なかちょう）	新設	那賀郡鷲敷町、同郡相生町、同郡上那賀町、同郡木沢村、同郡木頭村
	H17.4.1	阿波市（あわし）	新設	板野郡吉野町、同郡土成町、阿波郡市場町、同郡阿波町
	H18.3.1	東みよし町（ひがしみよしちょう）	新設	三好郡三好町、同郡三加茂町
	H18.3.1	三好市（みよしし）	新設	三好郡三野町、同郡池田町、同郡山城町、同郡井川町、同郡東祖谷山村、同郡西祖谷山村
	H18.3.20	阿南市（あなんし）	編入	阿南市、那賀郡那賀川町、同郡羽ノ浦町
	H18.3.31	海陽町（かいようちょう）	新設	海部郡海南町、同郡海部町、同郡宍喰町
	H18.3.31	美波町（みなみちょう）	新設	海部郡由岐町、同郡日和佐町
香川県	H14.4.1	さぬき市（し）	新設	大川郡津田町、同郡大川町、同郡志度町、同郡寒川町、同郡長尾町
	H15.4.1	東かがわ市（ひがしかがわし）	新設	大川郡引田町、同郡白鳥町、同郡大内町
	H17.3.22	丸亀市（まるがめし）	新設	丸亀市、綾歌郡綾歌町、同郡飯山町
	H17.9.26	高松市（たかまつし）	編入	高松市、香川郡塩江町

都道府県	合併期日	名　称	合併の方式	関係市町村
香川県	H17.10.11	観音寺市	新設	観音寺市、三豊郡大野原町、同郡豊浜町
	H18.1.1	三豊市	新設	三豊郡高瀬町、同郡山本町、同郡三野町、同郡豊中町、同郡詫間町、同郡仁尾町、同郡財田町
	H18.1.10	高松市	編入	高松市、木田郡庵治町、香川郡香川町、同郡香南町、綾歌郡国分寺町
	H18.1.10	高松市	編入	高松市、木田郡牟礼町
	H18.3.20	まんのう町	新設	仲多度郡琴南町、同郡満濃町、同郡仲南町
	H18.3.21	小豆島町	新設	小豆郡内海町、同郡池田町
	H18.3.21	綾川町	新設	綾歌郡綾上町、同郡綾南町
愛媛県	H15.4.1	新居浜市	編入	新居浜市、宇摩郡別子山村
	H16.4.1	四国中央市	新設	川之江市、伊予三島市、宇摩郡新宮村、同郡土居町
	H16.4.1	西予市	新設	東宇和郡明浜町、同郡宇和町、同郡野村町、同郡城川町、西宇和郡三瓶町
	H16.8.1	久万高原町	新設	上浮穴郡久万町、同郡面河村、同郡美川村、同郡柳谷村
	H16.9.21	東温市	新設	温泉郡重信町、同郡川内町
	H16.10.1	上島町	新設	越智郡魚島村、同郡弓削町、同郡生名村、同郡岩城村
	H16.10.1	愛南町	新設	南宇和郡内海村、同郡御荘町、同郡城辺町、同郡一本松町、同郡西海町
	H16.11.1	西条市	新設	西条市、東予市、周桑郡小松町、同郡丹原町
	H17.1.1	松山市	編入	松山市、北条市、温泉郡中島町
	H17.1.1	砥部町	新設	伊予郡砥部町、同郡広田村
	H17.1.1	内子町	新設	喜多郡内子町、同郡五十崎町、上浮穴郡小田町

都道府県	合併期日	名称	合併の方式	関係市町村
愛媛県	H17.1.1	鬼北町（きほくちょう）	新設	北宇和郡広見町、同郡日吉村
	H17.1.11	大洲市（おおずし）	新設	大洲市、喜多郡長浜町、同郡肱川町、同郡河辺村
	H17.1.16	今治市（いまばりし）	新設	今治市、越智郡朝倉村、同郡玉川町、同郡波方町、同郡大西町、同郡菊間町、同郡吉海町、同郡宮窪町、同郡伯方町、同郡上浦町、同郡大三島町、同郡関前村
	H17.3.28	八幡浜市（やわたはまし）	新設	八幡浜市、西宇和郡保内町
	H17.4.1	伊予市（いよし）	新設	伊予市、伊予郡中山町、同郡双海町
	H17.4.1	伊方町（いかたちょう）	新設	西宇和郡伊方町、同郡瀬戸町、同郡三崎町
	H17.8.1	宇和島市（うわじまし）	新設	宇和島市、北宇和郡吉田町、同郡三間町、同郡津島町
高知県	H16.10.1	いの町（ちょう）	新設	吾川郡伊野町、同郡吾北村、土佐郡本川村
	H17.1.1	高知市（こうちし）	編入	高知市、土佐郡鏡村、同郡土佐山村
	H17.2.1	津野町（つのちょう）	新設	高岡郡葉山村、同郡東津野村
	H17.4.10	四万十市（しまんとし）	新設	中村市、幡多郡西土佐村
	H17.8.1	仁淀川町（によどがわちょう）	新設	吾川郡池川町、同郡吾川村、高岡郡仁淀村
	H18.1.1	中土佐町（なかとさちょう）	新設	高岡郡中土佐町、同郡大野見村
	H18.3.1	香南市（こうなんし）	新設	香美郡赤岡町、同郡香我美町、同郡野市町、同郡夜須町、同郡吉川村
	H18.3.1	香美市（かみし）	新設	香美郡土佐山田町、同郡香北町、同郡物部村
	H18.3.20	四万十町（しまんとちょう）	新設	高岡郡窪川町、幡多郡大正町、同郡十和村
	H18.3.20	黒潮町（くろしおちょう）	新設	幡多郡大方町、同郡佐賀町
	H20.1.1	高知市（こうちし）	編入	高知市、吾川郡春野町
福岡県	H15.4.1	宗像市（むなかたし）	新設	宗像市、宗像郡玄海町

都道府県	合併期日	名　称	合併の方式	関 係 市 町 村
福岡県	H17.1.24	福津市	新設	宗像郡福間町、同郡津屋崎町
	H17.2.5	久留米市	編入	久留米市、浮羽郡田主丸町、三井郡北野町、三潴郡城島町、同郡三潴町
	H17.3.20	うきは市	新設	浮羽郡吉井町、同郡浮羽町
	H17.3.21	柳川市	新設	柳川市、山門郡大和町、同郡三橋町
	H17.3.22	筑前町	新設	朝倉郡三輪町、同郡夜須町
	H17.3.28	宗像市	編入	宗像市、宗像郡大島村
	H17.3.28	東峰村	新設	朝倉郡小石原村、同郡宝珠山村
	H17.10.11	上毛町	新設	築上郡新吉富村、同郡大平村
	H18.1.10	築上町	新設	築上郡椎田町、同郡築城町
	H18.2.11	宮若市	新設	鞍手郡宮田町、同郡若宮町
	H18.3.6	福智町	新設	田川郡赤池町、同郡金田町、同郡方城町
	H18.3.20	朝倉市	新設	甘木市、朝倉郡杷木町、同郡朝倉町
	H18.3.20	みやこ町	新設	京都郡犀川町、同郡勝山町、同郡豊津町
	H18.3.26	飯塚市	新設	飯塚市、嘉穂郡筑穂町、同郡穂波町、同郡庄内町、同郡頴田町
	H18.3.27	嘉麻市	新設	山田市、嘉穂郡稲築町、同郡碓井町、同郡嘉穂町
	H18.10.1	八女市	編入	八女市、八女郡上陽町
	H19.1.29	みやま市	新設	山門郡瀬高町、同郡山川町、三池郡高田町
	H22.1.1	糸島市	新設	前原市、糸島郡二丈町、同郡志摩町
	H22.2.1	八女市	編入	八女市、八女郡黒木町、同郡立花町、同郡矢部村、同郡星野村
佐賀県	H17.1.1	唐津市	新設	唐津市、東松浦郡浜玉町、同郡厳木町、同郡相知町、同郡北波多村、同郡肥前町、同郡鎮西町、同郡呼子町
	H17.1.1	白石町	新設	杵島郡白石町、同郡福富町、同郡有明町

付　　録　295

都道府県	合併期日	名　　称	合併の方式	関係市町村
佐賀県	H17.3.1	小城市（おぎし）	新設	小城郡小城町、同郡三日月町、同郡牛津町、同郡芦刈町
	H17.3.1	みやき町（ちょう）	新設	三養基郡中原町、同郡北茂安町、同郡三根町
	H17.10.1	佐賀市（さがし）	新設	佐賀市、佐賀郡諸富町、同郡大和町、同郡富士町、神埼郡三瀬村
	H18.1.1	唐津市（からつし）	編入	唐津市、東松浦郡七山村
	H18.1.1	嬉野市（うれしのし）	新設	藤津郡塩田町、同郡嬉野町
	H18.3.1	武雄市（たけおし）	新設	武雄市、杵島郡山内町、同郡北方町
	H18.3.1	有田町（ありたちょう）	新設	西松浦郡有田町、同郡西有田町
	H18.3.1	吉野ケ里町（よしのがりちょう）	新設	神埼郡三田川町、同郡東脊振村
	H18.3.20	神埼市（かんざきし）	新設	神埼郡神埼町、同郡千代田町、同郡脊振村
	H19.10.1	佐賀市（さがし）	編入	佐賀市、佐賀郡川副町、同郡東与賀町、同郡久保田町
長崎県	H16.3.1	対馬市（つしまし）	新設	下県郡厳原町、同郡美津島町、同郡豊玉町、上県郡峰町、同郡上県町、同郡上対馬町
	H16.3.1	壱岐市（いきし）	新設	壱岐郡郷ノ浦町、同郡勝本町、同郡芦辺町、同郡石田町
	H16.8.1	五島市（ごとうし）	新設	福江市、南松浦郡富江町、同郡玉之浦町、同郡三井楽町、同郡岐宿町、同郡奈留町
	H16.8.1	新上五島町（しんかみごとうちょう）	新設	南松浦郡若松町、同郡上五島町、同郡新魚目町、同郡有川町、同郡奈良尾町
	H17.1.4	長崎市（ながさきし）	編入	長崎市、西彼杵郡香焼町、同郡伊王島町、同郡高島町、同郡野母崎町、同郡三和町、同郡外海町
	H17.3.1	諫早市（いさはやし）	新設	諫早市、西彼杵郡多良見町、北高来郡森山町、同郡飯盛町、同郡高来町、同郡小長井町

都道府県	合併期日	名　　称	合併の方式	関　係　市　町　村
長崎県	H17.4.1	西海市（さいかいし）	新設	西彼杵郡西彼町、同郡西海町、同郡大島町、同郡崎戸町、同郡大瀬戸町
	H17.4.1	佐世保市（させぼし）	編入	佐世保市、北松浦郡吉井町、同郡世知原町
	H17.10.1	平戸市（ひらどし）	新設	平戸市、北松浦郡生月町、同郡田平町、同郡大島村
	H17.10.11	雲仙市（うんぜんし）	新設	南高来郡国見町、同郡瑞穂町、同郡吾妻町、同郡愛野町、同郡千々石町、同郡小浜町、同郡南串山町
	H18.1.1	島原市（しまばらし）	編入	島原市、南高来郡有明町
	H18.1.1	松浦市（まつうらし）	新設	松浦市、北松浦郡福島町、同郡鷹島町
	H18.1.4	長崎市（ながさきし）	編入	長崎市、西彼杵郡琴海町
	H18.3.31	南島原市（みなみしまばらし）	新設	南高来郡加津佐町、同郡口之津町、同郡南有馬町、同郡北有馬町、同郡西有家町、同郡有家町、同郡布津町、同郡深江町
	H18.3.31	佐世保市（させぼし）	編入	佐世保市、北松浦郡宇久町、同郡小佐々町
	H22.3.31	佐世保市（させぼし）	編入	佐世保市、北松浦郡江迎町、同郡鹿町町
熊本県	H15.4.1	あさぎり町（ちょう）	新設	球磨郡上村、同郡免田町、同郡岡原村、同郡須恵村、同郡深田村
	H16.3.31	上天草市（かみあまくさし）	新設	天草郡大矢野町、同郡松島町、同郡姫戸町、同郡龍ケ岳町
	H16.11.1	美里町（みさとまち）	新設	下益城郡中央町、同郡砥用町
	H17.1.1	芦北町（あしきたまち）	新設	葦北郡田浦町、同郡芦北町
	H17.1.15	宇城市（うきし）	新設	宇土郡三角町、同郡不知火町、下益城郡松橋町、同郡小川町、同郡豊野町
	H17.1.15	山鹿市（やまがし）	新設	山鹿市、鹿本郡鹿北町、同郡菊鹿町、同郡鹿本町、同郡鹿央町

都道府県	合併期日	名　　称	合併の方式	関係市町村
熊本県	H17.2.11	阿蘇市	新設	阿蘇郡一の宮町、同郡阿蘇町、同郡波野村
	H17.2.11	山都町	新設	上益城郡矢部町、同郡清和村、阿蘇郡蘇陽町
	H17.2.13	南阿蘇村	新設	阿蘇郡白水村、同郡久木野村、同郡長陽村
	H17.3.22	菊池市	新設	菊池市、菊池郡七城町、同郡旭志村、同郡泗水町
	H17.8.1	八代市	新設	八代市、八代郡坂本村、同郡千丁町、同郡鏡町、同郡東陽村、同郡泉村
	H17.10.1	氷川町	新設	八代郡竜北町、同郡宮原町
	H17.10.3	玉名市	新設	玉名市、玉名郡岱明町、同郡横島町、同郡天水町
	H18.2.27	合志市	新設	菊池郡合志町、同郡西合志町
	H18.3.1	和水町	新設	玉名郡菊水町、同郡三加和町
	H18.3.27	天草市	新設	本渡市、牛深市、天草郡有明町、同郡御所浦町、同郡倉岳町、同郡栖本町、同郡新和町、同郡五和町、同郡天草町、同郡河浦町
	H20.10.6	熊本市	編入	熊本市、下益城郡富合町
	H22.3.23	熊本市	編入	熊本市、下益城郡城南町
	H22.3.23	熊本市	編入	熊本市、鹿本郡植木町
大分県	H17.1.1	大分市	編入	大分市、大分郡野津原町、北海部郡佐賀関町
	H17.1.1	臼杵市	新設	臼杵市、大野郡野津町
	H17.3.1	中津市	編入	中津市、下毛郡三光村、同郡本耶馬渓町、同郡耶馬渓町、同郡山国町
	H17.3.3	佐伯市	新設	佐伯市、南海部郡上浦町、同郡弥生町、同郡本匠村、同郡宇目町、同郡直川村、同郡鶴見町、同郡米水津村、同郡蒲江町

都道府県	合併期日	名　　称	合併の方式	関係市町村
大分県	H17.3.22	日田市	編入	日田市、日田郡前津江村、同郡中津江村、同郡上津江村、同郡大山町、同郡天瀬町
	H17.3.31	豊後高田市	新設	豊後高田市、西国東郡真玉町、同郡香々地町
	H17.3.31	宇佐市	新設	宇佐市、宇佐郡院内町、同郡安心院町
	H17.3.31	豊後大野市	新設	大野郡三重町、同郡清川村、同郡緒方町、同郡朝地町、同郡大野町、同郡千歳村、同郡犬飼町
	H17.4.1	竹田市	新設	竹田市、直入郡荻町、同郡久住町、同郡直入町
	H17.10.1	由布市	新設	大分郡挾間町、同郡庄内町、同郡湯布院町
	H17.10.1	杵築市	新設	杵築市、速見郡山香町、西国東郡大田村
	H18.3.31	国東市	新設	東国東郡国見町、同郡国東町、同郡武蔵町、同郡安岐町
宮崎県	H18.1.1	宮崎市	編入	宮崎市、宮崎郡佐土原町、同郡田野町、東諸県郡高岡町
	H18.1.1	都城市	新設	都城市、北諸県郡山之口町、同郡高城町、同郡山田町、同郡高崎町
	H18.1.1	美郷町	新設	東臼杵郡南郷村、同郡西郷村、同郡北郷村
	H18.2.20	延岡市	編入	延岡市、東臼杵郡北方町、同郡北浦町
	H18.2.25	日向市	編入	日向市、東臼杵郡東郷町
	H18.3.20	小林市	新設	小林市、西諸県郡須木村
	H19.3.31	延岡市	編入	延岡市、東臼杵郡北川町
	H21.3.30	日南市	新設	日南市、南那珂郡北郷町、同郡南郷町
	H22.3.23	小林市	編入	小林市、西諸県郡野尻町
	H22.3.23	宮崎市	編入	宮崎市、宮崎郡清武町

都道府県	合併期日	名称	合併の方式	関係市町村
鹿児島県	H16.10.12	薩摩川内市（さつませんだいし）	新設	川内市、薩摩郡樋脇町、同郡入来町、同郡東郷町、同郡祁答院町、同郡里村、同郡上甑村、同郡下甑村、同郡鹿島村
	H16.11.1	鹿児島市（かごしまし）	編入	鹿児島市、鹿児島郡吉田町、同郡桜島町、揖宿郡喜入町、日置郡松元町、同郡郡山町
	H17.3.22	さつま町（ちょう）	新設	薩摩郡宮之城町、同郡鶴田町、同郡薩摩町
	H17.3.22	湧水町（ゆうすいちょう）	新設	姶良郡栗野町、同郡吉松町
	H17.3.22	錦江町（きんこうちょう）	新設	肝属郡大根占町、同郡田代町
	H17.3.31	南大隅町（みなみおおすみちょう）	新設	肝属郡根占町、同郡佐多町
	H17.5.1	日置市（ひおきし）	新設	日置郡東市来町、同郡伊集院町、同郡日吉町、同郡吹上町
	H17.7.1	曽於市（そおし）	新設	曽於郡大隅町、同郡財部町、同郡末吉町
	H17.7.1	肝付町（きもつきちょう）	新設	肝属郡内之浦町、同郡高山町
	H17.10.11	いちき串木野市（くしきのし）	新設	串木野市、日置郡市来町
	H17.11.7	霧島市（きりしまし）	新設	国分市、姶良郡溝辺町、同郡横川町、同郡牧園町、同郡霧島町、同郡隼人町、同郡福山町
	H17.11.7	南さつま市（みなみさつまし）	新設	加世田市、川辺郡笠沙町、同郡大浦町、同郡坊津町、日置郡金峰町
	H18.1.1	鹿屋市（かのやし）	新設	鹿屋市、曽於郡輝北町、肝属郡串良町、同郡吾平町
	H18.1.1	指宿市（いぶすきし）	新設	指宿市、揖宿郡山川町、同郡開聞町
	H18.1.1	志布志市（しぶしし）	新設	曽於郡松山町、同郡志布志町、同郡有明町
	H18.3.13	出水市（いずみし）	新設	出水市、出水郡野田町、同郡高尾野町
	H18.3.20	奄美市（あまみし）	新設	名瀬市、大島郡住用村、同郡笠利町
	H18.3.20	長島町（ながしまちょう）	新設	出水郡東町、同郡長島町

都道府県	合併期日	名　称	合併の方式	関係市町村
鹿児島県	H19.10.1	屋久島町	新設	熊毛郡屋久町、同郡上屋久町
	H19.12.1	南九州市	新設	川辺郡川辺町、同郡知覧町、揖宿郡頴娃町
	H20.11.1	伊佐市	新設	大口市、伊佐郡菱刈町
	H22.3.23	姶良市	新設	姶良郡加治木町、同郡姶良町、同郡蒲生町
沖縄県	H14.4.1	久米島町	新設	島尻郡仲里村、同郡具志川村
	H17.4.1	うるま市	新設	石川市、具志川市、中頭郡与那城町、同郡勝連町
	H17.10.1	宮古島市	新設	平良市、宮古郡城辺町、同郡下地町、同郡上野村、同郡伊良部町
	H18.1.1	八重瀬町	新設	島尻郡東風平町、同郡具志頭村
	H18.1.1	南城市	新設	島尻郡玉城村、同郡知念村、同郡佐敷町、同郡大里村

●参考文献●

　全国バージョンの本であり、都道府県ごとの参考文献の紹介は不可能なので、主要なもののみを挙げておく。

（１）主な参考文献
・『角川日本地名大辞典』全49巻（角川書店）
・『日本歴史地名大系』全50巻（平凡社）
・吉田東伍『大日本地名辞書』全8巻（冨山房）
・遠山美都男他『日本古代史地名事典』（雄山閣）
　『角川日本地名大辞典』については都道府県名を付して示し、『日本歴史地名大系』については省略して『○○県の地名』とした。

（２）主な引用文献
・『古事記』（新潮日本古典集成）
・『日本書紀』全5巻（岩波文庫）
・『万葉集』全2巻（岩波文庫）
・『風土記』（平凡社ライブラリー）
・『続日本紀』全3巻（講談社学術文庫）
　それ以外の引用については、必要に応じてその都度示した。

　なお、私の関連著作には以下のものがある。
・『地名の魅力』（白水社）
・『「地名」は語る』（祥伝社黄金文庫）
・『京都 地名の由来を歩く』（ベスト新書）。他に「東京・江戸」「奈良」「名古屋」「信州」編。
・『大阪「駅名」の謎』（祥伝社黄金文庫）。他に「東京」「京都・奈良」「名古屋」編。
・『死ぬまでにいちどは行きたい六十六カ所』（洋泉社新書y）
・『知らなかった！　都道府県名の由来』（東京書籍）
・『地名に隠された「東京津波」』（講談社プラスアルファ新書）。他に「南海津波」編。
・その他

索　引

あ 行

相去 ……………… 26
愛知県 ……………… 133
会津 ……………… 48
青森県 ……………… 19
吾妻 ……………… 64
秋田県 ……………… 37
秋葉原 ……………… 81
英虞湾 ……………… 140
朝霞 ……………… 70
浅虫温泉 ……………… 20
足摺岬 ……………… 220
安心院 ……………… 246
網代 ……………… 130
飛鳥 ……………… 169
安曇野 ……………… 120
安宅 ……………… 105
化野 ……………… 150
安達太良山 ……………… 48
阿仁 ……………… 38
雨晴海岸 ……………… 98
余目 ……………… 43
愛子 ……………… 32
芦原 ……………… 110

伊香保 ……………… 65
斑鳩 ……………… 169
壱岐 ……………… 235
生月 ……………… 235
生名 ……………… 205
生目 ……………… 252
石川県 ……………… 104
石鎚山 ……………… 205
伊集院 ……………… 257

伊勢原 ……………… 87
潮来 ……………… 54
一関 ……………… 27
厳島 ……………… 195
厳原 ……………… 236
糸魚川 ……………… 92
糸満 ……………… 263
伊那 ……………… 120
員弁 ……………… 140
犬山 ……………… 134
茨城県 ……………… 53
伊吹山 ……………… 145
指宿 ……………… 257
今石動 ……………… 98
今治 ……………… 206
伊万里 ……………… 230
一口 ……………… 150
伊良部 ……………… 264
西表島 ……………… 264
岩手県 ……………… 25
インクライン ……………… 151

牛窓 ……………… 190
臼杵 ……………… 246
太秦 ……………… 152
打出小槌町 ……………… 163
宇都宮 ……………… 59
宇奈月 ……………… 99
雲梯 ……………… 170
馬路村 ……………… 220
梅田 ……………… 157
浦添 ……………… 264
浦和 ……………… 70
うるま ……………… 265
嬉野 ……………… 230

愛媛県	204
江迎	236
塩山	115
延暦寺	145
王子	82
相知	231
大分県	245
大垣	125
大崩山	252
沖縄県	262
大阪府	156
大塚	82
大月	115
大歩危・小歩危	215
大宮	71
岡山県	189
桶狭間	134
長万部	13
織田	110
小樽	14
行行林	76
女川	33
女化	54
鬼首	33
飫肥	252
御前崎	130
親不知	92

か 行

皆生温泉	185
海部	215
開聞岳	258
各務原	125
香川県	209
鹿児島県	256
加計	195
掛川	130
鹿嶋（島）	55
神集島	231

春日	170
加太	175
月山	43
神奈川県	86
金沢	105
可児	125
上九一色	115
学文路	175
亀山	141
川越	71
川反	38
関内	87
鉄輪温泉	247
木下	76
祇園	152
吉舎	195
喜多方	49
喜連川	59
鬼無里	120
鬼無	210
鬼怒川	60
鬼ノ城	190
岐阜県	124
京都府	149
京終	170
吉良	135
吉里吉里	27
喜連瓜破	157
金華山	33
鵠沼	88
日下	158
草津	65
串本	176
郡上	126
九頭竜川	110
九度山町	176
国東	247
熊谷	71

熊野	177	埼玉県	69
熊本県	240	堺	158
倶利伽羅峠	105	坂出	211
栗駒山	38	佐賀県	229
呉羽山	99	十八女	215
群馬	65	酒匂川	88
群馬県	63	札幌	15
		真田	121
蹴上	153	鯖江	111
鶏知	236	猿ケ京	66
下呂温泉	126	猿橋	117
		狙半内	39
己斐	196	三宮	164
恋ケ窪	82	三瓶山	180
甲子園	163		
高知県	219	椎葉	253
甲府	116	紫雲出山	211
幸福駅	14	塩竈	34
神戸	164	志賀島	225
香焼	237	滋賀県	144
後楽園	191	色麻	34
孝霊山	185	信楽	146
郡山	49	志木	72
小貝川	55	宍喰	216
五箇山	100	酒々井	76
極楽	135	泗水	241
五城目	39	静岡県	129
後生掛温泉	39	雫石	28
五所川原	20	閑谷学校	191
不来方	27	宍粟	165
御所	171	七城	241
御殿場	130	志度	212
御坊	177	尻前	35
巨摩	116	柴又	83
小牧	135	志布志	258
後免	221	島根県	179
小動岬	88	四万十川	221
		下田	131
さ 行		下関	200
財田	210	十三湖	21

索　引　307

十文字	40
上下	196
定山渓	15
小豆島	212
称名滝	100
白鬼女の渡し	111
白鷹	44
不知火	242
知床	15
宍道湖	180
逗子	89
珠洲	106
鋳銭司	200
則	206
諏訪	121
関ケ原	126
膳所	146
銭函	16
背振山	232
セメント町	201
善光寺	122
戦場ケ原	60
千厩	28
匝瑳	77
蘇我	77
磯鶏	29

た 行

間人	153
胎内	93
當麻	171
高崎	66
高田馬場	83
高千穂	253
高槻	158
高鍋	254
高梁	192
高松	212
宝塚	165
大刀洗	225
龍飛崎	21
田原坂	242
玉造温泉	181
垂井	127
壇ノ浦	201
智頭	186
千々石	238
千歳	16
千葉県	75
知夫	181
知立	136
通潤橋	243
月寒	16
月夜野	66
鶴岡	44
海石榴市	171
燕	93
敦賀	111
鶴舞	136
天童	44
東京都	80
道後温泉	206
東尋坊	112
徳島県	214
鳥栖	232
栃木県	58
十津川	171
鳥取	17
鳥取県	184
鳥羽	141
豊見城	265
鞆の浦	197
富山県	97

虎姫 …………………… 147

な 行

長久手 ………………… 137
長崎県 ………………… 234
長野県 ………………… 119
名護 …………………… 265
勿来 …………………… 50
名古屋 ………………… 137
七尾 …………………… 106
奈半利 ………………… 222
名張 …………………… 142
行方 …………………… 55
奈良県 ………………… 168
習志野 ………………… 77
業平橋 ………………… 84

新潟県 ………………… 91
二階堂 ………………… 89
二十世紀が丘 ………… 78
日暮里 ………………… 84
二本松 ………………… 50
乳頭温泉 ……………… 40

根上 …………………… 106
寝覚の床 ……………… 122

及位 …………………… 44
野辺地 ………………… 22

は 行

羽咋 …………………… 106
羽黒山 ………………… 45
半家 …………………… 222
八景水谷 ……………… 243
走水 …………………… 89
八王子・千人町 ……… 84
八海山 ………………… 94
八甲田山 ……………… 22
初富 …………………… 78

鳩ケ谷 ………………… 72
放出 …………………… 159
浜松 …………………… 131
早池峰山 ……………… 29
隼人 …………………… 259
針中野 ………………… 159
羽合 …………………… 186
坂下 …………………… 51

斐伊川 ………………… 182
英彦山 ………………… 226
彦根 …………………… 147
久居 …………………… 142
眉山 …………………… 217
肘折温泉 ……………… 45
美女平 ………………… 100
常陸 …………………… 56
日立 …………………… 56
日振島 ………………… 207
姫路 …………………… 165
姫島 …………………… 248
兵庫県 ………………… 162
枚方 …………………… 159
平塚 …………………… 89
弘前 …………………… 23
広島県 ………………… 194

福井県 ………………… 109
福岡県 ………………… 224
福島 …………………… 159
福島県 ………………… 47
袋井 …………………… 131
二見浦 ………………… 142
婦中 …………………… 101
富津 …………………… 78
船島 …………………… 202
富良野 ………………… 17

坊津 …………………… 259
北海道 ………………… 12

先斗町 …………………… 154

ま 行

前橋 ……………………… 67
益子 ……………………… 61
馬渡島 …………………… 232
松本 ……………………… 122
真間 ……………………… 79

三重県 …………………… 139
三面川 …………………… 94
三瓶 ……………………… 207
美甘 ……………………… 192
御来屋 …………………… 187
水城 ……………………… 226
水戸 ……………………… 56
三徳山 …………………… 187
身延 ……………………… 117
美々津 …………………… 254
宮城県 …………………… 31
京都郡 …………………… 227
宮崎県 …………………… 251
三次 ……………………… 197
三輪山・箸墓 …………… 172

向津具 …………………… 202
杢路子 …………………… 202
武庫 ……………………… 166
撫養 ……………………… 217

真岡 ……………………… 61
門司 ……………………… 227
百舌鳥 …………………… 160
物部 ……………………… 223

や 行

焼津 ……………………… 131

矢掛 ……………………… 193
屋久島 …………………… 260
安来 ……………………… 182
耶馬溪 …………………… 248
山形県 …………………… 42
山口県 …………………… 199
山古志 …………………… 95
山梨県 …………………… 114

温泉津温泉 ……………… 182
湯布院 …………………… 249
閖上 ……………………… 35

夜明 ……………………… 228
余市 ……………………… 17
養老 ……………………… 127
米子 ……………………… 187
与那原 …………………… 266
嫁威 ……………………… 112

ら 行

栗東 ……………………… 148
龍神 ……………………… 178
両国 ……………………… 85
霊山 ……………………… 51
両津 ……………………… 95

六道の辻 ………………… 154

わ 行

隈府 ……………………… 243
和歌山県 ………………… 174
鷲敷 ……………………… 217
輪島 ……………………… 107
渡良瀬川 ………………… 61
蕨 ………………………… 72

47都道府県・地名由来百科

平成27年1月20日　発　　行
令和 3年 5月10日　第5刷発行

著作者　谷　川　彰　英

発行者　池　田　和　博

発行所　丸善出版株式会社
〒101-0051 東京都千代田区神田神保町二丁目17番
編　集：電話(03)3512-3264／FAX(03)3512-3272
営　業：電話(03)3512-3256／FAX(03)3512-3270
https://www.maruzen-publishing.co.jp

© Akihide Tanikawa, 2015
組版印刷・富士美術印刷株式会社／製本・株式会社 星共社
ISBN 978-4-621-08761-9 C 0525　　　　　Printed in Japan

JCOPY 〈(一社)出版者著作権管理機構 委託出版物〉
本書の無断複写は著作権法上での例外を除き禁じられています。複写される場合は、そのつど事前に、(一社)出版者著作権管理機構(電話03-5244-5088, FAX 03-5244-5089, e-mail：info@jcopy.or.jp)の許諾を得てください。

【好評関連書】

ISBN 978-4-621-08065-8
定価（本体3,800円＋税）

ISBN 978-4-621-08204-1
定価（本体3,800円＋税）

ISBN 978-4-621-08406-9
定価（本体3,800円＋税）

ISBN 978-4-621-08543-1
定価（本体3,800円＋税）

ISBN 978-4-621-08553-0
定価（本体3,800円＋税）

ISBN 978-4-621-08681-0
定価（本体3,800円＋税）

ISBN 978-4-621-08801-2
定価（本体3,800円＋税）

ISBN 978-4-621-08826-5
定価（本体3,800円＋税）